本书为江苏高校哲学社会科学研究项目：自反性理论视角下被遗忘权的法律属性研究（2017SJB1757）阶段性成果

史良法学文库 贰拾壹

主编◎曹义孙

人格权基础理论研究

ENGEQUAN JICHU LILUN YANJIU

高可◎著

中国政法大学出版社

2019·北京

图书在版编目（ＣＩＰ）数据

人格权基础理论研究/高可著.—北京:中国政法大学出版社,2019.12
ISBN 978-7-5620-9410-4

Ⅰ.①人… Ⅱ.①高… Ⅲ.①人格—权利—法学—研究 Ⅳ.①D913.04

中国版本图书馆CIP数据核字(2019)第295304号

出 版 者　　中国政法大学出版社

地　　址　　北京市海淀区西土城路 25 号

邮寄地址　　北京 100088 信箱 8034 分箱　邮编 100088

网　　址　　http://www.cuplpress.com (网络实名：中国政法大学出版社)

电　　话　　010-58908586(编辑部) 58908334(邮购部)

编辑邮箱　　zhengfadch@126.com

承　　印　　保定市中画美凯印刷有限公司

开　　本　　720mm×960mm　1/16

印　　张　　14.5

字　　数　　245 千字

版　　次　　2019 年 12 月第 1 版

印　　次　　2019 年 12 月第 1 次印刷

定　　价　　49.00 元

编 委 会

出版说明

一、《史良法学文库》是史良法学院组织编辑的开放式法学系列文库，旨在传承民盟先贤厉行法治的理念，纪念和缅怀为中国法律近代化作出过重要贡献并在中国现代法制史上享有崇高声誉的史良先生。

二、史良法学院教师（含特聘教授、兼职教授及其他特邀研究人员）的专著、主编的著作或丛书以及史良法学院学生的优秀作品，经文库编委会审核通过，均可纳入文库。

三、纳入文库的著作包括法学著作，也包括与法学研究密切相关、对法学研究起到支撑作用的部分其他关联学科的研究成果。

四、符合条件的著作，一经纳入文库，将统一编制出版序号。

五、除在封面显著位置标示文库 LOGO 及统一编制的文库序号外，对出版社、版式、装帧等，均不作统一要求。

《史良法学文库》编辑部

目 录
CONTENTS

绪 论

一、研究背景与研究意义

自古罗马诞生人格概念以来，随着身份制度的不断衰弱，个体的重要性在社会发展中不断显现。人格由过去的"身份人格"逐渐转化为"法律人格"，被创造为反映人的伦理价值的一种法律技术。[1]从 16 世纪法国学者雨果·德诺首次提出人格权概念开始，[2]经过几个世纪各国学术界和实务界的不断探索与共同努力，人格权制度已然成长为当代民法的重要组成部分，甚至被称为"法秩序之基石"。[3]

及至我国，以 1986 年《民法通则》首次在第五章"民事权利"部分通过列举的形式明确了生命健康权、姓名权、肖像权、名誉权等人格权类型为开端，构建中国特色的人格权立法就成了 30 年来我国民法领域的讨论焦点。毫不夸张地说，当下的中国民法学界，没有任何一个问题能够像人格权一样受到如此广泛的关注与讨论。人格权之所以在我国受到如此追捧，实际上是由几个方面的原因共同导致的。首先，虽然传统中国内化的伦理道德思想使得主观权利意识在传统法律文化中居于潜流，但其并未掩盖我国民众对权利的重视与追求。随着时代的发展，个人权利意识勃兴，

---

〔1〕 参见刘召成：《准人格研究》，法律出版社 2012 年版，第 43 页。

〔2〕 关于人格权概念最早由谁提出的问题，目前学界存有争议。徐国栋教授认为由雨果·德诺最早提出，而王利明教授则认为是同时期的海尔曼。笔者无意探讨两种观点的对错，再次陈述仅为突出人格权制度的悠久历史。参见徐国栋："寻找丢失的人格——从罗马、德国、拉丁法族国家、前苏联、俄罗斯到中国"，载《法律科学（西北政法大学学报）》2004 年第 6 期，第 76 页；王利明：《人格权法研究》，中国人民大学出版社 2005 年版，第 8 页。

〔3〕 参见王泽鉴：《人格权法：法释义学、比较法、案例研究》，北京大学出版社 2013 年版，第 1 页。

种类繁多的人格权纠纷层出不穷，亟须我国出台相应的法律予以应对。其次，与大陆法系民法典初创时以财产法为中心所不同的是，受儒家思想影响的我国法律文化一直坚持"以人为本"的理念，重视人对社会发展的积极作用。在这样的传统文化影响下，我国的法律制度更加注重人文关怀，将对人的自由和尊严的充分保障视为民法的价值基础。[1]在当代建设"和谐社会"的时代要求下，人格权的保护因与我国法律文化的高度契合而当然受到社会各界的普遍关注。再次，政策的推动是人格权蓬勃发展的最直接因素。自十八届四中全会将"编纂民法典"提上立法日程以来，加速人格权立法就成了当务之急。因为在物权法、侵权责任法等法律业已成型的基础上，人格权立法对民法典内在价值体系与外在规则体系都有着直接的影响。[2]虽然《民法典人格权编（草案）》已经提交了三审稿，但学界对于人格权独立成编以及人格权法的具体制度架构都有诸多争议，并未因草案的提交而有所缓和。最后，纵观世界各国立法，不论是以德国、法国、瑞士为首的民法典历史悠久的发达国家，还是以越南、乌克兰为代表的新近制定民法典的发展中国家，都在通过立法、修法或判例的形式不断认可人格权制度在本国法律体系中的重要地位。人格权立法俨然成为一种世界趋势。在这样的国内外环境之下，人格权立法构建问题自然成为民法学界的焦点。

然而人格权作为自《大清民律草案》始引入我国的法律制度，虽然近年来学界的研究呈现了百家争鸣的态势，对于人格权在域外的产生、发展及相关权利类型的适用等方面取得了丰硕的学术成果，但在民法研究领域出现了"比较法综合征"，言必称域外，陷入了以西方现代性理论审视我国人格权制度发展与适用的"自虐式套用"研究误区。在明确了任何一项成功的法律制度都必须建立在本国法律文化基础之上的前提下，不论是人格权的权利结构还是人格权的权利类型，涉及人格权立法构建的诸多基本问题还需要继续深入研究和探讨。权利是最重要的法律要素，是建构法学

---

〔1〕 参见王利明："民法的人文关怀"，载《中国社会科学》2011年第4期，第151页。

〔2〕 参见王利明："人文关怀与人格权独立成编"，载《重庆大学学报（社会科学版）》2016年第1期，第176页。

体系的逻辑起点，而民法以权利为中心构建已经达成广泛共识。[1]因此，本书拟以多元现代性的基本分析范式，立足于我国传统法律文化，以"权利"为突破点，进一步分析我国人格权立法环境、人格权结构与人格权类型。

二、文献综述

（一）人格权产生源流的研究成果

关于人格权的产生，目前学界的关注点普遍集中在古罗马法领域。徐国栋的《"人身关系"流变考》和《人格权制度历史沿革考》，马俊驹的《人与人格分离技术的形成、发展与变迁——兼论德国民法中的权利能力》，马俊驹、张翔的《人格权的理论基础及其立法体例》，胡玉鸿的《法律史上人格制度的演化》，刘宁的《人格内涵的演变及其基础》等都对西方人格制度的发展进行了细致的梳理。

与此不同的是，我国民法学界对传统中国蕴含的人格权发展要素普遍持否定的态度，认为在传统刑民合一的法律体制内，受封建伦理的控制，我国历史上不可能存在人格权的发展土壤。但杨立新教授在其《人格权法》中提到的"保辜""赎铜入伤杀之家""断付财产赡养"等古代中国对人格利益的保护为我们提供了一个新的研究思路。按照只言片语式地从西方法律文化中搜寻人格权发展要素的方法，中国传统文化实际上蕴含着丰富的人本思想，也存在诸多对人格利益进行保护的规定。摩尔根的《古代社会》与梅因的《古代法》提醒我们，身份制、家族制并不是中国一以贯之的传统，处于封建时期的其他国家同样存在这种制度。同时陈景良的《法与人：中西法文化人格差异的解读》，王立民的《古代东方方法研究》，高鸿钧的《法律文化与法律移植：中西古今之间》，梁治平的《寻求自然秩序中的和谐——中国传统法律文化研究》，瞿同祖的《中国法律与中国社会》，武树臣的《中国法律文化大写意》，张晋藩的《中国古代司法文化中的人文与理性》，田成有的《乡土社会中的民间法》，张中秋的

---

［1］ 参见舒国滢："权利的法哲学思考"，载《政法论坛》1995 年第 3 期，第 1 页。

《传统中国法的道德原理及其价值》，俞荣根的《道统与法统》等都从不同角度论证了我国古代对人与道德的重视。同时，齐延平的《和谐人权：中国精神与人权文化的互济》，杨成铭的《中国历史上的人权意识和人权思想》等文章更是直接从人权的角度论证了中国传统文化中蕴含的对人的保护。费正清在其《美国与中国》一书中提到的"按照现代以前的任何标准来看，中国法显然是自成一格的宏伟巨作"指示我们，未来我国人格权的立法构建必须建立在对传统法律文化传承改造的基础之上，而不是一味忽视。人格权制度在传统中国的内生要素需要我们进一步发掘。

（二）人格权法律属性的研究成果

关于人格权的权利属性，学界主要存在两方面的争论，一种是自然权利抑或法定权利之争，另一种是宪法权利抑或民事权利之争。

1. 自然权利与法定权利之争

支持人格权为自然权利的学者普遍认为，人格权是源于人的本质的权利，是人所固有的，从根本上是由道德而不是由法律来支持的权利。自然人一经出生就享有人格权，它与民事主体的存在共始终，其核心在于把人当作精神性存在而加以尊重。人的伦理价值不能被看成是外在于人的事物，因此其也不能成为人的权利客体。过去德国、法国、瑞士等并未在民法典中规定人格权制度的主要原因就是受到人格权为自然权利思想的影响。在自然法学式微的情况下，国内外持这种观点的学者仍不在少数。德国卡尔·拉伦茨的《德国民法通论》，康德的《法的形而上学原理——权利的科学》，英国米尔恩的《人的权利与人的多样性——人权哲学》，美国列奥·施特劳斯的《自然权利与历史》等著作都对人格权的自然权利本质进行了探索。及至我国，也有相当一部分学者坚持认为人格权属于自然权利。其中观点最为明确的有尹田的《论人格权的本质——兼评我国民法草案关于人格权的规定》，王涌的《民法中权利设定的几个基本问题》，李永军的《论我国人格权的立法模式》，沈云樵的《质疑人格权法定》，郑永宽的《论人格权的自然权利属性》以及姜新东的《人格权的理念与制度构建》。这些学者主要从人格权的产生以及人格权与主体的不可分离性出发，论证人格权的自然权利属性。

随着研究的深入，越来越多的学者认为，人格权的产生虽然与主体有着千丝万缕的联系，但人格权并不是天赋的权利，而是法律赋予人的权利。一方面，对胎儿、死者等人格利益的保护说明对人格权的保护需求并不是与主体共始终；另一方面，将人格权认定为法定权利，不仅有利于明确权利的内涵与外延，也有利于实现对人格权的保护。与将人格权认定为自然权利、拒绝对其进行法定化的观点相比，人格权的法定权利属性更能体现法律对人格权的重视程度。马俊驹的《人格和人格权理论讲稿》，王利明的《人格权法研究》，易军的《论人格权法定、一般人格权与侵权责任构成》，姚辉的《关于人格权性质的再思考》，曹险峰的《论人格权的法定化——人格权法独立成编之前提性论证》等都论证了人格权的法定权利属性并进一步阐述了人格权法定化的诸多益处。

2. 宪法权利与民法权利之争

关于人格权的民事立法，还需要探讨人格权为宪法权利还是民法权利。与上一问题两派各有拥趸所不同的是，目前学界的绝大部分学者支持人格权是民事权利，但受宪法权利的价值影响，人格权实际上具有双重法律属性。除尹田在其《论人格权的本质——兼评我国民法草案关于人格权的规定》一文中坚持无论从人格权初创、人格权的崇高地位还是宪法能够对人格权给予更为全面的保护这几个方面出发，人格权都应属于宪法权利以外，人格权的双重法律属性已经在学界达成共识。王利明的《人格权法研究》，杨立新的《人格权法》，刘凯湘的《人格权的宪法意义与民法表述》，周云涛的《论宪法人格权与民法人格权——以德国法为中心的考察》，马俊驹的《人格和人格权理论讲稿》，姚辉的《关于人格权性质的再思考》，姚辉、周云涛的《关于民事权利的宪法学思维——以一般人格权为对象的观察》，马特的《人格权与宪法基本权关系探讨》，黄忠的《人格权法独立成编的体系效应之辨识》，陈道英的《从德国法上的一般人格权看宪法权利与民事权利的协调》等都直接对人格权的双重属性进行了论证。同时林来梵、朱玉霞的《错位与暗合——试论我国当下有关宪法与民法关系的四种思维倾向》，薛军的《"民法-宪法"关系的演变与民法的转型——以欧洲近现代民法的发展轨迹为中心》，曹治国的《宪法权利与民事权利关系辨》等文章也从宪法权利与民法权利的关系方面论证了宪法价值对人格权的指导作用。

（三）人格权权利结构的研究成果

人格权的权利结构包括人格权的主体、客体和内容三个要素。

1. 人格权的主体

虽然目前学界对于人格权的主体存在诸多争议，自然人、法人、合伙及其他组织、胎儿及死者等都被不同学者论及，但主要焦点在于以法人及其他组织为代表的组织体是否具有人格权主体地位。在反对者看来，人格权是基于人的伦理价值而生的，其存在需要人的抽象意志，组织体只是一个纯技术工具，并不具备意志要素，不可能具有人的伦理价值，其所追求的只可能是财产利益，并不包括精神利益。持这种观点的有尹田的《论法人人格权》，李永军的《民事权利体系研究》，黄文熙的《浅论自然人人格权及法人人格权的本质》，钟瑞栋的《"法人人格权"之否认——兼评我国〈民法〉草案关于"法人人格权"的相关规定》，郑永宽的《法人人格权否定论》等。与此相反，我国从《民法通则》开始就赋予了法人名称权，并在《中华人民共和国民法典（草案）》"人格权编"中直接认定了自然人与法人的人格权主体地位。《民法总则》也承认法人、其他组织享有部分人格权。此外，学者们也从权利能力、世界趋势、立法政策等多个方面为组织体享有人格权进行了逻辑证成。如杨立新的《人格权法》，王利明的《人格权法研究》，马俊驹的《人格和人格权理论讲稿》，薛军的《法人人格权的基本理论问题探析》和《法人人格权理论的展开》，张力的《论法人人格权制度扩张的限度问题》，沈建峰的《德国法上的法人一般人格权制度及其反思》，蒋学跃的《法人人格权的理论预设——为法人人格权肯定论作辩护》等。

同时目前民事主体领域有扩张出"第三民事主体"的趋势而支持其为人格权的主体。如杨立新的《人格权法》。此外，对于胎儿、死者的人格权保护问题，学界的观点较为统一，即二者并不具有人格权主体地位。而对于该如何保护它们的人格利益，学界出现了不同观点，有的学者认为，胎儿及死者为准人格者，具备部分权利能力，故而应该享有部分权利，如刘召成的《准人格研究》，尹田的《论胎儿利益的民法保护》等。但有的学者认为胎儿及死者不具有权利能力，对它们的保护仅仅是出于对人的延伸保护，如李永军的《民事权利体系研究》等。

同时，虚拟人格的主体地位、设立中法人的主体地位及"不具组织性多数人"的主体地位需要我们进一步论证。

2. 人格权的客体

关于人格权客体的争论主要有人格利益说、人格要素说、人格说和人的伦理价值说。目前人格利益说是我国的主流学说。如梁慧星的《民法总论》，王利明的《人格权法研究》，杨立新的《人格权法》，姚辉的《人格权法论》，贾森的《人格权益法研究（总论）》等均持这种观点。而支持人格要素说的观点有马俊驹的《人格和人格权理论讲稿》，李建华、王琳琳、麻锐的《民法典人格权客体立法设计的理论选择》，郑晓剑的《人格权客体理论的反思——驳"人格利益说"》等。关于支持人的伦理价值说的观点有马俊驹、张翔的《人格权的理论基础及其立法体例》，朱振、都本有的《人格权的伦理分析》等。而支持人格说的观点主要有李永军的《民事权利体系研究》，郑永宽的《人格权的价值与体系研究》，胡平仁、梁晨的《人的伦理价值与人的人格利益——人格权内涵的法哲学解读》，张俊浩的《民法学原理》，李倩、尹飞的《人格权客体的再思考》等。

上述文献对于人格权客体的论证主要从如何体现人的伦理价值的角度出发，忽视了构成权利客体的最基本条件，本书将在结合两者的基础上论证人格权的客体。

3. 人格权的内容

无论是从权能的角度还是从所包含的利益的角度出发，要确定人格权的内容，都必须明确人格权的可支配性。目前，人格权的可支配性为学界通说，几乎所有涉及人格权属性的文献，都承认人格权具有支配性，如王利明的《人格权法研究》，杨立新的《人格权法》，姚辉的《关于人格权性质的再思考》，黄忠的《人格权法独立成编的体系效应之辨识》等。但基于人格权主体与客体混同的认识，学界也存在否定人格权具有支配性的观点。如尹田的《自然人具体人格权的法律探讨》，钟瑞栋的《人格权法不能独立成编的五点理由》和温世扬的《人格权"支配"属性辨析》等。

而对于人格权的权能，目前学界研究较少，仅限于杨立新的《人格权法》，马俊驹的《人格和人格权理论讲稿》，郑永宽的《人格权的价值与体系研究》等有限的资料之中。但通过对现有文献的研究可以发现，除一般支配权所具有的权能以外，作为绝对权的人格权也应当具有人格权请求权。然而目前我国立法并未确认人格权请求权，对人格权的保护主要通过侵权责任法来完成。申海恩的《人格权保护的理论体系与立法模式》，龚赛红的《关于侵权责任形式的解读——兼论绝对权请求权的立法模式》等文献都反对将人格权请求权从侵权请求权中抽离，认为应当坚持现有模式，通过改造侵权责任法来完成对人格权的保护。但目前看来，更多的学者认为应当参照物权请求权将人格权请求权从侵权责任法中抽离出去，实现人格权请求权与侵权请求权的双重保护，坚持该观点的主要有杨立新、袁雪石的《论人格权请求权》，马俊驹的《民法上支配权与请求权的不同逻辑构成——兼论人格权请求权之独立性》，李岩的《人格权立法模式之选择——现状分析及立法建构》，解维克的《从独立请求权出发的人格权法律保护》等。但对于人格权请求权具体应该包括哪些权利，目前学界的观点尚不统一。

在人格权所包含的利益方面，除极少数学者的观点如王叶刚的《人格权中经济价值"可让与性"之反思——以人格尊严的保护为视角》以外，人格权具有财产利益已经获得了学界的一致认同，且得到了更为充分的论证。不论是我国于 2001 年颁行的《最高人民法院关于确定民事侵权精神损害赔偿责任若干问题的解释》第 10 条明确规定的精神损害赔偿责任，或是杨彪的《不可让与性与人格权的政治经济学：一个新的解释框架》对人格权财产利益的政治经济学论证，还是徐彰的《关于人格权中财产利益可让与性问题的分析》对人格权可让与性范围的扩大，都是在学界已有的人格权具有财产利益的基础上进行的更深入的研究。而对于人格权的财产利益问题，争论集中在人格权商品化的认定与立法规定方面。关于商品化人格权的法律属性，学界存在财产权说如蓝蓝的《人格与财产二元权利体系面临的困境与突破——以"人格商品化"为视角展开》，知识产权说如刘春霖的《商品化权论》，以及人格权说如王利明的《人格权法研究》，沈建峰的《一般人格权财产性内容的承认、论证及其限度——基于对德国理论和实践的考察》，钟鸣的《论人格权及其经济利益——以霍菲尔德权利分析理论为基础》等。对于人格权商品化的保护模式及在未来人格权立法内部体系中的位置，学界也存在王利明在《中国民法典学者建议稿及立法理由》中的一般规定模式，梁慧星在《中国民法典草案建议稿》中的分散保护模式以及马俊驹的独立设权模式三种。未来人格权立法该如何处理这些问题，需要我们进一步思考。

（四）人格权权利类型的研究成果

人格权的权利类型是目前人格权领域最为热点的问题，且主要争论点集中在一般人格权的扬弃。一般人格权作为一项肇始于德国司法领域的制度，自引入我国学界以来，一直备受关注。基于人格权的开放性，未来人格权立法应该采用"一般人格权＋具体人格权"的立法内部体系模式的观点，在我国学界占据主流地位。支持一般人格权的文献主要有王利明的《中国民法典学者建议稿及立法理由》，杨立新的《中国人格权法立法报告》，梁慧星的《中国民法典草案建议稿附理由·总则编》，曹险峰的《一般人格权的立法模式——以德国与瑞士立法例之对比考察为中心》和《论一般人格权制度的适用——以德国法之做法为参考》，朱晓峰的《人格立法之时代性与人格权的权利内质》，李永军的《民事权利体系研究》，陈道英的《从德国法上的一般人格权看宪法权利与民事权利的协调》，张红的《论一般人格权作为基本权利之保护手段——以对"齐玉苓案"的再检讨为中心》和王明锁、郑奇的《人格权立法模式的发展变化及其对我国民商法典的启示》等。这些文献主要从一般人格权的发展演化及一般人格权的功能等方面出发论证其重要性。然而学界对于一般人格权与具体人格权的关系仍存在不同的认识。如王利明与梁慧星均认为一般人格权是渊源权，具体人格权由一般人格权发展而来。而杨立新则认为应对一般人格权进行改造，一般人格权与具体人格权应该是互为补充的平等关系。

随着研究的深入，越来越多的学者认识到一般人格权与我国法律体系的不适应性。一方面，有学者指出一般人格权本质上并不是权利，而是一种法益。如熊谓龙的《理论的误读：论一般人权"格"的非权利本质》，温世扬的《略论侵权法保护的民事法益》，易军的《论人格权法定、一般人格权与侵权责任构成》等；另一方面，更多的学者认为一般人格权实际上即为一般条款。如薛军的《揭开"一般人格权"的面纱——兼论比较法研究中的"体系意识"》和《人格权的两种基本理论模式与中国的人格权立法》《非典型人格利益的民法保护模式研究》，冉克平的《一般人格权理论的反思与我国人格权立法》，姚辉的《人格权法论》，鲁晓明的《论一般人格理论的摒弃及替代》，方金华的《一般人格权理论分析及我国的立法选择》等。同时也存在将一般人格权认定为原则权利的观点，如于飞的《论德国侵权法中的"框架权"》以及许可、梅夏英的《一般人格权：观念转型与制度重构》等。然而，上述观点往往限于从一般人格权在德国法的适用环境及其与相关人格权概念的逻辑矛盾方面出发，对一般人格权法律概念存在误读，我国司法体制的适用研究还需进一步深入。同时，支持将一般人格权认定为一般条款的学者并未对其他改造一般人格权的方法进行分析，也没有对未来采用一般条款后，一般条款与具体人格权之间的关系、法人是否适用一般条款等问题进行回答。这些问题都需要我们进一步研究。

对于具体人格权，目前学界主要存在两种观点，一种是认为不应对人格权类型进行列举，如江平的《民法学》，钟瑞栋、杨志军的《论一般人格权》等。因为权利客体必须是独立的可以区分的法益，而一般人格权与具体人格权的法益无法区分。同时，人格权的开放性也使得人格权的类型化存在实际困难。但是，坚持对人格权进行类型化的观点仍占主流。除王利明、杨立新、梁慧星、徐国栋等民法学家通过民法建议稿来支持人格权类型化以外，张平华的《人格权的利益结构与人格权法定》，易军的《论人格权法定、一般人格权与侵权责任构成》，薛军的《人格权的两种基本理论模式与中国的人格权立法》等诸多文献都论证了人格权类型化的必要性。而在对人格权进行类型化的同时，新型人格利益的涌现对人格权立法提出了新的要求，陈金钊、宋保振的《新型人格权的塑造及其法律方法救济》，姚建宗的《新兴权利研究》以及刁芳远的《新型权利主张及其法定化的条件——以我国社会转型为背景》等文献都对这一问题进行了阐述。而对于如何判定哪些人格利益可以发展成为人格权，目前学界的探讨较为薄弱。同时，针对未来立法应该按照何种标准来对类型化的人格权进行列举，张俊浩的《民法学原理》（上册），徐国栋的《民法总论》，张民安、杨彪的《侵权责任法》以及马俊驹的《人格和人格权理论讲稿》等也提出了不同观点，需要我们进一步分析论证。

（五）人格权立法的研究成果

作为近代才引入我国的法律制度，人格权的立法构建必然要研究国外的实践经验。关于研究国外人格权立法的文献主要有克雷斯蒂安·冯·巴尔的《欧洲比较侵权行为法》，五十岚清的《人格权法》，让·米歇尔·布律格耶尔的《人格权与民法典——人格权的概念和范围》，加藤雅信的《日本人格权论的展开与最近的立法提案》和《论人格权的立法选择》，王泽鉴的《人格权法：法释义学、比较法、案例研究》，周云涛的《德国人格权发展阶段的历史考察》，沈建峰的《德国法上的法人一般人格权制度及其反思》，张红的《人格权总论》，易继明的《人格权立法之历史评析》，徐国栋的《埃塞俄比亚民法典：两股改革热情碰撞的结晶》等。受各国法律文化与立法时代背景的影响，目前世界上并不存在统一的人格权立法模式，对人格权的保护制度与具体人格权类型的认定也各有千秋。同时，在对国外人格权立法的经验进行梳理的过程中可以发现，很多国家的人格权制度与我国相比，谈不上所谓的发达，不仅起步晚，在立法模式、权利类型认定等多个方面也与我国存在较大差距。实际上，站在中国的角度审视世界，认为我国的人格权制度自引入以来就处于较先进的观点不足为过。

近年来，在编纂民法典浪潮的推动下，我国关于人格权立法的文献日益增多。在《民法通则》构筑了有别于其他国家或地区的人格权立法模式的前提下，以《中华人民共和国民法典（草案）》将人格权独立成编为基础，王利明、梁慧星、徐国栋等都主持编写了有关人格权立法的建议稿。虽在独立成编还是归于总则的问题上没有达成一致，但对于我国的立法仍大有裨益。此外，杨立新也在其主编的《中国人格权法立法报告》中提出其对人格权立法的建议，并于 2016 年 2 月再次修正得出了新的建议稿。该稿吸收了近年来人格权法领域的最新研究成果，在立法体例与权利认定方面等都进行了不同程度的改动。马俊驹的《人格和人格权理论讲稿》，苗延波的《中国民法体系研究》，关今华的《"人格权单独设编"的论争与"人身保护法单独成编"的立法构想》，谢哲胜的《中国人格权法独立成编及其基本内容的立法建议》，冉克平的《一般人格权理论的反思与我国人格权立法》，李永军的《论我国人格权的立法模式》，韩强的《人格权确认与构造的法律依据》，刘士国的《关于人格权编调整对象的思考》等也都对我国人格权的立法构建进行了研究。

三、本书的研究思路与方法

（一）本书的基本研究思路

民法是权利法，权利是贯穿于民法的运动过程的法律现象，是最核心的民事法律构建要素。[1]我们既然把人格权认定为"权利"，就必须遵循一般的"权利理论"去探索人格权立法构建中遇到的问题。实际上，有关人格权立法构建的诸多争议，比如人格权是宪法权利还是民法权利、法人是否具有人格权、一般人格权的存废等，都是紧紧围绕人格权的权利理论，即人格权的权利属性、人格权的权利结构及人格权的权利类型展开的。同时作为从西方移植而来的法律制度，我们在对域外人格权相关理论进行研究时，必须考虑到时间差和空间差的问题。因为，每项权利的自觉和生长都是一个社会文化的延续。所以，本书在对人格权立法的国内外源起及发展进行比较分析的基础上，以权利理论为主线，将人格权一步步抽丝剥茧，明晰人格权立法构建中的基本问题，基于我国传统法律文化与当代人格权立法背景，对未来人格权立法模式选择与内在体系构建提出建议。简言之，本书以国内外立法传统与实践的分析为起点，引出人格权立法过程中面对的几个方面问题，进而研究人格权的权利属性、权利结构与

---

[1] 参见舒国滢："权利的法哲学思考"，载《政法论坛》1995 年第 3 期，第 1 页。

权利类型，终于人格权制度的立法选择。

本书主要分五章进行论述。

第一章主要研究国内外人格权立法的源起与发展。人格权立法经历了一个漫长的发展历程，通过对国外不同时期国家和地区的人格权立法发展的经验总结与反思，可以发现人格权立法已经成为一种世界趋势。但值得注意的是，受制于具体国情与法律传统，世界范围内并不存在统一的人格权立法构建范式。因此，在冷静分析域外人格权立法构建经验的基础上，必须从我国的具体国情与法律传统出发，完成人格权的立法构建。毕竟人格权立法是建设"法治中国"宏伟蓝图中的重要一环。而"法治中国"所内含的法律意蕴要求在"法治"的纬度上，更加强调将"中国"视作立法、司法与执法的前提、目标和根据。对我国传统法律文化与立法实践的梳理有利于洞察我国人格权立法的历史，为我国未来的人格权立法构建提供一面可资借鉴的镜子。而在这一梳理过程中发现的关于人格权立法的争议，则指引我们沿着"权利理论"的思路对人格权立法构建中涉及的基本问题展开研究。

然而，历史的梳理毕竟只是基础的总结，我们知道了人格权"是什么"，就要把握其在未来民法典中该如何规定及运作，深入研究人格权的权利属性、结构与类型。本书第二章、第三章和第四章分别从以上三个角度对人格权立法构建中遇到的几个基本问题进行明晰。

第二章主要研究人格权的权利属性。因为人格权的立法构建与对人格权属性的认识有极大的关系。如果将人格权认定为与生俱来的天赋人权，则无论实证法如何规定，都是技术层面的问题，而如果将其看成实证法上的权利，则要讨论它是宪法上的权利还是民法上的权利。[1] 在明确学界对人格权保护重要性已经达成共识的基础上，本章主要通过对人格权法定权利、民事权利属性的逻辑证成彰显人格权民事立法的必要性。

第三章主要研究人格权的权利结构。在以权利为中心的立法时代，人格权的权利结构要素可以说是人格权立法构建的中心轴。本章从主体、客

---

[1] 参见李永军："论我国人格权的立法模式"，载《当代法学》2005 年第 6 期，第 127 页。

体、内容三个方面出发，全面、系统、深刻地分析了人格权的权利结构要素。明确了组织体的人格权主体地位，并对人格利益的人格权客体地位进行再证成。最后，在从人格的双重含义、支配权的自由本质及当代人格权发展出的自我决定能力三个方面明确人格权具有可支配性的前提下，提出作为专属权、绝对权、支配权性质的人格权，当然应该具备享有权能、处分权能及请求权能。同时，对人格权所蕴含的财产利益，进行了细致的阐述。

第四章主要研究人格权的权利类型。自德国"一般人格权"理论引入我国民法研究领域以来，一般人格权与具体人格权便成了人格权立法构建必须探讨的基本权利类型。在阐述了以法国为首的大部分国家对一般人格权理论予以否定的基础上，本章从一般人格权功能的可替代性、一般人格权的固有缺陷及与我国法律体系的矛盾三个方面出发，对一般人格权理论进行了否认与改造。同时，人格权类型的不断丰富也敦促本章结合人格权类型化的必要性，从人格利益转化为人格权的内在理由、外在理由以及权利边界出发，对新型人格权类型予以认定。

第五章为本书的落脚点，主要研究我国人格权的立法构建模式选择。结合上文对人格权基本问题的分析，在对我国当代人格权立法环境进行研究的基础上，本章从潘德克顿体系的要求、人格权由主体制度的剥离、人格权的多样性权能以及法治中国的客观诉求等几个方面，对人格权立法模式的选择进行了研究。

（二）本书的主要研究方法

（1）比较研究方法。人格权作为一项肇始于古罗马、兴盛于欧洲大陆的外来制度，对其研究首先要采用的即为比较研究方法。通过对国外人格权制度历史与发展的研究，能从中总结出人格权立法的先进经验以及人格权立法的国际趋势，为我国人格权立法构建提供思路。同时，对于目前学界就人格权各种观点的比较研究也是本书的主要写作方法。实际上，自人格权制度引入我国以来，与人格权有关的理论引进近乎完全，在理论上创新存在难度，故而未来人格权立法的主要问题就是通过对已有理论的比较研究，找寻最符合我国特殊时空的构建方法与模式。

（2）多元现代性研究方法。现代性是以西方为衡量标准的单一的均质的一体化过程。而多元现代性理论在承认现代性初发于西方的前提下，将现代性的历史看作现代性的多元文化方案、独特的现代制度模式以及现代社会的不同自我构想，认为现代性并未产生单一的文明或制度模式。[1]作为一个研究范式，多元现代性对不同国家的历史文化背景进行了充分的关注，传统对现代的推动作用被正视。同时，不同文明与传统的现代性之间又进行着良好的互动与交融。因此，多元现代性范式为法学理论研究提供了一个极具包容和超越性的分析与建构框架。为诸如我国等有着悠久法文化传统，又处于深刻法治转型的国家提供了重要的法学研究思路。基于多元现代性的分析方法，本书从学界惯用的从身份、哲学、法律规定三个角度论证西方人格权制度发展的方法出发，深入研究了我国传统文化中蕴含的人格权制度发展要素，并对我国当代人格权立法环境进行了细致的分析，指出我国未来人格权立法构建必须立足于本土法律传统与现实环境。

（3）文献分析法。文献的收集、梳理、整合与提炼是任何文章撰写，特别是博士论文完成的基石与支点，它反映出一个主题的研究广度与深度，为后人的跟进探索提供间接的参考和方向性指引，是所有作者都应当珍视的宝贵财富。人格权作为近年来世界范围内广泛探讨的问题，国内外相关文献数量丰富，浩如烟海。对人格权立法构建的研究，必须建立在对这些文献充分整理分析的基础上，以此寻找出人格权立法构建的共识与争议。

---

〔1〕　参见刘小平：“法治中国需要一个包容性法治框架——多元现代性与法治中国”，载《法制与社会发展》2015 年第 5 期，第 169 页。

第一章
国内外人格权立法概要

"拨开重重历史迷雾，史海沉钩，探寻法制之源流嬗变，还其历史之庐山真面目，当为民法研究一项不可或缺之基本功……凡举民法制度研究者，莫不从该制度之源流谈起，是为至理。"[1]"人格权"作为"舶来品"，在浩如烟海的学术成果中，学界普遍聚焦于西方相关制度的源起与发展，实为反射现制，取长补短。但人格权制度作为"属人法"，由文化孕育而成、赖法律庇护而立，不同的法律文化必然铸就不同的人格权面貌。因此，需要在前人丰富的理论研究成果基础上将历史实证研究与比较法实证研究相结合，对中西人格权立法进行梳理与比较，探索蕴藏在传统中国法律文化中的人格权制度内生要素，反思我国人格权立法构建的不足，以期为人格权立法研究搜寻出路。

第一节　国外人格权立法之源与流

从身份到契约的历史演变使得各国对人格权的认识发生了翻天覆地的变化。随着"身份"到"权利能力"再到"人格权"的发展过程，人格权俨然已是文明社会中人类所必备的生存与发展条件，成为各国立法者普遍关注的热点问题。作为肇始于欧洲大陆的法律制度，对国外人格权制度正本溯源的梳理，有利于为研究我国人格权制度的历史与发展提供可资借鉴的参照。

---

〔1〕　张红：《人格权总论》，北京大学出版社 2012 年版，第 4 页。

一、国外人格权制度起源

要探讨人格权制度的理论渊源就不能绕开"人格"这一法学概念。虽然近代法学意义上的人格概念是 19 世纪初创造的，但通说认为，"人格"一词来源于罗马法。

原始社会，人类没有与其他存在相区分的必要。但是随着社会经济的发展与社会资源有限性的制约，为了区分"生物人"与"法律人"，古罗马创设了 homo（生物意义上的人）、caput（权利义务主体）和 persona（权利义务主体的各种身份）三个关于人的概念，把人的属性落实到法律中。立法者以"人格"为工具，标记出各种人的不同角色与功能，并以此将人与活着的物相区分。由于罗马法上的人格概念建立在"生物人"与"法律人"分离的基础上，其从诞生之日起便带有强烈的不平等的身份性特征。在古罗马，一个人只有同时具有自由人、市民、家庭三种身份才能成为法律意义上完整的适格主体，享有类似于今天公民权的市民权，否则便会发生不同程度的人格减等，沦为奴隶、从属者或外邦人。正如盖尤斯在《法学阶梯》中所指出的："人法总的划分是：所有的人要么是自由人，要么是奴隶。"[1]可见，罗马私法上的法律人格仅是一种特殊的身份制度，是用来分配有限社会资源的手段，有着强烈的等级性。罗马法时代虽然诞生了"人格"概念，但并不存在真正意义上的人格权。

而罗马法这种以身份作为人格的制度有着深刻的历史原因。第一，早期罗马社会处于奴隶制的父权社会，受生产力水平低下所困，还不承认独立的个体，而是以真实或拟制的血缘为纽带结合起来的家庭作为社会的基本构成单位。[2]整个真正的罗马时代，罗马私法就是"家父"或"家长"的法，[3]家父在家庭中拥有广泛的至高无上的权威，可以决定家庭内部的人身、财

---

〔1〕　罗智敏译：《学说汇纂：正义与法·人的身份与物的划分·执法官》（第 1 卷），〔意〕纪蔚民校，中国政法大学出版社 2008 年版，第 89 页。

〔2〕　参见〔英〕梅因：《古代法》，沈景一译，商务印书馆 1959 年版，第 105 页。

〔3〕　参见尚继征："私法上之'身份'溯源——罗马法中身份制度的现代解读"，载《私法》2012 年第 2 期，第 137 页，转引自〔意〕彼德罗·彭梵得：《罗马法教科书》，黄风译，中国政法大学出版社 1992 年版，第 114～115 页。

产关系。并以家父权为轴心规定了不同身份的家庭成员间的关系，形成了国与家的两级社会结构，构建了等级森严的垂直控制体系。[1]因此，市民法将关注点集中在家庭方面，家庭才是罗马法中的主体。个体的法律生命通过继承在永续的人格体——家庭中得以维系。[2]对个体的忽视导致"人格"的确认完全基于人的地位和身份，人的内在价值、尊严等因素根本未被纳入人格的内容。与人类社会早期依靠单纯的氏族血缘关系划分社会成员身份并按照"自然关系"规则调整所不同的是，随着法学的兴起，通过不断军事扩张获得了大量奴隶，以及商品经济发展吸引了众多外邦人士的罗马，开始注重运用法律形式，按照外在于人的血缘、性别、国籍等身份，将人与人格分离提炼，使之上升为一种有意识的法律技术。[3]第二，义务本位的法律理念决定了法的主要功能为社会控制，并通过限制个体自由行为实现。而重视家族关系的社会又将大量的道德和宗教规范视为法律，使得法律具有了道德化和宗教化的色彩。只有通过身份划定，统治阶级才能将他们所应承担的义务转嫁给劳动人民，以此来固化奴隶主和封建主的特权地位。第三，对人进行身份类型化的划分符合大陆法系体系化的传统。不论是盖尤斯人、物、诉讼的三分法体系还是查士丁尼《法学阶梯》中四编制的划分，都体现了体系化法律思想自罗马时代已经兴起并影响了法律的制定。基于此，通过人格制度将人与物进行区分并划分人的等级便是其应有之义。罗马私法作为简单商品生产高度发达的产物，不仅成为罗马帝国第三次征服世界的工具，[4]而且与其相伴而生的人格制度虽然具有原始法律思维的粗糙性，却对后世人格权制度发展产生了不可磨灭的影响。

---

〔1〕 参见王丽萍："私法语境中的人"，载《文史哲》2011年第1期，第156页。
〔2〕 参见朱晓峰：《法律人格制度变迁与人格权的保护》，中国政法大学2009年硕士学位论文，第8页。
〔3〕 参见马俊驹："人与人格分离技术的形成、发展与变迁——兼论德国民法中的权利能力"，载《现代法学》2006年第4期，第46页。
〔4〕 参见〔德〕耶林：《罗马法精神》，转引自周枏：《罗马法原论》（上册），商务印书馆1994年版，第12~13页。

二、国外人格权立法演进

自古罗马诞生人格概念以来，随着个体人格在社会的不断显现，经过学术界和实务界的不断探索与共同努力，人格权制度在经历了长久的发展后，逐渐成为当代民法的重要组成部分。概括说来，西方的人格权制度主要经过以下几个阶段的演进：

（一）古代法中的人格利益保护

如上文所述，近代之前根本不存在人格权的概念，但是按照学界通说，以罗马为代表的古代社会存在着对健康、身体、名誉等人格利益予以保护的相关习惯或法律。具体地说，可以分成两个阶段：

（1）古代习惯法时期。这一时期对人格利益的保护以同态复仇为原则，且主要集中在对生命健康权的保护方面。凡是侵害他人生命健康的行为都被认定为犯罪，需要受到"以牙还牙，以眼还眼"的处罚。例如，对于侵害妇女贞操的人，可以用石块将其打死，甚至处以死刑。[1]

（2）古代成文法时期。随着社会的发展与法律的兴起，以《汉谟拉比法典》等著名法典为标志，古代法对人格利益的保护方式发生了转变。首先，惩罚程度相对减轻。如《汉谟拉比法典》第 127 条规定：倘自由民毁谤自由民之妻，而无罪证者，可判处该自由民髡刑。[2]其次，继续并固化金钱赔偿方式。金钱或财物赔偿方式在古代习惯法时期既已产生，直到罗马早期仍然沿用，并以法律的形式固定下来，如《十二铜表法》第 8 表第 3 条规定：如用手或棒子打断自由人的骨头，则应缴纳罚金三百阿司。[3]这一时期的赔偿经历了由自由赔偿到强制赔偿的发展阶段。从具有选择性的由受害者或家属自由选择金钱赔偿或同态复仇的方式发展为强制以赔偿代替，禁止同态复仇。查士丁尼的《国法大全》更是规定了侵权之债，建

---

〔1〕　参见杨立新：《人身权法论》（修订版），人民法院出版社 2002 年版，第 17~18 页。

〔2〕　参见苗延波：《中国民法体系研究》，知识产权出版社 2010 年版，第 104 页。

〔3〕　法学教材编写部《外国法制史》编写组：《外国法制史资料选编》（上册），北京大学出版社 1982 年版，第 152 页。

立了物质性人格利益的保护制度。[1]最后,人格利益保护与主体的身份、地位捆绑在一起。家长的人格利益为自主保护,而家属只有有限的权利能力,在遭受侵害时由家长作为原告且罚金归家长所有。虽然随着社会的发展家属与奴隶逐渐取得了一定的主体地位,但人格利益的保护仍然与主体的法律地位密切相关。

(二)早期资本主义国家民法典对人格权的付之阙如

文艺复兴时期,人文主义兴起,人的理性和自由意志开始得到发展。及至启蒙运动,随着格老秀斯、孟德斯鸠、洛克等启蒙思想家的出现,人们开始怀疑宗教神学体系并对人的理性力量产生强烈的信仰。在这种思潮中,带有近代世俗主义、个人主义和自由主义色彩的自然法成为资产阶级进行政治革命的理论武器。在自然法思想的影响下,个体开始从教会的权威中解脱出来,逐渐摆脱了身份等级制度的束缚,权利本身也被赋予了丰富的伦理内涵。[2]自然法学家高举"理性"的大旗,主张新制度的建立必须符合理性的要求,保护人的尊严和自然权利。他们认为,自然权利源于人的本性,国家应赋予每个人不再互相侵越的明晰的权利。[3]然而,这一时期的欧洲民法典,普遍对人格权采取了无视的态度。

1804年的《法国民法典》被普遍认为对于人格权发展具有划时代意义。其完整地将自然法的自然理性和平等自由观念贯彻在立法之中,人的自由和平等经私法与公法的巧妙分工和精细规则得以确立。[4]《法国民法典》第一编"人法"部分第8条在法律上首次放弃了罗马法的人格减等,正式确立了人格平等,将《人权宣言》中的"人人平等"原则通过民事立法予以确立。但出于平衡不断发展的社会生产力与有限的社会资源之间的矛盾,为巩固资产阶级的统治,《法国民法典》仍以财产权为中心,即使第一编的标题为"人",其仍然是以国籍、身份登记、住所等一般利益为

---

[1] 参见杨立新、孙博:"国外人格权的历史发展",载《河北法学》1995年第4期,第2页。

[2] 参见李景义:《人格权基本问题论纲》,知识产权出版社2014年版,第20页。

[3] 参见[法]雅克·盖斯旦、吉勒·古博著,缪黑埃·法布赫-马南协著:《法国民法总论》,陈鹏等译,谢汉琪审校,法律出版社2004年版,第129页。

[4] 参见马俊驹:《人格和人格权理论讲稿》,法律出版社2009年版,第52页。

调整对象，并未对人的属性及相关权利作出直接规定，[1]更没有提及人格权。"人格"的有无，只是被用来描述自然人是否适用法国民法，[2]并没有涉及《人权宣言》中所确立的包括生命、自由等在内的人之为人的人格要素。正如法国民法学家所提到的："在《法国民法典》里，直到1970年的法律开始，才出现人格权的那些权利。"[3]而《法国民法典》的立法例对葡萄牙的民事立法产生了重要影响。

葡萄牙的民法典编纂活动始于19世纪初。在费雷尔·卡尔多索·达·科斯达于1822年编纂的《民法典草案》基础上，1867年公布的《塞亚布拉法典》成为葡萄牙第一部具有现代意义的民法典。然而，这部民法典自公布之初便受到了葡萄牙学界的诸多批评。主要原因在于，《塞亚布拉法典》在意识形态、编制体例以及主要制度各方面均深受《法国民法典》影响，[4]而对本土法律传统置若罔闻。因此，葡萄牙这一时期的民事立法与法国一样并未对人格权予以过多关注。

与此同时，历史法学派在德国兴起并开始在理论界占据主导地位。德国私法奠基人萨维尼在继承康德思想的基础上，将人作为"整个私法推理的起点"，把每个人都当作由其自己的意思支配自己的法律主体，[5]并认为"所有的权利皆因伦理性的内在于个人的自由而存在"。[6]虽然19世纪初一些德国学者已经提出过"人格权"的概念，但是萨维尼仍坚决否认所谓的原权利（Urrechts），反对人对自己拥有实定法上的权利。他认为，如果承认人对自己的身体及各个部分拥有权利，将会导致人拥有自杀权。受

---

〔1〕　参见［日］星野英一："私法中的人"，王闯译，载梁慧星主编：《为权利而斗争——梁慧星先生主编之现代世界法学名著集》，中国法制出版社、金桥文化出版社（香港）有限公司2000年版，第341页。

〔2〕　参见曹险峰：《人格、人格权与中国民法典》，吉林大学2005年博士学位论文，第27页。

〔3〕　［法］让·米歇尔·布律格耶尔："人格权与民法典——人格权的概念和范围"，肖芳译，王轶点评，载《法学杂志》2011年第1期，第138页。

〔4〕　参见唐晓晴等译：《葡萄牙民法典》，北京大学出版社2009年版，序言。

〔5〕　张红："19世纪德国人格权理论之辩"，载《环球法律评论》2010年第1期，第23页。

〔6〕　［日］星野英一："私法中的人"，王闯译，载梁慧星主编：《为权利而斗争——梁慧星先生主编之现代世界法学名著集》，中国法制出版社、金桥文化出版社（香港）有限公司2000年版，第341页。

此影响,《德国民法典》作为学说编纂派的产物,也没有规定人格权。而其中第 12 条规定的姓名权,仍受家族本位的影响,仅是身份的标识,并不是典型意义上的人格权。然而值得肯定的是,《德国民法典》创造了"权利能力"概念,以此将"生物人"与"法律人"区分,完成了民事主体的实质基础从自然法向实在法的转化。

1907 年的《瑞士民法典》采取了与德国法截然不同的做法,开篇第一编第一章第一节即为"人格法",规定了"人的一般规定"和"人的保护"。但必须注意的是,虽然此处提及了"人格"的概念并注重对人的保护,究其本质,此人格非彼人格,而是用来表示权利能力和行为能力的主体资格。所谓的姓名权也与德国法一样,是出于身份表示的需要。

此外,作为典型的继受法国家,日本的人格权立法深受德国与法国的影响。现行《日本民法典》仅有对名誉的规定,很难找到其他关于人格权的条文。从目前掌握的资料看来,"人格权"概念直到 1929 年的《人格权法的发达》一书才在日本学界正式出现。

可见,受这一时期的法哲学及资本主义经济发展的影响,经典民法典仍将关注重点置于财产法领域,即使"人格权"概念早已在多国学术领域出现并展开了激烈的讨论,立法者却普遍采取了"鸵鸟政策",对之视若无睹。

(三) 第二次世界大战后各国对人格权的立法修正

虽然 20 世纪初期存在通过单行法对人格法益予以保护的先例,如德国在"俾斯麦遗体偷拍案"之后,于 1907 年生效的《艺术著作权法》第 22 条明确了要保护肖像权。但这一时期仍未出现专门针对人格权保护的制度或立法例,各国对人格权还处在十分消极的防御保护阶段。第二次世界大战对人权的巨大伤害,使得越来越多的国家认识到保障人格权的重要性,以此为契机,德国、法国、葡萄牙、瑞士、日本等国陆续通过判例或修法来实现对人格权的确认与保护。

第一,在 1949 年《波恩基本法》关于人的尊严和自由发展人格的规定基础上，越来越多的德国学者与法官提出将人格权在民法典中予以认可。[1]为弥补民法典对人格权规定的缺陷，德国联邦最高法院援引《德国基本法》第 1 条和第 2 条的规定，对《德国民法典》第 823 条第 1 款 "其他权利" 进行改造，在 "读者来信案" "骑士判决案" "录音案" 等著名判例的影响下，最终形成了一般人格权制度，并发明了与其相配套的 "框架权" 概念，以此区分一般人格权与其他绝对权在侵权法上的违法性判定要件，要求法官按照 "行为违法性" 的要求，进行个案的利益衡量。基于这样的司法确认，在接下来的几十年里，德国对人格权的保护日渐丰富。通过Paul Dahlke 案（1956 年）、Mephisto 案（1968 年）等判例开始保护人格利益的商业利用及死者的人格利益，人格权的类型也随之增多。此外，德国还通过判例的形式将法人纳入 "一般人格权" 的保护范畴，通过 "侵害声誉的剧本中的艺术自由案" "卡雷拉案"，逐步认定了法人的人格权，并指出《德国宪法》第 2 条第 1 款规定的基本权利包括法人的一般人格权。[2]

但值得注意的是，一般人格权制度仅是德国联邦最高法院的司法创造，至今都未获得德国立法的确认。虽然《德国民法典人格和名誉保护改革草案法》（1958 年）与《损害赔偿法修正草案》（1967 年）等修正案均对一般人格权的入法付出了不懈的努力，但出于一般人格权的不确定性以及保护言论自由的考虑，屡次尝试均告失败。甚至在 2002 年《关于修改损害赔偿法规定的第二法案》中，立法者也未表现出对一般人格权的立法意图。

第二，受德国人格权理论的影响，法国开始借助《法国民法典》第1382 条[3]的规定，通过判例完成对人格权的保护。因为按照法国法的侵权行为 "三要件说"，任何满足过错、损害并具有因果关系的行为，都应被认定为侵权。这样的规定使得法国侵权法的适用范围极为广泛，为人格利益的保护提供了法律依据。与此同时，《法国民法典》于 20 世纪 70 年

---

[1] 参见周云涛："德国人格权发展阶段的历史考察"，载《社会科学》2010 年第 11 期，第92 页。

[2] 参见沈建峰："德国法上的法人一般人格权制度及其反思"，载《政治与法律》2012 年第 1 期，第 127 页。

[3] 任何行为致他人受到侵害时，因其过错致行为发生之人，应对他人负赔偿之责任。

代与90年代的两次修订，分别规定了"任何人均享有私生活受到尊重的权利"（第9条）与"任何人均享有身体受到尊重的权利"（第16条），并在第三章对因遗传特征和基因研究所引起的人格利益的尊重和保护问题予以规范。以这些条款为依据，实务中形成了诸多具有开放性的案例。

在法国"人法"的开放性与侵权法适用范围的广泛性的基础上，通过判例的形式，法国逐渐确立的人格权类型主要有：①基于第9条的人格权类型：隐私权、肖像权、声音权等；②基于第16条的人格权类型：生命权、特殊主体人格权、身体权、与遗传特征和基因研究有关的人格权等。特别需注意的是，法国法并不区分人格权和人格法益。

第三，与民法典制定初期受法国立法思想影响不同，20世纪初德国民法理论开始广为传播并被欧洲诸国争先效仿，1966年的《葡萄牙民法典》一改1867年《塞亚布拉法典》的风格，效仿《德国民法典》开始对人格权予以保护。异于同时期的其他经典民法典国家主要通过侵权责任对人格权予以保护的做法，《葡萄牙民法典》的第一编总则部分第二章第二节直接被命名为"人格权"，并通过12个条文分别规定了人格权一般保护、死者的人格利益保护以及姓名权、肖像权、生活隐私权等具体人格权类型。虽然其规定的人格权类型非常有限，但从目前经典民法典国家的人格权立法来看，葡萄牙的立法可谓较为完整。

第四，《瑞士民法典》于1983年对第28条"防止侵害"部分进行了修订，增加了11个条文，分别规定了人格权保护的原则、起诉、审判籍、预防措施和反报道的内容，借此确定了不作为之诉、去除之诉及确认之诉。同时，《瑞士民法典》第53条规定："法人享有一切权利，并负有一切义务，但如性别、年龄或亲属关系等，并以人类之天然性质为其前提者，不在此限。"基于该条规定，瑞士实际上赋予了法人的人格权主体地位。值得注意的是，《瑞士民法典》的一般规定形式，对人格权予以了概括的保护，使得瑞士关于人格权具体类型的形成并未借助基本权利。虽然2000年新修正的《瑞士联邦宪法》第35条第（三）项明确了基本权利的间接第三人效力原则，但由于瑞士并未设置宪法法院，因此，关于《瑞士民法典》第 28 条的解释仍是由联邦法院发展的。[1]而这样的人格权保护概括式规定，也确实启迪了相当一部分国家的人格权立法，对《希腊民法典》《匈牙利民法典》及《日本民法典》等都产生了正向影响，尤其是《土耳其民法典》几乎全盘接受了《瑞士民法典》的立法体系和内容。

第五，《日本民法典》第 709 条对侵权行为的原则性的规定，表明日本法实际上在很早的判例中就对信用、贞操等人格利益提供了保护，但直到1947 年的《关于日本国宪法施行后民法的应急措施的法律》及 1948 年的《改正民法一部分之法律》，人格尊严和两性平等才被日本法认定。而"人格权"这一概念更是到 1964 年的"三岛由纪夫案"才被司法首次认可。[2]由于该案属于基层法院的判例，并未对日本人格权的发展产生太大的影响。直到 1986 年日本最高法院裁决的"北方杂志案"，"人格权"概念才在日本民法上得以正式确认。[3]但对于究竟何为"人格权"，日本法学界还没有得到统一的答案。

近年来日本开始重视对人格权的立法，并在相关民法修正案中有所涉及。《民法修正国民、司法界/学界有志案》提出，应在第一章对人格权作概括性的规定，并结合相关侵权规定，将侵害人格权的具体效果限定在损害赔偿与禁止范围之中。该修正案继续沿袭潘德克顿体系，分五篇规定了总则、物权、债权、亲属和继承，但对具体章节的构成进行了一定程度的调整。在总则第 2 条第 1 款规定"财产权、人格权及其他私权都不得侵犯"的基础上，结合债权篇的"不法行为"一章，对生命、身体、自由及其他方面的人格权侵害提供了救济保护，但并未列举人格权的具体内容。这种开放式的规定表明日本立法对人格权的态度是：作为生成中的权利，人格权的内涵与外延过于模糊，不应具体规定。[4]可见，日本的人格权立

---

〔1〕　参见王泽鉴：《人格权法：法释义学、比较法、案例研究》，北京大学出版社 2013 年版，第 23 页。

〔2〕　参见［日］加藤雅信："日本人格权论的展开与最近的立法提案"，杨东译，载《华东政法大学学报》2011 年第 1 期，第 122 页。

〔3〕　参见最判昭和 61 年（1986 年）6 月 11 日，民集 40 卷 4 号，第 872 页（北方日报事件）。

〔4〕　参见［日］加藤雅信："日本人格权论的展开与最近的立法提案"，杨东译，载《华东政法大学学报》2011 年第 1 期，第 123 页。

法采取了德国、法国方式并用的方法，既按德国模式在侵权行为中规定人格利益的保护，又按《法国民法典》第1382条的规定实现广泛的人格利益保护，并采取双重赔偿制度，同时赔偿财产上的损失和精神上的损害。近年来，通过日本最高法院"北方杂志案""耶和华证人输血案"等著名判例，日本主要对以下几项人格利益进行了保护：姓名、肖像、名誉、自由、隐私等。而于2011年施行的《柬埔寨民法典》由于主要由日本学者帮助起草编纂，在人格权立法方面深受日本学说的影响。虽然在第二编第二章关于人格权的规定只有4个条文，[1]但也体现了日本学者对人格权立法开始予以关注。

因此，虽然早期资本主义国家在制定民法典的过程中对人格权都采取了无视或故意回避的态度，但随着时代的发展，日益多样的人格权保护需求已经引起了各国的重视，并纷纷通过司法或立法的方式进行了完善。

（四）新颁民法典对人格权的立法重视

一个可喜的变化是，随后颁布的几部民法典对人格权的重视程度普遍提升，民事立法中对人格权的规定逐渐增多，且呈现了单独立法的趋势。这种变化，一方面受人的自我权利保护意识的影响，另一方面也是一些发达国家通过帮助别国立法对人格权制度进行调适的产物。

1. 民法典总则部分的人格权立法

（1）俄罗斯的人格权立法。在《人和公民的权利和自由宣言》（1991年）"序言"部分确认"人的权利和自由及其人格和尊严是社会和国家的最高价值"的基础上，《俄罗斯民法典》第2条强调，民事立法仅仅维护人身非财产权。同时总则第三分编第150条对非物质利益进行了专门的规定，确认公民享有生命权、个人尊严权、人格和名誉权、商业信誉、姓名权、选择居所和住所的权利、著作权及其他人身非财产权利。结合第152条第2~3款对名誉、尊严和商业信誉的保护以及1991年《俄罗斯联邦大

---

〔1〕《柬埔寨民法典》在其"人"编第11条开宗明义地确定了人格权的权利类型，包括生命权、安全权、健康权、自由权、身份权、尊严权、隐私权及其他人格利益。可见，《柬埔寨民法典》对人格权的类型采取的也是开放列举的态度。

众传媒法》第43~46条的辟谣权和答辩权的规定，俄罗斯的人格利益保护规定可概括为：第一，旨在使权利人身份个别化的人身非财产权，如姓名权、名誉权和个人尊严权等；第二，旨在保障公民人身不受侵犯的人身非财产权，如生命和健康保护权、人身不受侵犯权等；第三，旨在保障公民个人生活不受侵犯的人身非财产权，如个人文件不受侵犯权、人格生活秘密权等。[1]

通过分析可以发现，俄罗斯立法具备了以下几个特点：其一，《俄罗斯民法典》将人格权作为权利客体予以规定。其二，将人格尊严作为一项独立的人格权规定于第150条及第152条之中，并未作为人格权的抽象价值赋予与德国一般人格权相类似的功能。其三，将人格权限定于人身非财产权，严格与财产权相区分，保证了人格权的绝对权属性。最后，《俄罗斯民法典》第150条中关于其他人身非财产权的规定为其人格利益保护提供了"兜底条款"，便于新型人格利益的法律保护。

（2）埃塞俄比亚的人格权立法。《埃塞俄比亚民法典》是由法国法学家勒内·达维德参考法国法、瑞士法、以色列法等法律起草的，但受《法国民法典》的影响最大。很多学者认为，通过《埃塞俄比亚民法典》可以窥探《法国民法典》的未来样态。[2]

该法典在"自然人"一编专设"人格与内在于人格的权利"一章，并分别以"人格的归属"与"人格权"为两节的题目，对人格权进行了具体规定。按照第一节的规定，自然人享有人格权，且将胎儿视为已出生且后来活着的，出生后48小时内死亡的，视为未存活。通过分析第8条"人格的效力"的规定可以发现，《埃塞俄比亚民法典》将人格权与自由权并列，因此，此处的人格权应属我们理解的狭义的人格权，而自由权是广义上的人格权。从第12条开始，居住自由（第12条）、思想自由（第14条）、宗教自由（第15条）、行动自由（第16条）、结婚与离婚（第17条）、人

---

〔1〕 参见［俄］E. A. 苏哈诺夫主编：《俄罗斯民法》（第2册），王志华、李国强译，中国政法大学出版社2011年版，第721页。

〔2〕 参见徐国栋："埃塞俄比亚民法典：两股改革热情碰撞的结晶"，载徐国栋主编：《埃塞俄比亚民法典》，薛军译，中国法制出版社、金桥文化出版（香港）有限公司2002年版，第2页。

身的完整性（第18条）、医疗检查与治疗（第20~22条）、肖像权（第27~29条）、通信自由（第31条）等传统意义上的人格权被法律明定。此外，职业秘密（第24条）、死者的遗嘱（第25、26条）、家人的权利（第30条）等并不符合传统人格权理论的权利也被纳入其中。

值得注意的是，《埃塞俄比亚民法典》将姓名权与人格权分立，单独规定于第二章。从这个结构看来，似乎并未将姓名权纳入人格权的范畴。

（3）越南的人格权立法。同为社会主义国家的越南，在1995年《越南民法典》的基础上，于2005年进行修正，将人格权的规定进一步完善。如肖像权的规定进一步明确，防止肖像被他人随便使用；增加了捐献身体器官权、重新确定性别权等。这些条款的增加，反映出近年来医疗科技的发展对人的伦理价值的影响，带有一定的进步意义。与1995年将人身权放置于总则部分第二章第二节不同的是，2005年《越南民法典》对人格权的规定见于第三章第二节，主要包括人身权的定义（第24条），人身权的概括保护条款（第25条），姓名权（第26条），姓名变更权（第27条），确定名族权（第28条），出生登记权（第29条），死亡登记权（第30条），肖像权（第31条），生命、健康和人身安全权（第32条），捐献身体器官权（第33条），死后捐献遗体、身体器官权（第34条），接受他人身体器官权（第35条），重新确定性别权（第36条），保护名誉、人格和尊严权（第37条），私隐保密权（第38条），结婚权（第39条），夫妻平等权（第40条），家庭成员之间享受照顾权（第41条），离婚权（第42条），认或不认父母、子女权（第43条），收养子女权、被收养子女权（第44条），国籍权（第45条），住所不可侵犯权（第46条），宗教信仰权（第47条），自由迁徙、自由居住权（第48条），劳动权（第49条），自由经营权（第50条），自由研究创造权（第51条）等，将人格权与身份权并立。

虽然《越南民法典》尝试对人格权进行详细的规定，但是公法与私法界限不明的特征，也让其规定体系较为繁杂，其中夹杂了许多具有行政性质及婚姻法所应规定的内容，以致"视之为私权是否妥当，始终令人存在较多疑问"。[1]

此外，加拿大的《魁北克民法典》也在其第一编"人"的部分规定了人格权。一方面，该法典第3条明确列举了生命权、人身的不可侵犯和保持完整，姓名、名誉、隐私受尊重的权利，并规定这些权利是不可让与的。虽然这部分的规定看似完全列举，但从逻辑结构来看，其更像是与"具体人格权"相对应的一般条款。另一方面，第二编分四章规定了人身的完整、尊重儿童的权利、尊重他人的名誉和隐私以及尊重死者遗体等涉及人格利益保护的条款。姓名权及法人人格权则分别规定在第三编和第五编。人格权在《魁北克民法典》中所占的比重不亚于物权、债权等传统权利，被学者称为"人格权法的最佳立法例，代表了当代民法对人格权法的认识"。[2]

通过分析这几部民法典关于人格权的立法规定可以发现，利用后发优势，各国立法普遍对人格权采取了扩大保护范围的积极态度，且都采取了开放的人格权立法模式。但各国的民法典都未对人格权按照一定的标准进行分类，立法体系内部结构较为松散。

2. 独立成编的人格权立法

目前世界范围内，乌克兰对人格权的立法可谓独树一帜。与其他国家通过侵权法或总则部分对人格权进行保护不同的是，《乌克兰民法典》以"自然人的人身非财产权"为题，将人格权独立规定于第二编。按照"一般规定""以提供个体的自然生存为目的的人身非财产权"及"为自然人提供社会生活的人身非财产权"为体例，完成了人格权的立法架构。该编虽然只有47个条文，但采取了传统潘德克顿的编、章、节的体例安排，说明是否独立成编与法律条文的多少没有必然联系。

在"一般规定"部分，《乌克兰民法典》分别规定了人身非财产权的概念（第269条）、类型（第270条）、内容（第271条）、行使（第272、273条）、限制（第274条）、保护（第275条）、人格权请求权（第276、

---

〔1〕　参见［日］角纪代惠："越南2005年民法"，载《Jurist》1406号，第90页。

〔2〕　参见杨立新：《人格权法》，法律出版社2015年版，第19页。

278、279、280 条）等。并在第 270 条明确了人身非财产权的开放性，规定关于人身非财产权的类型清单并不是开放式的列举，还包括由《乌克兰宪法》及其他法律确立的人身非财产权。

对于具体人格权类型的列举，《乌克兰民法典》以人格权保护目的为区分标准，划分为"以提供个体的自然生存为目的的人身非财产权"及"为自然人提供社会生活的人身非财产权"。并分别囊括了生命权（第 281、282 条）、健康权（第 283~287 条）、以自然生存为目的的自由权（第 288~289 条）、身体权（第 290 条）、家庭生活权（第 291~292 条）、环境安全权（第 293 条）及姓名权（第 294~296 条）、尊严权（第 297~298 条）、商誉权（第 299 条）、保有个性的权利（第 300 条）、隐私权（第 301 条）、信息权（第 302~306 条）、肖像权（第 308~307 条）、以社会生存为目的的自由权（第 309~315 条）等权利类型。虽然家庭生活权、监护及抚养权、居住权等权利类型按照我国的理论不应属于人格权范畴，但与其他国家的人格权立法相比，《乌克兰民法典》关于人格权的规定已十分详尽，有了比较具体的规则，这一点值得我国未来立法学习。

需要注意的是，虽然在世界上制定民法典的国家中，乌克兰是唯一一个将人格权单独设编的国家。但与立法时学者所提出的"为了彰显人在社会价值体系中至高无上的地位"的目标所不同的是，十年后的乌克兰时局在"颜色革命"的影响下变得更加水深火热。虽然客观地说乌克兰局势自 1991 年苏联解体以来便持续动荡，人格权的独立成编是否为其长期混沌的唯一原因有待进一步研究。因为通观《乌克兰民法典》第二编就会发现，乌克兰民法没有处理好宪法权利与民事权利的界限问题，将政治权利写进了调整民事法律关系的人格权部分。第二十二章第 314 条及第 315 条分别规定了"结社自由权"与"集会自由权"，赋予了自然人自由设立政党并进行集会的权利。同时，将对集会游行的限制交由法院确立的做法，实际上加大了政府对相关政治活动监督的难度。作为一个时局动荡的东欧国家，为迎合欧洲而不顾本国国情妄图通过人格权立法"将乌克兰人格权的保护水平提升到欧洲的人权标准"的立法意图本身就是偏激的。而对人格权中的财产利益的忽视，也是《乌克兰民法典》"人格权编"的落后之处。

因此，不论将来我国是否将人格权独立成编，《乌克兰民法典》的相关教训，都是我们应该重视的。如果选择了独立成编，那么对于权利体系的构建与具体权利的认定，需要更加审慎。

最后还应指出的是，在以判例法为基础的普通法系国家中，并不存在所谓的"人格"或"人格权"概念，这两个词仅仅是法学研究领域的一般术语，在法律上没有实际意义。虽然英美等国通过判例认定了对身体利益、健康利益及人身自由等人格利益的保护，但其并未形成稳定的体系，仅是通过侵权法进行了零散保护。如英国对人格权的保护规定主要存在于"名誉毁损"的侵权行为法方面。但是与其他财产权利的保护所不同的，在英国的侵权行为法中，"名誉毁损"也没有一个明确的统一的规定，而是存在于《书面诽谤法》（1843 年）、《书面诽谤法修正案》（1888 年）、《妇女口头诽谤法》（1891 年）、《诽谤法》（1952 年）、《有线电视与广播法》（1984 年）等多部制定法调整的复杂的领域之中。从目前的研究成果中可以总结出，普通法系对人格权益的保护主要分为人身侵害（包括殴打、胁迫和非法拘禁等）、诽谤（主要是对名誉的损毁）和关于秘密的侵害（如违反信任）这三种侵权行为。虽然普通法系对人格权的保护"处于后娘所生之子的地位"，[1] 但其关于人格权的保护规定与权利创设对我国未来人格权的立法构建仍然存在研究意义。尤其是美国的隐私权与公开权两项权利类型的创设，为我国未来人格权立法应该包含哪些权利提供了借鉴。

三、国外人格权立法评析

上述对一些国家人格权立法的考察表明，人格权的民事立法已经成为一种世界趋势。但受制于各国不同的法律传统与社会环境，不仅目前在世界范围内不存在统一的人格权立法模式，各国在人格权类型认定及具体内容规定方面，也存在较大差异。除生命权、健康权、姓名权、肖像权等传

---

〔1〕〔德〕克雷斯蒂安·冯·巴尔：《欧洲比较侵权行为法》（上卷），张新宝译，法律出版社 2004 年版，第 354 页。

统人格权利类型外，各种新型人格权的确立都与时代和具体国情紧密相联。而且在分析了差异的基础上，这些国家立法构建过程中的共性也值得我们深入挖掘。

（一）国外人格权立法差异中的共性

1. 人格权立法的三种模式

对于权利归于何处的问题，主要有三种模式：①总则模式。即在民法典总则中对人格权进行规定，如法国、葡萄牙、越南、俄罗斯等。除通过总则中宣誓性的一般规定体现对人格权的保护模式外，这种模式向下还可细分为两种模式，即将人格权制度规定于总则部分的权利主体的模式（如《葡萄牙民法典》《越南民法典》）与规定于总则部分的权利客体的模式（如《俄罗斯民法典》）。②债权模式。即主要通过侵权行为之债对人格权施以保护，德国、日本等就是这种模式的典型代表。③独立成编模式。《乌克兰民法典》开创了人格权立法崭新模式，其创造性地将人格权单独规定为一编，突出了民法典对人格权保护的重视。

2. 对人格权予以开放的保护

不论是传统的民法典国家还是新设的民法典国家，都认识到了人格权的开放性。虽然民法典的确定性要求权利具有明晰的边界，且各国普遍尝试通过判例或修法的方式对人格权的类型予以认定。但关于人格权保护的一般条款仍然被各国广泛采用。同时，借鉴德国援引基本法弥补民法典对人格权规定不足的做法，不论是《埃塞俄比亚民法典》还是《乌克兰民法典》，一些对人格权予以立法规定的国家都倾向于在条文中明确由宪法或其他法律规定的人格权，同样受到人格权法的保护。虽然目前仍有国家坚持对人格权的保护必须严守法律明确列举的范围，但开放性的人格权立法模式似乎更为适宜。

3. 人格权立法由晚近民法典制定国家完成

由于目前世界上较为完备的民法典主要在 19 世纪至 20 世纪初期完成，受制于自然法学思想及当时的社会经济条件，很难在这些经典的法律文献中搜索到有关人人格权的规定，而更多的是关于人的规定或主体资格的规定。在人格权迅猛发展的国际大背景下，虽然德国、日本等国已经开始尝试通过修法的方式来完善人格权立法，但由于民法典体系的稳定性与长期司法判例所形成的"路径依赖"，老牌民法典国家仍然主要通过侵权法的规定来实现对人格权的保护，在立法方面还未形成有价值的参考体系。新近的《越南民法典》《埃塞俄比亚民法典》、加拿大的《魁北克民法典》以及《乌克兰民法典》等都对人格权进行了较为详细具体的规定。由此可见，人格权立法已经成为当代民法领域的一大趋势，对人格权的保护正从分散形式逐步向完整形式发展。

此外，人格权请求权的独立及人格权商品化的发展，也已成为世界范围内人格权立法的发展趋势。而各国对人格权立法在模式和类型上的差异告诉我们：人格权作为与本国民众息息相关的民事立法，没有放之四海皆准的模式，各国不同的传统文化基础决定了对人的伦理价值的认识，进而决定了人格权的立法构建差异。从实体内容来看，世界各国普遍采取权利叠加的方式对人格权进行确认，立法者还没有开始考虑要对人格权的概念进行界定。[1]

（二）国外人格权立法祛魅

通过对各国人格权立法构建的分析可以发现，对于同一问题，国内外学者的认识存在很大差异：

一是对于一般人格权制度的认识。按照部分学者的观点，一般人格权的承认已经成为世界的普遍趋势。但通过对德国、瑞士、日本等国家的研究就会发现，除德国利用框架性的权利，通过适用基本法来延伸其民法典第 823 条第 1 款的规定以外，各国并未在立法乃至实践中承认一般人格权。甚至可以说，被我国学者援引作为一般人格权存在依据的多数国家的一般规定，如法国、瑞士等，最初也不是为了保护人格权而创设的。其所具备的功能仅是在法律不完备的情况下，不得已被赋予的。实际上在很多国家的本土学者看来，一般人格权尚属探讨中的权利，其概念、内涵、功能定位等都存在疑问。而在实际应用中，一般人格权更多的只是人格权的另一

---

〔1〕　参见［法］让·米歇尔·布律格耶尔："人格权与民法典——人格权的概念和范围"，肖芳译，王轶点评，载《法学杂志》2011 年第 1 期，第 139 页。

种称谓。[1]德国当代法学家迪特尔·梅迪库斯甚至指出"一般人格权是法学的怪胎"。[2]

二是对于国外法律重视人格权的悠久历史的认识。我国部分学者似乎普遍认为，不论是德国、法国、瑞士，还是日本，各国自民法典创制之初便对人格权予以了高度重视。但实际上这些国家的民法典中所谓的人格权规定只是为了顺应当时的个人主义发展趋势，凸显对人的重视的概括性规定，立法者根本没有留意到人格权的需求，[3]仅仅把人作为一种社会性的存在。正如法国学者林登在其著作《人格权》中所评论的："《法国民法典》用174个条文来规定继承、194个条文来规定财产制度、20个条文来规定分界共有墙和沟渠，但是法律却既没有就姓氏的保护方法也没有就作家或艺术家的非财产权利作任何规定……"[4]在法国学者看来，1970年《法国民法典》中增加的"人人都享有私人生活得到保护的权利"才是法国法第一次出现的人格权。至今未在立法中对人格权加以规定。同时，日本直到1986年的"北方杂志案"才正式在司法领域确认了人格权的概念。而我国自《大清民律草案》开始就已经注意到了对人与人格的保护，1986年的《民法通则》更是直接列举了具体的人格权类型。

因此，在对国外人格权制度进行研究时，必须结合各制定国的实际国情和立法经验，毕竟，新的法律制度的移植，不应仅是概念性的继承，更应注重实际功能的考察。

---

[1] 如日本学者五十岚清认为，"在其他国家，人格权这一词汇的意思似乎就是一般人格权的意思"。即使是在日本，"一般人格权这一词汇不常被使用"。参见［日］五十岚清：《人格权法》，［日］铃木贤、葛敏译，北京大学出版社2009年版，第7~9页。

[2] See Medicus, Petersen, Burgerliches Recht, 22. Auflage, Carl Heymanns Verlag, 2009, S292.

[3] 参见 A. Lefebre-Teillard：《人身权法和家庭法的历史介绍》，PUF，1996 n 30 et 43，转引自［法］让·米歇尔·布律格耶尔："人格权与民法典——人格权的概念和范围"，肖芳译，王轶点评，载《法学杂志》2011年第1期，第138页。

[4] 参见［法］R. Lindon：《人格权》，Dalloz，1974，转引自［法］让·米歇尔·布律格耶尔："人格权与民法典——人格权的概念和范围"，肖芳译，王轶点评，载《法学杂志》2011年第1期，第140页。

第二节　我国人格权立法之源与流

毫无疑问，人格权立法是建设"法治中国"宏伟蓝图中的重要一环。分析看来，"法治中国"作为一个政治概念，实际上内含着深刻的法律意蕴，即在"法治"的纬度上，更加强调将"中国"视作立法、司法与执法的前提、目标和根据。我国在人格权立法过程中借鉴世界先进法治理念与制度不失为一项选择。

实际上，与直接体现统治阶级国家意志的公法所不同的是，民法的形式理性使得很多民法概念具有普世性。[1]而人格权制度更是某一时代的民族精神在历史演进中形成的法规则，精细地刻画着国家对人民重视与保护程度的高低，是人权保护的有效途径与践行平台。确实，我国人格权研究的诸多概念与理论继受于西方，但这并不等于要彻底放弃我们的理解主张而沦为附庸。恰恰相反，正是由于人格权制度建基于外源性的嫁接之上，更要主动地、紧迫地关注我国特定时空内的文化底蕴与风土民情，从而达成既大胆吸收人类优秀文明成果又积极维护民族特色基因的完美统一。人格权的中国化，是一个中西方法学双向互动融合的过程，要求通过对西方法学的审视及我国历史文化、国情民意的评价，进而实现立法、司法等诸多方面符合本国的特点。

一、传统法律文化中的我国人格权制度之内生要素与启示

作为近代才被引入的法律概念，人格权伴随着我国民法的发展走过了第一个一百年。回顾我国人格权研究的历史，从公元前18世纪的《汉谟拉比法典》到1907年的《瑞士民法典》，无论是法律文件中只言片语式的人格利益保护的记载，还是成文法典化进程中人格权的立法完善，学界已经取得了丰硕的成就。然而遗憾的是，作为"舶来品"，浩如烟海的学术

---

[1]　参见易军："中国民法继受中的体系性瑕疵与协调"，载《法商研究》2009年第5期，第74页。

成果将关注点聚焦于西方制度的源起与发展，忽视了中国传统法律文化的别具一格。这种对传统文化的漠视直接导致了学界对于人格权制度，不论体系构建还是权利设置，都主张以西方制度配置为准，忽略了本国实际立法环境。

我国人格权制度的起步晚于西方，但必须承认，任何借用现代法学体系和分析方法解读传统法律文明的做法都有其危险性。通过"西方现代性"否定"中国传统"，存在"自虐式的套用"嫌疑。中国现代法律在制度上移植西方法律，但是中国法律的现代化并不根源于法律制度的移植，而是根源于民族的、传统的法律文化。[1]因此，实现有中国特色的法律制度现代化必须建立在了解自己法律文化历史的基础上。人格权制度作为"属人法"由文化孕育而成、赖法律庇护而立，不同的法律文化必然铸就不同的人格权面貌。对我国人格权制度的历史研究，不仅有利于认清其本质，还可以为中国特色的人格权立法构建提供借鉴。

（一）人格权制度之土壤：主体要素的显现

1. 古代身份制度的共同局限与差异

人格权制度的发展是从"人可非人"到完满法律人格主体不断被发现的过程。其确立，就是为了将"人"从自然界的禁锢中抽离出来，以主人翁的姿态用自身能力实现自我价值并加以保护。与这一发现过程相伴而生的身份演变是分析人格权制度主体显现的必由之路。

我国古代，"三纲五常"的儒家学说以等级观念、身份制度维系着以礼法为基本规范的社会秩序。[2]在现代人格权理论研究中，作为封建社会统治工具的"身份"概念似乎成为落后意识形态的代名词，两千多年的封建专制统治造就的异常发达的身份制度也成为众多学者认为古代中国无法内生出人格权制度的佐证。

实际上，身份是构成人格之要素。查士丁尼在《法学阶梯》中提到

---

〔1〕 参见王利民：《民法的精神构造：民法哲学的思考》，法律出版社 2010 年版，第 482 页。

〔2〕 参见郭明瑞："人格、身份与人格权、人身权之关系——兼论人身权的发展"，载《法学论坛》2014 年第 1 期，第 6 页。

"人格减等就是改变先前的身份"。[1]摩尔根也认为，古代社会就是按照氏族、胞族和部落的身份划分建立起来的。[2]可以说近代以前，身份是人类社会最为普遍的现象之一，而以此形成的社会也成为人类历史的主要状态。因此，身份制度的局限性并非我国所独有。一方面，中西身份法均为服务于剥削阶级的社会产物，将统治者与被统治者置于不平等的地位。《萨利克法典》规定，如果杀死伯爵，行为人应罚 24 000 银币，如果杀死男爵或副伯爵则应付 12 000 银币。[3]所罚数额的不同正是由于被害人身份的差异。无独有偶，"刑不上大夫"则是身份差等的中国式体现。另一方面，维护父权与夫权均是中西身份法的重要组成部分。在氏族本位解体之后，父权与夫权至上的家本位开始主宰世界。《十二铜表法》第 4 表第 2 条规定"家属终身在家长权的支配下"。[4]甚至 13 世纪的日耳曼仍允许父或夫可在饥荒的时候卖掉子女或妻子。[5]而同时代的我国《宋书·何承天传》也规定"母告子不孝，欲杀者许之"。

　　但在文艺复兴运动之后，中西方对于身份的态度开始产生巨大差异。在西方，随着中世纪的消亡以及资产阶级革命的开展，"'个人'不断地替代'家族'，成为民事法律所考虑的单位"。[6]在人文主义思潮的推动下，追求个人价值、崇尚独立与平等的理性权威从废墟下的罗马法中脱颖而出，开始取代神法的精神权威成为自然法的基础，[7]并要求推翻那些使人成为受屈辱、被奴役、被蔑视的一切关系。[8]在这种思想的推动下，人的理性能力逐渐取代了身份等级，成为新的人格依据。得益于以洛克、孟德斯鸠为代表的一大批思想家为人的理性与个人主义的奔走呐喊，资产阶级

---

〔1〕　参见徐国栋：《民法的人文精神》，法律出版社 2009 年版，第 61 页。

〔2〕　参见〔美〕路易斯·亨利·摩尔根：《古代社会》（新译本·上册），杨东莼等译，商务印书馆 1977 年版，第 24 页。

〔3〕　参见王立民：《古代东方法研究》，北京大学出版社 2006 年版，第 135 页。

〔4〕　法学教材编辑部《罗马法》编写组：《罗马法》，群众出版社 1983 年版，第 365 页。

〔5〕　参见王立民：《古代东方法研究》，北京大学出版社 2006 年版，第 125 页。

〔6〕　〔英〕梅因：《古代法》，沈景一译，商务印书馆 1959 年版，第 96 页。

〔7〕　参见张中秋："西方个人本位法变迁述论"，载《江苏警官学院学报》2005 年第 3 期，第 97 页。

〔8〕　参见《马克思恩格斯选集》（第 1 卷），人民出版社 1972 年版，第 9 页。

开始从法律角度承认和保护人的价值。继提出"天赋人权"的宪法理论之后，《法国民法典》《德国民法典》《瑞士民法典》以及其后相继出台的民事法律规范，从法律精神到具体规定，在司法续造的帮助下逐步开始人格自身份的剥离。而在西方这种急剧转型的尝试中，与转型所具有的打破传统的性质同样令人吃惊的是，在自给自足的自然经济与封建专制主义统治的共同社会条件下，中国传统身份制度的持续重现。究其原因在于，与西方自罗马帝国后期家父权逐渐衰落、身份主要表现为社会阶级所不同的是，古代中国自始以家族为核心，身份制度具有独特的宗法性，构建成了等级森严、管理有序的礼法制度。但是并不能据此简单否认中国古代存在人格权制度的内生要素。

2. 古代中国个体的发现

"任何人类历史的第一个前提无疑是有生命的个人的存在。"[1]对于"个体"的认识，西方有着悠久的历史。早在公元前 6 世纪，古希腊的阿波罗神庙石碑已镌刻了"认识你自己"的口号，来唤醒人的自我存在感。及至文艺复兴运动，"个性解放"成了突破中世纪教会神学束缚的旗帜。美国《独立宣言》开篇"人类生来是平等的，造物主赋予了他们与生俱来的权利"则彰显了 17 世纪以后个体权利观念的深入人心。人格权制度的发展也与个体价值观念紧紧相随，互为助力。与此相反的是西方对中国"个体"存在的认识。黑格尔认为，"在东方，只有一个人是自由的"。他指出在古代中国，皇帝至高无上的权威掩盖了一切民众的自由，使得个体被专制统治禁锢不得彰显。而伊爱莲也曾经提到："西方总是强调个体。个体的发展备受推崇，个人也被视为社会的中心、是构成社会的原子……而中国人则与西方不同，他们更重视家庭和男人。个体意识包含在家庭之中。"[2]不可否认，依照西方"个体"观念衡量中国"个体"的缺失虽然可行，但不能因此贸然否定古代中国个体价值观念的存在。

---

〔1〕 参见朱晓峰："法律人格制度变迁与人格权的保护"，中国政法大学 2009 年硕士学位论文，第 7 页。

〔2〕 Irene Eber, "Introduction", in Richard Wilhelm, *Lectures on the I Ching*, Routledge and Kegan Paul, London, 1980, pp. Ⅹ~Ⅶ.

一方面，从共时性角度出发，现在所标榜的西方"个体"概念并不是西方传统法律文化的产物，而是源自于西方现代法律文化。实际上，在西方传统法律文化中，团体本位才是最主要的特征。从斯巴达军事共产主义到基督教整体主义再到日耳曼人的团体主义，随处可见团体主义对西方传统法律文化的影响。[1]以贯穿整个中世纪欧洲的日耳曼民族制度为例：日耳曼法强调团体本位，个人行使权利和承担义务不以个人意志为依据，要受到团体的约束。[2]而所谓的个体法律文化，自西方文艺复兴与启蒙运动后才开始萌芽，是市场经济、民主政治与多元文化背景相结合的产物。正如马塞尔·莫斯所认为的，只有在西方社会，结合西方自我和意识的哲学话语，人格和个体性才具有普适性质。也就是说，只有在西方哲学体系中，以及在相对晚近的时候，个人才开始展露其自然、天赋之永恒外貌。[3]因此，将西方现代法律文化产物作为判断中国古代法律文化制度的标准，不免有失偏颇。

另一方面，从中西法律文化差异考量，中国的个体价值观念虽不明显但从未缺失，只是体现得和西方略有不同。[4]值得肯定的是，中国有着与西方近似的"个体"觉悟起源，早在老子的《道德经》就提出了"自知者明"的主张。只是随着社会发展与法价值观念的不同才形成了各异的"个体"价值观念。与西方外制的、利己的、与人争斗的利益个体所不同，中国文化以自己独特的方式来弘扬人的个体价值。在道德观念下，成就功德、超凡入圣全靠个人的道德努力。这种努力本身就体现了个人的尊严与价值。甚至这种价值观要比同时期从基督教神性所抽离出来的个体价值更高于人的自身。它不是超验的、先天的、预设的，而是经过后天的努力与自我升华显现的。同时，中西个体"抽离"的形式也存在不同。个体从控

---

〔1〕 参见高鸿钧："法律文化与法律移植：中西古今之间"，载《比较法研究》2008年第5期，第15页。

〔2〕 参见何勤华、魏琼主编：《西方民法史》，北京大学出版社2006年版，第151页。

〔3〕 See Marcel Mauss, *The Category of the Person*, Cambridge University Press, Cambridge, 1985, pp. 1~25.

〔4〕 参见［美］卡尔·A. 魏特夫：《东方专制主义：对于极权力量的比较研究》，徐式谷等译，中国社会科学出版社1989年版，第399页。

制性的社会类属中脱离出来并重塑自我是西方个体化的"抽离"形式。而在传统宗法伦理制度的基础上，我国的个体所追求的往往集中于提高自己的生活标准和社会地位，实现身份上的认同。

显然，在中国这块土地上，不会产生西方个体价值观念。中西个体价值观念作为中西民族文化深层结构中的一个重要组成部分，其产生、发展、变革，各有其内在的根据。中国传统身份制度下的个体化价值观念与西方的差异，除了告诉我们西方关于这一观念常见的人道主义话语在中国话语下并非主流模式之外，别无他意。该差异不能被解读为"缺乏权利"的标志，正如其一致也并不意味着"自由"一样。

3. 古代中国身份特权的削弱

事实上，从身份制度的发展历程看，长时间的封建专制无法掩盖中国人尝试摆脱身份束缚的势头，身份特权在很多方面出现过削弱的态势。家长权作为中国身份权的主要表现形式备受诟病，美籍汉学家魏特夫曾经提到："中国家长的权威远比领导家庭所需要的权威大得多。"[1]这是因为在中国古人的观念里，家与国的界限并不十分清楚，在忠孝并提、君父并举的基础上，国政被视为家政的扩大，家、国相通。[2]

但即使在这样的权威力量下，历史上的家长权也逐渐发生了削弱：

一方面，家内刑杀权逐渐被剥夺。在氏族社会及封建社会初期，家父对于家内成员有绝对的生杀权。即使是皇权贵族也无法摆脱这样的命运。秦二世矫诏赐死扶苏时，扶苏曾说："父而赐子死，尚安敢复请?"[3]但睡虎地秦简《法律答问》记载："'家罪'者，父杀伤人及奴妾，父死而告之，勿治。"该条规定将父亲对于同居家人的伤杀行为在法律上认作非法行为，使得家长不再拥有自然的家内刑杀权。虽然"父死而告之，勿治"的处置方式仍然具有一定的特权成分，但已在原有的家长权基础上作出了

---

〔1〕 [美] 卡尔·A. 魏特夫：《东方专制主义：对于极权力量的比较研究》，徐式谷等译，中国社会科学出版社 1989 年版，第 113~114 页。

〔2〕 参见梁治平：《寻求自然秩序中的和谐：中国传统法律文化研究》，商务印书馆 2013 年版，第 9 页。

〔3〕 瞿同祖：《中国法律与中国社会》，商务印书馆 2010 年版，第 7 页。

很大程度的宽缓，这不仅是对家内子女奴婢的保护，更是父权削弱的重要标志。而后世各代也都对家父的刑杀权作了类似的规定。如北魏《魏书·刑罚志》明确规定：祖父母父母忿怒以兵刃杀子孙者处五岁刑，若心有爱憎而故杀者各加一等。而唐宋两代，更是将杀死子孙不问理由地都认定为徒罪，即使子孙违反了教令而杀之，也只是在故杀罪的基础上减一等。可见，家父的家内刑杀权处在逐渐被剥夺的态势之中，为家内成员的个体显现提供了基础。

另一方面，家子获得了解放。张家山汉简《二年律令·收律》的例外规定展现了子女脱离父权的具体条件，即"有妻、夫""为户""年十七以上"及"有爵"。前三种是普通的家子解放途径。"有妻、夫"即缔结婚姻组成新的家庭，通过婚姻，夫妻双方获得了新的法律人格，由家子变为家长和主妇。虽然在封建伦理中仍然要对家父孝顺，但已经在法律上成了独立的主体。"为户"即设立户籍，是封建时代主体具备完整法律人格的重要条件。[1]在以个人名义设立户籍的基础上，民才能占有田宅，获得经济基础来源并从原有的父家庭中脱离。"年十七以上"即家子解放的法定年龄。而"有爵"是一种特殊的家子解放途径，即通过封建统治者的赏赐爵位来改变原有的家族从属地位。虽然以上方式都是国家通过另一种身份形式的赋予来取代家子身份，且"长幼有序"的传统儒家孝文化观长期占据道德的制高点，但终究是将家子从原有父家庭中分离，使其获得了相对独立的地位。

4. 古代中国身份制度中主体的丰富

不宁唯是，身份类别与内容的多样化也是人格权主体逐渐显现的例证。秦代开启了将户作为权利主体形式的先河，并得以延续。商鞅变法规定："四境之内，丈夫女子皆有名于上，生者著，死者削。"在坚守封建伦常的专制中国，家庭主要以户的名义取得和行使民事权利。[2]因此，脱离户这一身份来探讨人格权制度的发展并不科学。

---

〔1〕　参见吕利：《律简身份法考论：秦汉初期国家秩序中的身份》，法律出版社2011年版，第63页。

〔2〕　参见俞荣根主编：《寻求法的传统》，群众出版社2009年版，第472页。

随着商品经济的发展，户的主体地位与形式不断发生变化。宋代根据"税产物力"将全国户口分为主户与客户，佃户虽无产，也编入客户，不再是地主的私属。即使是雇工、人力、女使等在唐代系属没有独立人格的贱民，也由于成为国家的编户齐民而在法律上成了民事权利主体。同时期的官僚地主虽然仍处于支配地位，但完全不具备门阀时代的经济地位与政治特权。此外，商人也被视为"能为国致财者"[1]而被编入坊郭户，不再列入"市籍"，身份由备受歧视的"贾人"变为城市中的"人户"，显示了社会地位的提高。及至明代，佃农、雇工、奴婢的自主权进一步扩大。洪武五年（1372年），明太祖将田主与佃农的主仆关系下令改为"长幼"关系，而奴婢也具有了一定的婚姻自主权。万历十六年（1588年），《新题例》规定："今后官民之家凡倩工作之人，立有文券，议有年限者，以雇工人论；止是短雇月日，受值不多者，依凡（人）论。"可见，明代的短期雇工已可通过契约与雇主建立雇佣关系而成了独立的民事主体。而清代佃户与地主同属"凡人"，在法律上是同等的收租者和纳租者的契约关系。"摊丁入亩"政策的施行，使农民获得了相对的迁徙自由，对封建国家的人身依附关系削弱，不再牢固地附着于土地。[2]

通过对历代户籍制度的研究可以发现，随着社会经济的发展，以户为单位的民事主体制度不断发生变化。虽未能彻底摆脱以户为单位的身份制约，但是户的多样性有助于民众逐渐取得相对平等的法律地位，也使得低位阶的民众身份不断提高，为人格权主体制度的发展提供了土壤。

陈胜、吴广"王侯将相宁有种乎"的呐喊，表达了对封建压迫的不满，更是从身份权威方面向统治者发起了挑战。从社会适应性的角度出发，不能否认身份制度对于社会发展的推进力量。换句话说，人格权制度的发展无法离开身份制度造就的社会土壤。正如身份人格的出现是罗马奴隶社会经济基础、社会结构和正义观念共同作用的结果一样，在考查我国人格权制度的发展时也要考虑具体的社会现实。虽然在商品经济发展的基

---

〔1〕 张晋藩：《中华法制文明史》（古代卷），法律出版社2013年版，第380页。
〔2〕 参见张晋藩：《清代民法综论》，中国政法大学出版社1998年版，第45页。

础上所形成的新的社会关系没有也不可能突破封建制度的限制，但是我国的身份制度总体上呈现出不断削弱的态势，人的自主与自由居于不断被社会所接受并确认的历史进程中。这不仅符合人格权制度的发展趋势，甚至比具有相同社会性质的中世纪欧洲更为先进。

（二）人格权制度之魂：伦理要素的正名

法律伦理是决定人格权制度发展的精神力量。我国伦理是以道德为核心的宗法伦理，西方伦理则是以理性为基础的市民伦理。

1. 对韦伯"中国无理性"论的批判

在论证中国传统法制无人格权制度时，研究者往往以法律制度中理性缺乏与道德泛滥为佐证。他们认为正是理性的融入才点亮了人格权的光辉。在理性统治欧洲法制之前，人格并未从罗马式的家族与血缘身份制度中脱离。斯多葛学派提出人的理性是自然的一部分，所有人在本性上都是平等的。自此，法学领域开始将人放置在自然与理性的坐标上加以考量。而由理性培育的权利本位观念，也促进了人格权制度的发展完善。与此相反，我国古代法律以强制手段全面确立和推行的道德体系阻碍了人格权制度生长所需的自由与平权观念的产生和发展。道德的深入，使古代中国人普遍树立起自律意识，法律不鼓励权利观念，而是以设定义务的方法来强化人的自我约束机制。以道德伦常为核心的人际关系让民众将群臣父子的身份视为天然差异，安于接受并以其维护稳固为上德。因此，人格权制度在古代中国没有社会需求。

由于理性惯用为人格制度的生发基础，因此弄清中国传统道德化法制中是否存在理性要素就变得尤为重要。而这一问题，又是困扰中外学者的另一个"李约瑟难题"。[1]持中国传统道德化法制无理性观点的人常将韦伯的研究作为最有力的论据。深受梅因与黑格尔哲学影响的韦伯认为，西方法律发展的历史是法律理性发展的历史，中国始终处在社会发展的初级阶段，没有主观自由，因为主观自由受到了道德法则的管制。至此，多数

---

〔1〕 英国科学家李约瑟（Joseph Needham，1900 年—1995 年）将传统中国文明曾经高度发达，但为什么近代科学诞生在西方作为终身求解的课题，谓之"李约瑟难题"。

学者都为找到中国传统法制有道德无理性的力证而欣喜若狂。但他们忽视了韦伯研究中国史的目的。韦伯自言，其首要任务是去研究为什么资本主义只能出现在西方，而对儒教、印度教的研究只是为西方发展提供对照成分。[1]因此，韦伯对于传统中国的研究是以中国法是西方法律和形式理性的参照为基点的，这种论述本身就是一种解释性的理解而非史实的陈述。实际上，在韦伯简单将中国传统法制置于西方形式理性的参照对象时，留给我们的恰恰是一个复杂的问题，即传统中国法究竟应该归于何种类型。因为，与法的形式理性相对应的不仅有法的非理性，[2]还有法的实质理性。[3]对于这个问题，韦伯的论述存在矛盾。一方面，他认为基于君主家产制的国家形式和儒教在传统思想中的地位，中国法律可以认为具有实质理性的性格。另一方面，他又指出中国法官作出裁决的依据并不是"形式的律令"，而是"实在个体化和恣意擅断"，存在法的非理性。因此，其并未给出一个确切的答案。而究竟中国传统法制中是否存在理性，是法理学致力追寻的难题，笔者在此不敢妄下断言。这里的论及，只是为了证明将理性的缺失视作中国传统道德伦理法制无法生长出人格制度的观点存在论据上的不足。实际上，在康德哲学中"道德要求的本质就是理性本身"。[4]

同时我们必须认识到，虽然理性对于西方人格权制度乃至当今世界的法制发展所产生的巨大推动不可否认，但其成果也并非一蹴而就。16世纪，休谟对理性就曾提出质疑，认为人类的最初状态就是社会性的，"一切认识来自感觉，知觉之外是否有永恒的精神实体，是不可知的"。[5]而

---

〔1〕 参见［德］韦伯：《韦伯作品集Ⅸ：法律社会学》，康乐、简惠美译，广西师范大学出版社2005年版，第12~16页。

〔2〕 法的非理性表现在处理法律问题时或使用理智所能控制之外的手段，或全然以个案的具体评价，将伦理、感情等价值判断作为决定的基准。参见［德］韦伯：《韦伯作品集Ⅸ：法律社会学》，康乐、简惠美译，广西师范大学出版社2005年版，第28页。

〔3〕 法的实质理性表现为在处理法律问题时依据的并不是经由抽象逻辑概念分析得来的规则和原则，而是包括伦理、功利等其他取向的规则。在韦伯看来，典型的实质理性法是家产制的法和宗教法。参见［德］韦伯：《韦伯作品集Ⅸ：法律社会学》，康乐、简惠美译，广西师范大学出版社2005年版，第189~194页。

〔4〕 ［德］卡尔·拉伦茨：《德国民法通论》，王晓晔等译，法律出版社2003年版，第46页。

〔5〕 马俊驹："人与人格分离技术的形成、发展与变迁——兼论德国民法中的权利能力"，载《现代法学》2006年第4期，第44页。

实证法学概念让法制变得毫无情感，传统道德、信仰等人性的光辉被理性以手术室内无影灯般的光芒遮蔽。及至富勒更是在传统理性的基础上强调法律与道德不可分离。他认为合法性原则在某种意义上构成"道德性"，一旦立法者违反了该原则，就必然在一定程度上丧失其统治的正当性。[1]可见，即使在理性大行其道的现代法学之中，道德也不容偏废。因此，伦理道德基础对于中国传统人格权制度的发展影响需要我们辩证地思考。

2. 我国传统伦理道德中的人文关怀

自然法学对人的伦理性的认识推进了人格权制度的发展。而中国则以"人伦中心与道德理想主义"的双重结构，[2]形成了特有的宗法伦理，伦理即为伦常之理、道德之理。虽然在人伦化的伦理基础的导向下，古代中国人的价值、尊严与超越总是在若即若离的人伦生活中，"相给相予"的德性意识使得个体人格的权利意识很难获得生长的空间。但事实上，由伦理道德形成的义务本位并非传统中国一以贯之的特征。[3]虽然传统国家法律无法反映民众的权利诉求，但不能因此否定民间的权利意识。刑民合一的法律传统在一定程度上满足了平民对于个人权利维护的需要。稍加留意还会发现，我国古代农民已将对于权利的追求付诸实施。农民起义以最直观的形式告诉世界，在没有西方所谓"天赋人权"的思想运动背景下，权利观念已经深入到传统中国最基础的社会阶层。从陈胜、吴广对于身份权威提出的质疑，到黄巾军"人无贵贱、皆天所生"的口号，伦理道德精神导致的"权利"概念的缺失，并没有阻碍传统中国社会对身份破除的要求以及对人格平等的追寻。恰恰相反，在传统的中国民间社会，存在着契约型的个人利益观念和权利诉求意识，只是它们在专制政治的压制下，在主流传统法律文化的强势背景中，难以伸展，只能作为一种法律文化的潜流而位居边

---

〔1〕　参见［美］罗伯特·萨默斯：《大师学述：富勒》，马驰译，法律出版社 2010 年版，第 67 页。

〔2〕　参见陈景良："法与人——中西法文化人格差异的解读"，载张中秋编：《2005 中国与以色列法律文化国际学术研讨会文集》，中国政法大学出版社 2005 年版，第 477 页。

〔3〕　参见高鸿钧："法律文化与法律移植：中西古今之间"，载《比较法研究》2008 年第 5 期，第 15 页。

缘。[1]可见，中国五千多年的历史长河中，一直不乏为人之权利积极争取的思想及为此做出的努力。早在明清之际，以黄宗羲、顾炎武、王夫之等为代表的一代启蒙思想家就已发掘出了中国各代思想中与西方人格观念相通的"重民""平等"因素。[2]他们反对封建的"独治"与"一家之法"，要求"众治"与"天下之法"；反对中央集权，倡导"工商皆本"……因此，不能因为权利存在于民间层面而将道德型法律视为人格权制度发展的对立。

实际上，伦理道德化的法律制度并未将人全然排除在保护范围之外。甚至可以这样理解：中国的法是高度发达的人文法。因为根据传统中国理学的阴阳结构，道的结构即为阳主阴从，就是人的德性（人性与文明）对兽性（人的本能）的控制，以及德主刑辅的礼法结合。这样的法不仅从原始神鬼宗教中脱离出来，更肯定了现实中的人。[3]而道德对于人的解读主要通过"五辨"进行。义利之辨是中国文化的深层问题，也是解读中国如何对待人的密码所在。[4]由于西方主张法律与政治才是人格发展的基石，由道德泛化形成的"重义轻利"思想已然成为传统中国缺乏人格权制度内生要素的口实。事实上，义利的人际关系并非"重义轻利"四字的字面意思所能涵盖。其中蕴含的耐人寻味的内容，虽有学者早已做了较为细致的分析，[5]但并未引起人格权研究者们的注意。谨在此稍加论述与整理，以期重塑道德对于人格权制度发展的裨益。

（1）君民关系。义利之辨的核心内容即为君民的义利关系。孔子在《论语·尧曰》中提到"因民之所利而利之"，因此对于君主和官吏而言，亏民、苛民谓之利，爱民、养民谓之义。《大学》有曰："国不以利为利，以义为利也。"虽然这种思想没能改变窃国苛民的封建剥削本性，但不可

---

〔1〕 参见高鸿钧："法律文化与法律移植：中西古今之间"，载《比较法研究》2008年第5期，第15页。

〔2〕 参见武树臣：《中国法律文化大写意》，北京大学出版社2011年版，第366页。

〔3〕 参见张中秋："传统中国法的道德原理及其价值"，载《南京大学学报（哲学·人文科学·社会科学）》2008年第1期，第131页。

〔4〕 参见陈景良："法与人——中西法文化人格差异的解读"，载张中秋编：《2005中国与以色列法律文化国际学术研讨会文集》，中国政法大学出版社2005年版，第477页。

〔5〕 参见俞荣根：《道统与法统》，法律出版社1999年版，第288~292页。

否认，其批判现实政治的作用具有积极的价值。

（2）群己关系。朱熹"存天理、灭人欲"的主张使道德伦理化的中国传统法制成为否认个体利益的代名词。实际上，学界普遍认同儒家并不否认私利。对于私利，儒家传统道德的要求实际上是群利优先，就如我们现在也提倡公共利益优先一般，而不是否认己利。孟子"执中而有权"的主张就说明在群利与己利的关系中要"执中"，既承认己利，也不能妨碍群利。

（3）他己关系。他利与己利的主体是处于平等（或者说在古代相对平等）地位的自然人。在处理他己关系时，传统道德要求"己所不欲，勿施于人"（《论语·颜渊》）。在"己欲立而立人，己欲达而达人"（《论语·雍也》）的原则中，自然包含着"己欲利而利人"的内容。蕴含在此种关系中的道德义利观应理解为利己利人谓之义，利己损人谓之不义。

（4）尊卑关系。身份关系是人格权研究的敏感地带，似乎一旦涉及身份，人格权便无从谈起。前文已述，身份人格是建立在特殊历史时期特殊社会形态下的特殊人格制度。在肯定罗马身份人格的前提下，传统中国的身份关系自不能被当然看作人格发展的反动要素。尊卑关系是由群己、他己关系中分解出来的各种角色，如父子、夫妻、兄弟等。在这种以血缘为基础的关系中，所谓尊者之利，并不单纯指尊者一己私利，而是指其所代表的一家、一族的共同利益，以维护尊者之利，达到维护和巩固家庭或家族的目的。而个人之利，也自然随着家庭或家族的发展得到进一步的维护。

对道德伦理主导的义利关系再剖析可见，蕴藏在义利之辨中丰富的人文关怀。它并不是简单地排斥个人利益追求，否认个体人格价值，而是将个体置于乡土化的社会大环境中，以看似保守的群体利益维护来间接保护个人的发展。与理性相似，道德这个表面上与功利相对立的品质，却有着深刻的功利性起源。正如博登海默指出的："道德的目的，从社会意义上看，就是要通过减少过分自私的影响范围、减少对他人的有害行为、消除两败俱伤的争斗以及社会生活中其他潜在的分裂力量而加强社会和谐。"〔1〕而动荡专制的年代，和谐无非是对个人利益最大的保护，也是道德泛化的主要追求。传统中国社会现实反复验证了道德对于社会稳定的重要作用。无德任刑或舍刑惟德必然要导致社会的动荡与统治的失败。透过被封建专制统治者所异化的道统，我们应该发现儒家传统道德伦理一直致力于为民众描绘一幅平等、和谐的社会图景。与此同时，古代中国将司法与国情、社情、人情联系起来，不仅能够增强人们的道德自觉，起到明刑弼教、减少犯罪的作用，也有助于减少推行司法的阻力，保障法律的权威。〔2〕这在很大程度上体现了传统中国法制中所蕴藏的理性。

人格权，作为近代自然法的产物，理性对其产生与发展的重要影响不言自明。但如果将人格权与道德伦理脱离，显然是个伪命题。理性的法律是至上的但不是万能的，人的内心世界还需要道德的力量规制。人格权是对传统道德伦理的超越而不是摒弃。但我们也必须承认，权利是创设的，它们并非不可侵犯，无法通过简单诉诸更高层次的道德进行保护，而必须通过确定的、具体的法律制度加以保障。制度建设不是解决所有难题的万能药，但却是药引。因此，在明确了人格权制度伦理道德基础的前提下，必须探讨古代中国对人格利益的保护形式。

（三）人格权制度之形：规范要素的发掘

伴随着"人"的发现历程，制度保障需求日趋显现。与西方人格权制度以古希腊相关思想及后继法律文件只言片语的权利表达为研究起点不同，中国民法史上的第一部民法草案——1911 年《大清民律草案》被习惯性地视为中国人格权制度的开端。这种起算点的差异归咎于既有的人格权研究往往以成文的民事法律为依托，我国古代没有统一的民事法律形式，从而使西方思维的人格权研究缺少规范文本。而本书的研究思路就在于探索蕴含在传统中国法制模式下的人格权制度因素，其起点离不开对中国法律规范的重新解读。

---

〔1〕 ［美］E. 博登海默：《法理学：法律哲学与法律方法》，邓正来译，中国政法大学出版社 1999 年版，第 371 页。

〔2〕 参见张晋藩："中国古代司法文化中的人文与理性"，载《政法论坛》2013 年第 6 期，第 5 页。

1. 诸法合体中的人格权制度要素

"诸法合体"是中外学者公认的中国传统法律特点。我国高度发达的刑事法律制度的科学性与周密程度在世界上首屈一指，但民事法律制度是否存在一直处于争议之中，这给中国的法律文化蒙上了阴影，也成为中国人格权制度缺失备受诟病的原因。诚然，中国历经两千五百余年沿承不变的诸法合体立法体例世界少有，但纵观世界法制发展史，诸法合体是每个进入法制文明社会的国家所共有的特点。古印度的《摩奴法典》，虽然涉及宗教戒条、道德与通行习惯等许多方面，但是就法律规范而言，既有确定种姓世袭的行政法和所有权、债权等方面的民事法律，也有刑法的具体规定。而即使是以民法为主要内容的《十二铜表法》也包括了刑法及若干行政法规。可见，诸法合体是世界法制发展的共性，只是民刑所占的比重与合体结束的时间不一样罢了。[1]因此，不能因诸法合体的立法体例，贸然判断我国法律制度的滞后及民事法律规范的缺失。

以现在通行的统一民事法律文本为标准考量，在《大清民律草案》之前我国确无独立民法可言。但必须承认，用最先进的知识认识历史不等于尊重历史，不能把几千年前的古人认识强行提高到与我们一致的层次。实际上，自商鞅变法开始，我国就已改变了《法经》所确立的诸篇皆为刑事法律的立法体系，并陆续通过名例、户律的规定加强了对古代田土、户婚、钱债等民事关系的调整。虽诸项规定均散见于刑律之中，但谓我国自古无形式上的民法则可，谓无实质的民法则厚诬矣。[2]因为从民事法律制度最重要的标准即规范所调整的对象是否是财产与人身关系出发可以发现中国古代存在着本质上与今天的民法规范相一致的法律规范。

如睡虎地秦简"百姓有责（债），勿敢擅强质，擅强质及和受质者，皆赀二甲"的规定和《法律答问》"人臣甲谋遣人妾乙盗主牛""有马一匹自牧之"的记载反映了早在封建社会初期的法律萌芽阶段，我国就对人身权利和财产私有权进行了规定并有了相关判例。而同样以民事关系为调整

---

〔1〕　参见张晋藩：《中国法律的传统与近代转型》（第3版），法律出版社2009年版，第248页。

〔2〕　参见胡长清：《中国民法总论》，中国政法大学出版社1997年版，第16页。

对象，但采刑罚方式进行规制的规定也应该属于古代民事法律规范的范畴。如《宋刑统》对于债的履行就作出了"诸负债，违契不偿，一匹以上，违二十日，笞二十……"的规定。[1]虽然这类规范存在于中国古典刑律之中，但不能因此否定其民事关系的调整意蕴。毕竟，"民法准则之时以法律形式表现了社会的生活条件……根据社会发展的客观规律，凡是有财产流转和商品交换的地方，必然有民事法律制度，只是这种法律的存在形式和发展程度不同而已"。[2]

在诸法合体的法律体系内找到民事法律规范存在的痕迹之后，我们需要继续审视法律规范中蕴含的人格权制度要素。在1794年《普鲁士普通邦法》最早提出私法意义上的"法律人格"之前，[3]学者对于西方人格权制度的研究一直遵循从各种法律文件中寻找只言片语式记载的方法，指出西方古代成文法中就存在人格利益保护的规定，如《汉谟拉比法典》第127条规定："倘自由民毁谤自由民之妻，而无罪证者，可判处该自由民髡刑。"[4]查士丁尼的《国法大全》更是规定了侵权之债，建立了物质性人格利益的保护制度。[5]

那么采用同样的方式研究中国古代法律规范就会发现，针对人格利益的保护机制在我国也自古有之。对于这一问题，杨立新教授从"保辜""赎铜入伤杀之家""断付财产赡养"等方面进行了深入细致的分析。[6]而通过史料研究我们还可以发现传统中国法律制度中蕴含着的关于人格利益保护的制度要素并不仅限于此。如秦律规定诬告反坐，即对于他人有意诬陷，公然对人进行诽谤的，依据法律以诬告罪论处，严重的还要诬告反坐。[7]唐代律令对伤害、诬告作了特殊的赔偿规定。唐《狱官令》有云：

---

〔1〕 参见薛梅卿点校：《宋刑统》，法律出版社1999年版，第467页。

〔2〕 参见孔庆明、胡留元、孙季平编著：《中国民法史》，吉林人民出版社1996年版，序。

〔3〕 1794年《普鲁士普通邦法》第一编第一部第1条既已规定：人在市民社会中只要享有一定权利，便被称为法律人格。参见何勤华、魏琼主编：《西方民法史》，北京大学出版社2006年版，第291页。

〔4〕 参见苗延波：《中国民法体系研究》，知识产权出版社2010年版，第104页。

〔5〕 参见杨立新、孙博："国外人格权的历史发展"，载《河北法学》1995年第4期，第3页。

〔6〕 参见杨立新：《人格权法》，法律出版社2011年版，第41页。

〔7〕 参见孔庆明、胡留元、孙季平编著：《中国民法史》，吉林人民出版社1996年版，第98页。

"诸伤损于人及诬告得罪，其人应合赎者，铜入被（诬）告及伤损之家。即两人相犯俱得罪，及同居相犯者，铜入官。"发展至此，针对人格利益的伤损惩罚已从简单的刑罚制裁演变为赔偿与刑罚并行的制度。宋朝《文献通考》记载"庆历（1041年–1048年），宁州童子年九岁，殴杀人当弃市，帝以童孺争斗，无杀心，止命罚金入死者家"，也是损害赔偿逐渐成为人格利益减损处罚方式的例证之一。及至明代，对于人格利益的保护范围日趋扩大。明律对多种侵犯身体权、名誉权的行为进行了规制。《明律·刑律·人命》规定："凡以他物置人耳鼻及孔窍中，若故屏去人服用饮食之物而伤人，杖八十。致成残废疾者，杖一百，徒三年。令至笃疾者，杖一百，流三千里。将犯人财产一半给付笃疾之人养赡，至死者，绞。"《明律·刑律·斗讼门》规定："若所诬徒罪人已役，流罪人已配。虽经改正放回，（须）验日，于犯人（诬告反坐之人）名下，追征用过路费，给还（被诬之人）……将犯人财产一半，断付被诬之人。"可见，针对损害名誉的诬告之罪，明律较之唐律不仅加大了罪责，还加大了赔偿经济损失的民事惩罚力度。

由此观之，中国古代虽然没有相应的人格权概念，如身体权、名誉权等，但是法律制度中确实蕴含着与现代人格利益保护相类似的规定，且处于不断发展完善的过程之中。从最初的身体利益到后来的名誉利益，从最初的刑罚规制到后来的刑罚与民事赔偿结合。虽然按照当代标准审视我国古代法制还存在着人格绝对不平等，对物质性人格权保护较为完善，而忽视对精神性人格权的保护，以及对人格权的保护方法主要通过刑罚实现的缺陷。[1]但不得不承认，按照惯用的西方封建时期人格权制度的研究方法，我国古代存在的人格权制度内生要素不容忽视。

2. 乡约中的人格权制度要素

对古代人格制度的探讨不应局限于律典形式的静态法，还应关注影响中国社会生活的另一类社会规范——民间法。民间法发轫于人民长期的生活习惯，可以最大限度地反映一定历史时期一定地域内的具体民情，而

---

[1] 参见杨立新：《人格权法》，法律出版社2011年版，第41页。

"民情则是法律的保障和使自由持久的保证"。[1]同时由于古代中国民事诉讼可适用的国家制定法比较单薄，民间法也便成了重要的审判依据。因此要考察我国古代人格权制度要素必然不能脱离民间法。囿于民间法形式的多样性、文章篇幅限制及资料的匮乏，本书仅从乡约着手探寻其中蕴含的人格权制度要素。

乡约即以乡村的乡民为规范对象的规约。古代中国是典型的乡土社会，乡村秩序的稳定与和谐是国家政权巩固的基础。在中国的历史长河中，从秦汉至明清，历代封建统治者都十分重视对乡民的教化。[2]不少朝代为实现对乡村的有效治理，在民间广泛推行以乡民自治、自律为特色的乡约制度。与早期单纯宣扬儒家忠孝仁爱信义的倡议性文件不同，自宋朝开始，乡约成为民众基于公德自愿组合的组织，并具有了规制的效力。也正是基于这一变化，乡约中所包含的人格权制度要素开始显现。

在北宋《吕氏乡约》中，作者提出了"德业相劝、过失相规、礼俗相交、患难相恤"四大原则，并以此为纲目勾画了一幅以道德建设为中心的乡村自治秩序蓝图。其在"过失相规"第5条中规定了"造言诬毁"之过，即"诬人过恶，以无为有，以小为大，面是背非，或作嘲咏，匿名文书及发扬人之私隐无状可求，及喜谈人之旧过者。"[3]该规定把诬告、造谣及泄漏隐私的行为认定为需要进行规制的过错行为，有利于保障乡民的名誉、隐私等人格利益。同时，《吕氏乡约》对"人之私隐""人之旧过"的规定，昭显了民间法开始对个人隐私问题予以关注。虽然古代的隐私内容主要指夫妻之事，与当代的隐私权存在一定差异，但仍然在某种程度上反映了中国古代民间社会即存在着对个人隐私保护的观念与诉求。虽然国家法一直未予认可，但着实是一种可喜进步。

明洪武三十一年（1398年）颁布的《教民榜文》将大明律、令中户婚等法律规范与乡村社会的诉讼制度进一步具体化，通过41个条目对土地

---

〔1〕 [法]托克维尔：《论美国的民主》（上卷），董果良译，商务印书馆1991年版，第49页。

〔2〕 参见田成有：《乡土社会中的民间法》，法律出版社2005年版，第59页。

〔3〕 参见一凡藏书馆文献编委会编：《古代乡约及乡治法律文献十种》（第1册），黑龙江人民出版社2005年版，第8页。

买卖、契约、家庭等民事关系进行了规范，标志着乡约在国家的参与下达到了相当完备的程度。

及至清代，乡约成为国家法律体制下的一种正式制度。根据官方规定，每个乡村都普遍设立乡约所，开展以宣讲圣谕广训及钦定律条为中心的讲乡约活动。康熙十八年（1679年）刊行的《上谕合律乡约全书》，以康熙皇帝的上谕16条为目，将道德教化与宣讲法律结合起来，向人民灌输守法意识。"你们百姓里边那明晓的人胸中知有法度不去犯他，至若愚顽的人并不知道法律是怎么样误踏陷阱岂不可怜"，[1]所以要"讲法律以儆愚顽"。在守法的基础上，第12条提到"诚恐地方刁棍生出事端妄攀捏造告致有拖累破家"，[2]所以要"息诬告以全善良"。该条规定除了注重保护民众免受诬告以外，更为重要的是反映了国家对于"诬告"行为的认识变化。虽然自夏周时期既能从各种文献记载中搜寻国家法对于诬告等侵害名誉行为的规制，但统治者普遍将其认定为危害社会的行为，与个人无关。及至唐宋将损害赔偿引入诬告刑罚制度，才开始凸显诬告行为的民事性质。而《上谕合律乡约全书》第12条直接将诬告视为"拖累破家"，从民众利益角度对该行为进行阐述，不仅承认了侵犯名誉行为的民事性质，也将其从国家刑事法律制度中逐渐剥离了出来。

可见，生于乡间而游离于国家制定法之外，以民间法形式存在的乡约，更加注重调整人与人之间实际的权利和义务关系，它以最朴实的形式反映了最基层的需求，成为社会民众利益的真实发声。正是乡约这种源于民间的性质，为中国传统人格权制度要素的存在提供了强有力的佐证。而《大清民律草案》修订过程中提出的"人事法缘于民情风俗而生，自不能强行规抚，致贻削趾就履之诮"[3]则揭示了乡约等民间法在国家法律制定与案件审判过程中的重要性。因此，必须从民间法的角度审视我国古代的

---

〔1〕　参见一凡藏书馆文献编委会编：《古代乡约及乡治法律文献十种》（第1册），黑龙江人民出版社2005年版，第343页。

〔2〕　参见一凡藏书馆文献编委会编：《古代乡约及乡治法律文献十种》（第1册），黑龙江人民出版社2005年版，第345页。

〔3〕　眭鸿明：《清末民初民商事习惯调查之研究》，法律出版社2005年版，第6页。

人格权制度要素。

（四）传统法律文化的当代立法启示

研究传统中国人格权内生要素对于当代人格权的立法构建有着重要意义。

第一，树立正确的历史观。"尽管在历史的脚印中寻觅，我们总是要以批评的眼光去汲取营养"，但我们必须树立正确的历史观，即坚持"既有法律总是具有一定的合理性，总是有其社会和历史原因"的立场。[1]对传统中国人格权内生要素的分析，有助于打破思维牢笼，树立制度自信。以往的人格权研究过于注重对西方人格要素的发掘与借鉴，将西方古代只言片语式的人格利益保护作为人格权发展的重要佐证。但仔细研究就会发现，人格权的真正发展源于近代资本主义政治经济的强力推进。受自然法学的熏染，西方法律对人的重视在法律层面实际上付之阙如。因此，从这个方面否定我国人格利益保护传统的"自虐式套用"，值得反思。

一方面，被我国学者视为压抑人的发展的制度在古代西方同样存在。身份制度是古代社会秩序的共同特点，并不为中国所独有。身份的多样性表现出我国封建社会中个体的逐渐显现。另一方面，按照我国目前对西方人格权发展的研究方法，通过共时性的法律对比就会发现，古代中国对人格利益的重视并不晚于西方。事实上，直接跨过资本主义社会发展阶段的中国，在人格权立法方面一直紧随世界的潮流，并不像人们空想得那般滞后贫弱（见表1-1所示）。

表1-1　中外人格利益保护历史对照表

中国所处历史时期	国外人格制度发展及主要成就
夏商时期——奴隶制	史前时代（无概念化片面保护）——奴隶制 公元前18世纪《汉谟拉比法典》：生命利益、健康利益 公元前11世纪-公元前5世纪《摩西律法》：平等

---

[1] 参见易继明："历史视域中的私法统一与民法典的未来"，载《中国社会科学》2014年第5期，第133页。

中国所处历史时期	国外人格制度发展及主要成就
东周至南北朝时期——封建制 春秋战国时期：生命利益、身体利益、健康利益 秦：名誉利益	古典时代（出现人格概念，人格萌芽）——公元前 476 年转入封建制 公元前 450 年左右《十二铜表法》：自由利益、名誉利益 公元 6 世纪查士丁尼《法学总论》：名誉利益、贞操利益
唐至明时期——封建制 唐《狱官令》：生命健康利益、名誉利益 宋《文献通考》：生命健康利益 明《明律·刑律·人命》：生命健康利益 明《明律·刑律·斗讼门》：名誉利益	欧洲中世纪——封建制 《盎格鲁·撒克逊法典》：损害赔偿代替同态复仇 1348 年-1349 年间：出现诽谤诉讼〔1〕
清至新中国成立前——封建制转入半殖民地半封建社会 1911 年清《大清民律草案》总编专设"人格保护一节" 1929 年国民政府《中华民国民法典》规定自由权、姓名权生命权等及人格权受侵害的一般救济方法	近代（人格初步承认）——资本主义 1679 年英国《人身保护法》、1689 年英国《权利法案》等，主要规定人权问题，对于自由等具体人格利益也有规定 1794 年《普鲁士普通邦法》最早提出私法意义上的"法律人格"
	现代（人格快速发展）——资本主义 1804 年《法国民法典》第 8 条在法律上放弃了罗马法的人格减等，正式确立了人格平等 1907 年《瑞士民法典》首次在法律上使用"人格"概念并规定了人格保护的一般条款

　　如前所述，实际上自近代资本主义立法开始西方就在法典中加入了对"人"的规定。但是这种传统民法是以财产为中心的，对人的内涵和生活世界的理解仅限于对外在财富的支配，或者主要是从拥有财产的角度来理解人的。〔2〕这种"人"是被高度抽象的工具性的概念，认为人的价值就是

〔1〕　参见王利明：《人格权法研究》，中国人民大学出版社 2005 年版，第 138 页。
〔2〕　参见［英］洛克：《政府论》（下篇），叶启芳、瞿菊农译，商务印书馆 1964 年版，第 18 页。

为了满足个体的生存事实本身，根本不考虑现实中人的生存状况，对社会性和交互性的因素认知不足。[1]近年来，西方民法典才对上述弊端有所察觉，转而通过判例或修正立法的方式去补充立法对人的伦理价值的忽视。而与之不同的是，我国自古以来对人的理解就是实在的，起初之始就包含了深刻的伦理价值因素。从内在维度出发，中国传统文化主张对人的自我确认，要求自省自悟，追求自我发展与完善；从外部维度出发，我国伦理道德文化坚持"尊重他人为人"的道德观念，追求互相尊重与社会和谐。这种对"人"的认识，与当代人格权制度的基本主张实现了穿越时空的价值上的完美契合。甚至可以讲，我国建立人格权制度的传统文化环境要远远优于西方先将人高度抽象再对人的伦理价值予以保护的社会环境。

第二，明确人格权立法的重要性。从导致人格权发展出现差异的伦理基础出发，我国宗法伦理中个体的凸显确实落后于西方，但不能就此全然抹杀我国传统伦理道德的人文关怀精神。坦率地讲，传统中国的民间社会存在着契约型的个人利益观念和权利诉求意识，只是它们震慑于专制政治的高度压制，在主流传统法律文化的强势背景中，难以伸展自如、崭露头角，被迫以一种法律文化的潜流而位居边缘。也正是出于这方面的原因，当代立法才更应该将人格权立法放在显耀的位置来看待。千百年来，我国内省的伦理道德传统及厌讼的司法习惯都表明，人格权的发展不能只借助宪法权利予以彰显，而是应该"通过最基础的民法来加以规范，使其成为实定法上的权利，得到切实的保障"。[2]毕竟，在中国，与其抽象地拔高某种权利的性质，远不如在具体的法律制度中写得详细更行之有效。[3]

第三，重视对习惯的研究。作为一个内涵与外延极具开放性的权利，人格权立法必然会面对新型人格权的产生问题。从昔日轰动一时的"祭奠权纠纷案"可以发现，新型权利生成的直接社会根据就是习惯，以及从习

---

〔1〕 参见薛军：《批判民法学的理论建构》，北京大学出版社 2012 年版，第 216~218 页。

〔2〕 曾凡昌："西方人格权发展的历史线索及其启示"，载《现代法学》2011 年第 2 期，第 61 页。

〔3〕 参见薛军："人格权的两种基本理论模式与中国的人格权立法"，载《法商研究》2004 年第 4 期，第 73 页。

惯中提取出来的习惯权利。[1] 毕竟法律是立法者根据既定的程序与标准而科学筛选的产物，即使具有一定的前瞻性、预判性，也仅仅是一种制度修辞，无法解决日常生活的所有问题。虽然"祭奠权"没有得到法律的承认，但是我们必须明确，"祭奠权"本身不是因为诉讼而存在的，而是基于一种悠久的传统习惯。因此，作为一个有着五千年文明史的古老国度，风俗习惯必定与国外有别，立法如果只注重技术，不能深入到相关的古老传统中，就只能如蜻蜓点水，一带而过。古代社会的民间立法有效地弥补了国家立法的缺陷。与之不同的是，当前我国司法体制严格约束法官的主观自由，限定可以作为裁判依据的必须是国家立法。因此，正如《大清民律草案》修订过程中提出的"人事法缘于民情风俗而生，自不能强行规抚，致贻削趾就履之诮"一样，未来的人格权立法，必须重视对中国传统习惯的研习总结，并在体系中设置开放的一般条款为基于习惯而产生的新型人格权利类型提供保护渠道。在人格权立法过程中，有关"贞操权"的激烈讨论也表明，传统习惯正在影响人格权的立法轨迹。

第四，人格权可让与性的再限定。人格权基于维护人的伦理价值而产生，任何国家的人格权立法都应当把本国的伦理实情纳入考量的框架之内。除了内省的道德伦理以外，我国特殊的宗法伦理还重视人的完整与全面。这种完整，不仅是精神层面的，更是身体层面的；不仅是生前要求的，也是死后所重视的。如果说"火葬"的推行是对我国人的伦理完整性的一次巨大冲击，其推行过程中的困难重重，足见传统文化对新生制度的抗拒。这种对传统的扬弃，不论政策层面或者经济层面，都符合公共产品供给的一般规律，故而得以推广执行。与此不同的是，随着人格权商品化的深入发展，部分政治经济学家提出，应该实现人格权的全面商品化，突破有限让与的束缚，除姓名、肖像等人格利益可以商业利用以外，将代孕、器官买卖等人体交易合法化。在其看来，人格权的有限可让与性是"家长主义"的集中体现。"家长主义"将人视为有限理性的个体，干预人

---

[1] 参见谢晖："论新型权利生成的习惯基础"，载《法商研究》2015年第1期，第44页。

的个人生活，以牺牲个别人的利益来达到社会福利的最大化，[1]且人格权的有限可让与性削弱了权利主体讨价还价的能力。在代孕、器官买卖被禁止的环境中，直接效果就是使本就处于弱势群体的权利主体必须借助黑市来完成自己的利益交换。而这种交换途径显然使这些供应者沦为被要挟的一方。[2]且不说从经济学的角度出发，上述分析方法本质上存在着基础性错误，因为效率最大化并不意味着财富最大化，更不意味着社会福利最大化。仅从我国伦理道德视角看，这种观点也有悖传统。即使允许代孕、器官买卖的做法具有满足病体需求、杜绝黑市交易的作用，但这种作用是极其有限的，且这种资源的错误界定，会因为对人们行为的错误引导，造成更大的不正义。[3]退一步讲，出于公共利益的考量，这种观点也不具备移风易俗的基础。因此，在当前一些国家已经开始允许代孕等人体交易的环境下，我国未来的人格权立法仍应保持足够的定力而审慎对待。

笔者着力从备受诟病的中国传统法制中搜寻人格权制度内生要素，并非为封建专制下的人格权制度缺失或发展缓慢寻找诡辩之辞，更不是对中国法律文化主流思想的反驳违逆，而是从传统法律文化的视角，戳穿"中国风物"一成不变的"黑格尔—梅因"式的论断。实际上，中西法文化价值取向的起点都是人，仅因各自社会发展需求的不同，便使得在人格权制度方面肝胆楚越。传统历史性的研究已经证明，中国的人格权制度发展落后于西方，但不能因此就对深藏于社会内部的人格权发展要素熟视无睹。毕竟，历史不能简单地对照，不同制度的优劣高下无法划出一条清晰明了的评判界限。"按照现代以前的任何标准来看，中国法显然是自成一格的宏伟巨作"，[4]而统治阶级也不可能对与其切身利益休戚相关的人身关系漠不关心。事实上，随着商品经济的发展，自唐宋以来单纯的民事法律条

---

[1] See Kronman, "Paternalism and the Law of Contracts", 92 *The Yale Law Journal*, 1983, p. 92.

[2] 参见杨彪："不可让与性与人格权的政治经济学：一个新的解释框架"，载《法律科学（西北政法大学学报）》2015 年第 1 期，第 95 页。

[3] 参见徐彰："关于人格权中财产利益可让与性问题的分析"，载《安徽大学学报（哲学社会科学版）》2015 年第 5 期，第 148 页。

[4] ［美］费正清：《美国与中国》，孙瑞芹、陈泽宪译，商务印书馆 1971 年版，第 85~86 页。

文及人身保护规范不仅逐渐增多，而且呈现出不断发展的趋势。或许即使没有西学东渐，中国本土的人格权制度也会迎来自己时代的论断太过片面。但必须承认，在中国特色的法律文化之中，人格权制度以不同于西方的模式一直处在萌芽生根与曲折前行的进程中，不曾停歇。

沈家本曾指出，"当此法治时代，若但征之今而不考之古，但推崇西法而不探讨中法，则法学不全，又安能会而通之，以推行于世"。我国法律文化中对道德的重视推崇，对习惯的巧妙吸收等，都是优秀法律传统的有机组成部分，必须成为我国未来人格权立法的考虑因素。只有深入分析中西方不同的法律文化给确认人的伦理价值所带来的影响，充分认识中国传统法律文化的优劣得失，才能准确把握人格权制度现代化的条件与基础、内涵与道路。

二、我国人格权立法构建实践与不足

纵观我国人格权法的百年发展历程，其所经历的曲折与对法律文化的正确认识息息相关。"从《大清民律草案》到《民法通则》，人格权立法在继受与传承中悄然变化直至断裂；而在断裂中，生命体在社会中顽强地存在，并通过立法在理性与进步中实现自觉。"[1]

（一）新中国成立前的人格权立法构建

如前所述，古代中国与西方国家对于人的认识自文艺复兴与启蒙运动开始发生分野，走上了截然不同的道路。尽管如此，两者却在究竟应采何种立法体系上不谋而合。德国、法国等资本主义国家，由盛极一时的庞大封建帝国演化而来，强调中央集权与国家统一的极端重要性，坚持"一切法律都是国家法"的绝对权威。而中国自李悝的《法经》起始，《唐律疏议》《宋刑统》《大明律》《大清律例》等历朝立法，也无不以维护中央集权的国家层面的统一立法为最大任务。基于这种法律传统的相似性，处于内忧外患中力图通过变法实现挣扎求存的清政府对于大陆法系的法典化模式自然"一见如故"，顿生好感。正如郝铁川先生所说的："中国与大陆法

---

〔1〕　易继明："人格权立法之历史评析"，载《法学研究》2013年第1期，第123页。

系国家的确有着许多相近或相同的文化背景……这是中华法系与大陆法系融合的最重要原因。"[1]清朝末年对大陆法系民法典的借鉴，开启了我国法典化以及人格权立法的进程。

1.《大清民律草案》的人格权立法构建

受刑民合一的法律传统之影响，清末立法并未遵循梁启超所总结的欧陆法律体系的构成顺序即"编纂新法，应有公法与私法之别，主法与助法之次第……先立民法、刑法，再立民事、刑事诉讼法……"[2]来进行构建，而是在完成了《商人通例》《公司律》《违警律》及《大清现行刑律》的编订，经历了修订法律权之争、[3]修订法典之争、[4]私法编别与选聘外国法律专家之争[5]三次论争及民事习惯调查之后，清政府才着手《大清民律草案》的编订。可见，从一开始，清政府对民律的编订并不积极。

在潘德克顿体系的影响下，由日本学者参与起草的我国民法史上的第一部民法草案即《大清民律草案》采五编制，分为总则、债权、物权、亲属和继承。虽然《大清民律草案》是晚清政府的无奈之举，实际上并未颁布，但与同时期的立法相比，对当时各国先进立法经验的吸收与借鉴使得其在人格权的立法规定方面——如果仅从法律文本的角度考量——可以说存在一定的先进性。

《大清民律草案》在第一编第二章"人"的部分中将第五节定为"人

---

[1] 参见郝铁川：《中华法系研究》，复旦大学出版社 1997 年版，第 198 页。

[2] 参见梁启超：《饮冰室合集·文集十六·论中国成文法编制之沿革得失》，中华书局 1989 年版，转引自张生：《中国近代民法法典化研究（一九〇一至一九四九）》，中国政法大学出版社 2004 年版，第 44 页。

[3] 即由民政部、修律大臣共同编订还是由法部、大理院主持修订等立法权归属的争论。最终宪政编查馆决定"修订法律馆仍归独立，与部院不相统属"，且"著沈家本、俞廉三、英瑞充修订法律大臣"。参见"宪政编查馆大臣奕劻等奏议复修订法律办法折"，载（清）朱寿朋编：《光绪朝东华录》（第 5 册），中华书局 1958 年版，总第 5765 页。

[4] 即民律中是否应包含"有关礼教的法律条文"的争论。清政府认为应该在立法时参照中国之礼教。参见张生：《中国近代民法法典化研究（一九〇一至一九四九）》，中国政法大学出版社 2004 年版，第 61 页。

[5] 即民商是否分立及是否应选聘外国法律专家的论争。最终清政府决定采取民商分立的立法模式且聘请梅谦次郎等日本法学家参与立法。参见（清）朱寿朋编：《光绪朝东华录》（第 5 册），中华书局 1958 年版，总第 6001 页。

格保护"，用7个条款分别规定了权利能力和行为能力不得抛弃、对自由和姓名的保护等内容。这样的规定主要受《瑞士民法典》的影响，旨在唤醒强权中的人的权利意识。但从清末的政治环境来看，《大清民律草案》的"人格关系"一词，与我们现在的人格权存在实质上的差别，其本质是为了调节人与人之间的关系。此外，第八章"侵权行为"中第958条、第960条、第961条、第968条、第971条等分别对生命、身体、自由和名誉等损害的赔偿规定，也可作为人格权的保护条款。而第971条更是开创性地承认了胎儿的人格利益得受保护。因此，从条文可认为《大清民律草案》只明确了自由权与姓名权，其他人格利益的保护则交予侵权责任规制。

2. 《民国民律草案》的人格权立法构建

与《大清民律草案》由清政府主导完成不同，北洋政府时期的军阀混战导致政府不讲求"文治"，更不讲求"法治"，因此，这一时期推动民法典修订的不是国会而主要是法律修订机关与大理院。

由于政府的不重视，《民国民律草案》在篇章和绝大部分内容上都与《大清民律草案》如出一辙。但北洋政府认为，从当时的社会状况出发，社会利益远胜于个人利益，虽然《大清民律草案》效法西方给予了个人的高度重视，但并不符合实际国情，而且根本难以贯彻执行。在这样的立法思想影响下，《民国民律草案》在人格权方面改采德国立法体例，不再设置人格保护专节。而是在总则部分第一章第一节从第16条到第20条分别规定了自由及姓名权。

与此同时，该草案将对人格权的规定重心由总则部分转向了债权部分，主要通过侵权行为的规定对人格利益加以保护。《民国民律草案》通过债编第一章"债的发生"第2款（侵权行为）的规定，将生命、身体、名誉、自由等人格利益纳入民法典保护范畴。与《大清民律草案》侵权部分通过数个法律条文规定人格权保护所不同的是，《民国民律草案》涉及人格权的规定仅仅有两个内容较为笼统侵权行为条款（第266~267条）。

虽然总体看来，除了缺少总则部分对人格权的宣誓性保护以外，《民国民律草案》与《大清民律草案》对人格权的规定在主体与权利类型方面并无大差别，但实际上，由于缺乏政府有力的推进与引导，在军阀混战的时代里，《民国民律草案》在人格权立法方面出现了倒退。

3.《中华民国民法典》的人格权立法构建

南京政府是由新知识精英联合组成的政府，它与清政府、民国北京政府相比，在知识和执政能力上有着显而易见的优越性。因此，南京国民政府在政治整合方面和民法法典化方面都比前两者走得更远。[1]单纯从法典的条文体系与理论结构来看，它被认为是中国 20 世纪最好的民法典，甚至是当时世界上最好的民法典之一。美国著名法学家庞德曾经这样评价这一法典："中国法典的制定是很好的，民法及民事诉讼法足以跻于最优良的现代法典之林。"[2]

与《大清民律草案》及《民国民律草案》不同，《中华民国民法典》具有了统一的立法精神。在"三民主义"的影响下，自由、平等、博爱的精神被有机地结合在了一起。虽然受制于当时的社会现实，上述立法精神未能得到法典的全面贯彻，但在一定程度上体现了我国民法学界对人的进一步重视。

作为中国第一部正式颁行的民法典，《中华民国民法典》的篇章体例沿袭了《民国民律草案》，并在人格权问题上继受了瑞士的制度。在对人格权的规定方面，将对人格利益的保护置于总则第二章"人"的"自然人"部分。第 18 条"人格权受侵害时，得请求法院去除其侵害……"被设定为人格权保护的一般条款。除一直被认定的姓名权和自由权以外，生命权（第 192 条）、身体权和健康权（第 193 条）、名誉权（第 195 条）被加以确认。

而在《中华民国民法典》颁行之后，人格权的保护于革命战争时期进入割裂状态。一方面，国民党统治区继续适用《中华民国民法典》；另一方面，革命根据地对法律制度也坚持了革命的精神，以党的政策为指导原则，主要通过司法实践维护根据地秩序。因此，除具有革命性质的土地立法和婚姻继承立法外，这一时期的人格权立法处于真空状态。

---

〔1〕 参见张生：《中国近代民法法典化研究（一九○一至一九四九）》，中国政法大学出版社 2004 年版，第 172 页。

〔2〕 See Draft of a Prelominary Report of the Minister of Justice, July 12, 1946.

（二）新中国成立后的人格权立法构建

新中国成立后的民事立法以 1978 年为界，分为截然有别的两个阶段。

1. 改革开放前人格权立法的忽视

废除《中华民国民法典》的新中国，于 1952 年开始几乎彻底肃清了旧司法人员及旧法律观念。传统法律文化对这一时期的立法影响近乎断裂。出于追求彻底革命的目的需要，我国开始完全照搬苏联民法。但由于苏联民法理论实际上仍是参照德国、瑞士及 1913 年《俄国民法草案》而形成的，这就决定了新中国第一个民法典草案及之后的民事立法及民法理论仍旧与大陆法系民法相通。[1] 1949 年至 20 世纪 70 年代末我国人格权制度的发展进入曲折期。我国仿效苏联民法理论，在很长一段时期之内，将民法视作公法。

2. 改革开放后的人格权立法构建

随着国内时局的变化，自 1978 年开始，我国的民事立法和民法学术教育重新得到了发展和繁荣。1979 年 11 月，主要由民法学者组成的"民法起草小组"在法制委员会的领导下，开始了新中国成立以来的第三次民法起草活动。但基于国家社会秩序刚刚步入正轨的具体国情，立法机关最终决定采用成熟一部发展一部的立法方式，在具体条件完善的情况下，再行制定统一的民法典。

（1）1986 年《民法通则》的人格权立法构建。改革开放后，学界开始尝试纠正苏联民法理论对我国的民事立法的错误引导。在众多努力中，佟柔教授的学术观点可谓影响巨大。在这一阶段的第一部民法教材《民法原理》中，佟柔教授第一次把人身关系描述为生命、健康、姓名等没有财产内容的权利。在这一理论的影响下，基于《民法通则草案（第四稿）》第一编总则的 1986 年《民法通则》颁布，新中国正式具有了关于人格权的立法规定。

《民法通则》将"人身权"设置在第五章第四节，并在这一节分别规定了生命健康权（第 98 条）、姓名权和名称权（第 99 条）、肖像权（第

―――――――――
〔1〕　参见梁慧星：《民法学说判例与立法研究》，中国政法大学出版社 1993 年版，第 61~75 页。

100 条）、名誉权（第 101 条）、荣誉权（第 102 条）、婚姻自主权（第 103 条）等人格权，并未涉及身份权的内容，奠定了我国人格权制度的基础。同时，《民法通则》第 120 条还规定了侵害公民人格权所应承担的损害赔偿责任，并承认了法人拥有名称权、名誉权及荣誉权等人格权类型。

值得注意的是，《民法通则》关于人格权的规定奠定了我国人格权立法异于大陆法系传统的基调。因为与其他国家将人格权放置于总则尤其是主体部分，主要通过侵权责任法对人格权进行保护，没有对人格权作赋权性规定不同的是，《民法通则》将人格权上升为与物权、债权等传统权利平等的位置，认可了人格权的独立权利类型属性，形成了人格权立法的"中国模式"。而且我国民法对人格权的规定，明显早于越南、埃塞俄比亚、柬埔寨及乌克兰等国家。可以说，在人格权立法方面，我国处于世界领先地位的判断不足为过。

（2）司法解释对人格权的规定。《民法通则》有限的人格权类型列举并未满足快速发展的人格权保护需要，新型人格利益开始通过司法解释寻求保护。

1988 年的《最高人民法院关于贯彻执行〈中华人民共和国民法通则〉若干问题的意见》规定对隐私的侵害可以参照名誉权进行保护。同时《最高人民法院关于贯彻执行〈中华人民共和国民法通则〉若干问题的意见（试行）》第 140 条第 2 款也规定"以书面、口头等形式诋毁、诽谤法人名誉，给法人造成损害的，应当认定为侵害法人名誉权的行为"。可以说，我国立法很早就承认了法人的人格权主体地位。随后，1998 年出台的《最高人民法院关于审理名誉权案件若干问题的解释》对名誉权作了进一步明晰，并在第 9 问认定新闻单位对生产者、经营者和销售者的产品质量或服务质量的批评、评论，主要内容失实的，应当承担侵害名誉权的责任；2001 年的《最高人民法院关于确定民事侵权精神损害赔偿责任若干问题的解释》（以下简称《解释》）对我国的人格权保护起到了极大的推动作用。一方面，《解释》第 1 条明确了生命权、健康权、身体权、姓名权、肖像权、名誉权、荣誉权、人格尊严权、人身自由权，规定对这些权利的侵害可以请求精神损害赔偿；另一方面，《解释》运用了"其他人格利益"

的规定，为人格权的保护创制了弹性条款。同时对死者人格法益及具有人格象征意义的特定纪念物品等也提供了保护。而2003年的《最高人民法院关于审理人身损害赔偿案件适用法律若干问题的解释》是目前我国审判中针对生命权、健康权、身体权等纠纷适用率最高的司法解释之一。此外，我国司法解释也对不同领域出现的人格权侵害问题给予了高度重视，如2014年6月针对网络环境下的人格权纠纷通过了《最高人民法院关于审理利用信息网络侵害人身权益民事纠纷案件适用法律若干问题的规定》。

我国关于人格权司法解释的丰富，突出了人格权的开放性特征，也显示了我国在对人格权的保护方面能够紧随时代潮流，反映社会的真实需要。

（3）《中华人民共和国民法（草案）》的人格权立法构建。2002年由全国人民代表大会常务委员会法制工作委员会制定的《中华人民共和国民法典（草案）》（以下简称《草案》），集中体现了我国自改革开放以来的民法学研究与实践成果。《草案》对于人格权的规定可谓开创了世界先河。与当时其他国家普遍通过侵权对人格权进行消极保护不同，《草案》直接将人格权独立成编。这不仅完成了对人格权的赋权规定，还认定了"一般规定+具体权利列举"的人格权立法内在体系架构。虽然这一编仅规定了生命权、健康权、姓名权、名誉权、肖像权等有限的几项人格权类型，且因独立成编而备受争议，但其对我国以后的人格权立法问题研究提供了一个基本的方向，后来的各学者建议稿，不论是规定于总则主体部分，还是独立成编，都是以这一草案为参照对象完成的。

必须指出的是，虽然《草案》的独立成编在当时的国际环境中略显突兀，但在《民法通则》将人格权认定为与物权、债权等权利处于平等地位的前提下，《草案》的选择实际上是对我国民事立法传统的继承和发扬，并不是单纯为了标新立异。

（4）《侵权责任法》中关于人格权的规定。2009年颁行的《侵权责任法》第2条第2款对"民事权益"的类型规定涉及了生命权、健康权、姓名权、名誉权、荣誉权、肖像权、隐私权等人格权类型，隐私权被正式确立为独立的人格权类型。然而"身体权"的独立性仍未获确认。这在一定程度上体现了立法者对待身体这项物质存在是否应该被以规制人的精神利益为主的人格权制度所接纳的审慎态度。虽可称严谨，但在《解释》已经确认身体权的基础上没有更进一步，实为遗憾。此外，《侵权责任法》第2条第1款的规定，成为我国目前司法实践中裁判人格权纠纷的主要依据。结合《消费者权益保护法》《未成年人保护法》《残疾人保障法》等单行法律法规，目前来看，我国形成的是"概括+列举"的人格权保护体系。

与国外立法相比，我国《侵权责任法》独具特色，即采用了有别于德国仅保护"权利"的侵权责任"大的一般条款"的规定模式，将保护范围扩张至"权益"。又有别于法国仅有的"大的一般条款"模式，列举了具有示例性的"民事权益"，形成了"大的一般条款+小的一般条款"的权益保护模式。这就使我国将来是否采用德国的"一般人格权"制度及人格权是否应该独立成编产生了争议。

（5）《民法总则》关于人格权的规定。2017年3月颁布的《民法总则》第109~111条对人格权予以了概括性的规定，象征着我国民事立法对于人格权的又一次肯定。《民法总则》规定只有自然人才享有人身自由与人格尊严，将法人等组织体排除在一般人格权的适用范围以外。同时，明确了生命权、身体权、健康权、姓名权、名称权、肖像权、名誉权、荣誉权、隐私权、婚姻自主权等权利，并强调对个人信息的保护。

与同样性质的《民法通则》不同的是，《民法总则》对于人格权的规定更为笼统、概括，更加凸显了其在未来民法典中的统领性的作用。以此可以推断，我国人格权正式立法的序幕即将拉开。同时，人格权相应条款在总则中被放置在"民事权利"这一章的起始位置，更好地体现了我国民事立法的人文关怀以及对时代需求的积极回应。

（6）《民法典人格权编（草案）》关于人格权立法的规定与突破。继《民法总则》正式颁行之后，民法典各分编的立法工作加紧展开。仅就人格权编而言，从2018年8月到2019年9月，《民法典人格权编（草案）》历经三次审议，奠定了人格权独立成编的基础，且每次审议稿都对前稿有不同程度的改进与完善。

从三次审议稿可以发现，立法者采用了"一般规定+分类列举"的形式。同时确认了生命权、身体权和健康权，姓名权和名称权，肖像权，名誉权和荣誉权，隐私权这几种具体人格权类型，并强调对个人信息予以保护。与之前的各种版本的学者建议稿相比，这三次审议稿对于人格权的类型设计采用了较为审慎的态度，并未将争议较大的声音权、信用权等权利类型纳入人格权体系之中。在有限的条款中，这三次审议稿力求对各种权利做更为详细的阐述与保护。以隐私权为例，经过三次审议，"隐私"的定义被修改为"自然人不愿为他人知晓的私密空间、私密活动和私密信息等"，并结合当下实际生活中宾馆、酒店住宿偷拍频发问题，规定对于他人住宅、宾馆房间等私密空间不得未经法定或约定进行窥视与拍摄。此外，对于人体基因、人体胚胎的规定，也体现了我国人格权立法的时代特性。

即便如此，这一草案仍存在诸多争议。如梁慧星教授认为，该草案没有很好地提取公因式，把《民法总则》中曾经出现的内容即"民事主体的人身权利、财产权利以及其他合法权益受法律保护，任何组织或者个人不得侵犯"又重复了一遍。同时，对于条文中对于人格权的商品化的规定，其也持怀疑的态度，认为现实生活中根本不存在所谓的"名称许可合同"等形式。[1]

此外，该草案中关于一般条款的规定也备受质疑。一方面，这一草案混淆了一般条款与例外规定的关系，把很多例外规定放置于一般条款的位置上。典型的是关于死者人格利益的规定。很明显，死者并不是自然人的正常状态，并不具备民事权利能力，其自然不享有人格权。仅仅在极其例外的情况之下，才需要法律对其相应的人格利益进行保护。这样特殊性质的保护规定，不应出现在有原则性意义的一般规定之中，破坏了整部法律的逻辑关系。而审议稿中频繁出现的类似于侵权责任的条款，更是引起了学者们的广泛质疑。

---

〔1〕　参见梁慧星："民法典人格权编草案（二审稿）评论"，载 http://mp.163.com/v2/article/detail/EL7LFB3U0516C2P4.html，访问日期：2019 年 7 月 20 日。

（三）我国人格权立法构建经验与不足

1. 我国人格权立法构建经验

我国的人格权制度经历了从无到有的百年发展历程，不论在权利类型还是具体保护方面都取得了长足的进步。

（1）突出人格权的重要性，完成了对人格权的赋权性规定。自清末开始，我国的人格权立法随着民法的起草、通过，实现了立法现代化的进程。[1]彻底改变了封建社会人格不平等的状况，并由以刑罚为主的保护方法，转变为以民事立法为主的保护方法，顺应了时代发展趋势。而自《民法通则》开始对生命权、健康权、姓名权、肖像权等人格权类型的明确规定，说明了人格权在民事权利体系中的重要地位。新型人格权类型，如隐私权在司法实践的基础上，逐渐被法律认定，这也凸显了我国对开放的人格权体系的积极吸收与包容的态度。

（2）承认组织体人格权主体地位。虽然法人、其他组织是否能够成为人格权主体在我国理论界仍然存在争议，但无论是司法解释、审判实践还是《民法总则》及《草案》规定，都承认了法人及其他组织享有人格权。

（3）形成了"一般规定+具体列举"的人格权保护模式。无论是2001年的《解释》，还是2009年的《侵权责任法》"其他人格利益"与侵权责任一般条款的设置，以及《民法典人格权编（草案）》三个审议稿"一般规定+具体列举"都表明我国立法者认识到了人格权是生长中的权利，必须通过一般条款来实现周全的保护。但基于大陆法系法律明确性的要求，诸如隐私权等涉及广泛民事主体切身利益的各种具体的人格权类型也需要通过各种条款被仔细界定并加以保护。

（4）扩张了精神损害赔偿的适用范围。《民法通则》仅规定了姓名权、肖像权、名誉权和荣誉权可以获得精神损害赔偿，范围较窄。但是自2001年的《解释》开始，到2009年的《侵权责任法》，只要是人身权益被侵害的，都可以适用精神损害赔偿，这进一步保护了人格权主体的合法权益。关于精神损害赔偿的规定，凸显了人的价值和权利本位观念，

---

〔1〕 参见杨立新：《人格权法》，法律出版社2015年版，第18页。

有利于实现人格权的全面保护。

（5）形成了人格权立法的"中国模式"。前文已述，从《民法通则》在第五章"民事权利"部分开始，我国就将人格权与物权、债权、继承权放置于平等的地位之上。虽然《民法通则》仅是一个通则性的民法，但实际上是民法分则的浓缩和简化。随后的《侵权责任法》《民法总则》以及《民法典人格权编（草案）》等，更是体现了我国关于人格权的立法，一改古代刑民合一以及近代照搬大陆法系模式的做法，开创了异于德国、法国、瑞士、魁北克等国家或地区人格权法的独特体例，打破了传统民法以人法、债法、物法为结构的基本立法格局，形成了独具特色的"中国模式"。

2. 我国人格权立法构建的不足

（1）对人格权立法保护尚不完备。目前我国对人格权的保护形成了司法解释与单行法交错运行的体系。虽然这在一定程度上满足了我国目前的人格权保护需要，但各规定之间难免出现规定上的不协调，因此具体的、完备的、体系性的人格权立法势在必行。而我国人格权立法活动的开展，就是对这一时代需求的回应。

（2）人格权的体系建设还存在整合空间。虽然我国已经形成了"一般规定＋具体列举"的人格权保护模式，但是对于一般规定的性质认识以及内容等还存有争议。需要理顺"一般规定"与"具体列举"之间的关系，二者之间是并列的关系还是包含的关系也需要进一步研究。

（3）对人格权类型的列举还不够充分。随着时代的发展，越来越多的新型人格权类型不断涌现。但是出于法律稳定性的要求，很多新型人格权尚未得到法律的认定。在姓名权、名誉权、肖像权等立法与研究已经相当深入的基础上，应该对声音权、个人信息权等问题进行立法确认。同时，目前的立法对人格权的划分标准，不便于寻找各权利之间的共性与差异，在体系上也略显混乱。

（4）没有规定人格权请求权。人格权作为一项绝对权利，当然应该具备绝对权请求权，且与侵权请求权相区别。然而在与大陆法系不同的侵权法"大的一般条款"的立法前提下，人格权请求权是否应该独立成为学界普遍关注的问题。

21 世纪从民法角度看是人格权世纪。处在这样的世纪之中，我国的人格权立法还需要更进一步。在结合国内外立法与理论研究经验，重视我国的基本国情的基础之上，正确处理好人格权的基础理论与内在体系的研究，完成我国的人格权立法构建，实乃当务之急。

三、我国人格权立法模式争议

通过梳理国外人格权立法的研究脉络，可以发现目前世界上就人格权立法模式问题尚未达成共识。尽管人格权的概念与立法都是以欧洲为中心的外向输出，但与之相关的法律制度却在遥远的东亚诸国荣登大雅而备受推崇。2005 年的《越南民法典》与 2011 年的《柬埔寨民法典》中都有人格权的专门规定，而韩国也在民法典修正工作中尝试对人格权加以列举。[1]当然，在一致的认同之下，各国内部也有思路的龃龉，东亚国家多有将人格权归入"自然人"一章的主张或实践，而我国立法者则对人格权独立成编的范式持肯定态度。

虽然我国的人格权独立成编已经毫无悬念。但关于这一问题的论辩还在继续。而除极个别学者坚持将人格权规定于宪法外，[2]反对人格权独立成编的学者大体上提出了以下几个理由：

第一，组织体不享有人格权。在否定以法人及其他组织构成的组织体具有人格权的基础上提出，如果仅为调整自然人的人格权就将人格权独立成编将明显违反民法典总则与分则之间的逻辑。

第二，人格权的权利类型有限。目前我国立法已经确认或论证较为成熟的人格权只有生命权、健康权、身体权、姓名权、名称权、名誉权、荣誉权、隐私权等。如果人为地纠集屈指可数的几种权利类型自成一编，将与具有丰富条款的《物权法》（共 247 条）与《合同法》（共 428 条）乃至《侵权责任法》（共 92 条）形成鲜明对比，有违法典的美观，不符合形式理性的要求，条文不足，不能撑起编、章、节的体例。

---

〔1〕 参见［日］加藤雅信："论人格权的立法选择"，杨东译，载《光明日报》2012 年 5 月 15 日。

〔2〕 参见尹田："论人格权的本质——兼评我国民法草案关于人格权的规定"，载《法学研究》2003 年第 4 期，第 3~9 页。

第三，人格权不是支配权，只能随着人的出生或死亡而发生或消灭，不能移转或变更。因此不能构成民事法律关系，没有得丧变更的制度需求，更没有独立成编的必要。

第四，人格权与主体制度不可分离。人格权是基于人的人格产生的权利，是主体对于自身的权利，不存在脱离自身的人格利益，因此，人格权应属主体制度的一种。

第五，侵权责任法可以满足对人格权的保护需求。认为我国现行《侵权责任法》第2条第2款已将大量人格法益明确列举为法律保护对象，对于未列举的，也可以通过一般条款来进行扩张。且未来侵权责任法独立成编几成定势，如果人格权独立成编，势必会与侵权责任法产生重复。同时，从目前的三稿草案看来，人格权编的内容实际上确实与侵权责任法有相当部分的重合。

第六，人格权独立成编是刻意追求创新的政治产物，在世界各国普遍没有对人格权独立成编的环境下，不应过度求变求新。[1]

第七，不符合潘德克顿体系的立法标准。基于康德哲学"外在于我的和你的"学说，潘德克顿体系要求民法典调整的法律关系的介质、客体实际上都应该是外在于主体的。因此，主体与客体应该是二元对立的，人的伦理价值不能脱离主体，故而人格权不能独立成编。

基于以上理由中的一个或多个，关于人格权的立法模式，除了独立成编以外，主要还有三种建议：一是人格权制度应规定于《民法总则》的"自然人"项下，作为主体制度的一部分。[2]二是应在《民法总则》中单设"民事权利及客体"一节，通过权利客体的概括性规定和人格权的类型化列举，将人格权的规定纳入其中。[3]三是应仿照德国法的模式，将对人

---

〔1〕　参见尹田："人格权独立成编的再批评"，载《比较法研究》2015年第6期，第7页。

〔2〕　参见梁慧星："松散式、汇编式的民法典不适合中国国情"，载《政法论坛》2003年第1期，第12页。

〔3〕　参见杨立新教授在中国民法学研究会2015年年会上的发言："人格权立法若干争议问题"，载中国民商法律网 http://mp.weixin.qq.com/s?__biz=MzA3OTEzMjMwNg==&mid=400507276&idx=1&sn=6bd3646b54e4931b983907e5bfa357b1&scene=0#wechat_redirect，访问日期：2015年12月20日。

格权的保护交给侵权法完成。[1]

而通过对这些理由的分析总结可以发现，当下有关人格权立法构建的诸多争议，比如人格权是宪法权利还是民法权利、法人是否具有人格权、一般人格权的存废等，都是紧紧围绕人格权的权利理论，即人格权的权利属性、人格权的权利结构及人格权的权利类型展开的。故而，本书在接下来几章中将分别从这三个方面明晰人格权立法构建的基本问题。

本章小结

人格权制度经历了一个漫长的发展历程，在各时代不同社会制度与法律哲学的影响下，人格完成了由身份制度到人格权制度的转化。受自然法学的影响，德国、瑞士、法国等早期民法典制定国家，并未对人格权予以过多关注，而是于第二次世界大战后通过判例及法典修正完成了对人格权的保护。与此不同，在民法典的时代主题已由调整人与人之间的财产关系转变为在市场与科技力量面前如何保护人的问题的背景下，俄罗斯、埃塞俄比亚、越南、乌克兰、魁北克等国家和地区开始通过立法的方式对人格权直接予以认定，加大了对人格权的保护力度。值得注意的是，虽然对人格权的立法保护已经成为一种世界趋势，但受制于具体国情与法律传统，并不存在统一的人格权立法构建范式，即使是随后颁定民法典的国家，在人格权立法的内部体系架构与具体权利类型认定等方面都存在差异。因此，在冷静分析域外人格权立法构建经验的基础上，必须从我国的具体国情与法律传统出发，认识人格权的立法构建。

中华民族优秀文化传统是我们民族的'根'和'魂'。而科学的立法，既不追求破坏性地推倒重来，也不坚持保守性的因循守旧，必须在综合平衡中稳步前进，其中尊重传统一直是受到珍视的宝贵财富。这就需要我们将影响我国法制进程的传统法律文化与本国具体立法环境相结合，去粗取精，赋予传统法律文化新的时代内涵。

《法国民法典》起草人波塔利斯一语中的地指出，最好的法律是适合

---

〔1〕 参见李永军："论我国人格权的立法模式"，载《当代法学》2005 年第 6 期，第 127 页。

于该民族的法律。[1]确实，"只有最民族化的民法典才是最有生命力的民法典"。[2]自国家和法产生至今，任何国家、民族的法律文化无不在其历史传统的基础上实现发展，在历史传统的变革中完成创新。近代以来中国民法制度的建立从形式到体系上颠覆性地实现了西方化的脱胎换骨，这是中国民法现代化的价值选择。但无论是代表中国民法制度发展的合同法还是注重对传统吸收的婚姻法，从来都是合理移植而不是照搬西方的法律体系。[3]究其根本，法律作为社会文化的范畴，必然反映民族精神和社会习惯，并不是法律创造了社会关系，而是社会关系的存在决定了法律的创造。人的内在的法律意识是中华法系的历史积淀和时间停留，要奢求在超越中国社会关系的条件下实现法律的现代化实属天方夜谭。因此，大到中国民法总体的现代化，小到中国人格权制度的单一现代化，只可以是西方民法制度为蓝本的中国语境的制度传承改造，而不能是其他。

---

〔1〕 参见石佳友："法典化的智慧——波塔利斯、法哲学与中国民法法典化"，载《中国人民大学学报》2015 年第 6 期，第 92 页。

〔2〕 参见赵万一："中国民法典制定的应然与实然"，载《中国政法大学学报》2013 年第 1 期，第 49 页。

〔3〕 参见王利民：《民法的精神构造：民法哲学的思考》，法律出版社 2010 年版，第 569 页。

第二章
人格权的权利属性探究

以人性尊严与人格自由发展为价值理念的人格权，被看作是当代"法秩序之基石"，[1]对其进行保护的重要性与必要性已无须赘言。但对人格权本质的不同认识决定了研究人格权立法的方向。因为如果将人格权认定为与生俱来的天赋人权，则无论实证法如何规定，都是技术层面的问题。而如果将其看成实证法上的权利，则要讨论它是宪法上的权利还是民法上的权利。[2]因此，在探讨中国人格权的立法构建问题之前，必须明确人格权的法定权利属性与民事权利属性。

第一节　人格权的法定权利属性之逻辑证成

对人格权本质属性的不懈追问构成了当前我国民法典制定的前置性问题之一。学界同仁基于对历史线索、理念规则的不同领悟，给出了法定权利抑或自然权利的对立答案，尽管两方阵营各擅其场都曾抛出言之凿凿的理由信条，但一个基本的共识是人格权不属于固有权利，而只能归入法律后天规范的权利范畴——它是"某一时代民族精神在历史演进中所形成的法规则"。当然，这并不意味着对人格权作为自然权利存续的源生性的刻意回避，"人格权是一种受尊重权，也就是说，承认并且不侵害人所固有的'尊严'，以及人的身体或精神、人的存在和应然的存在"。[3]卡尔·

---

　　[1]　参见王泽鉴：《人格权法：法释义学、比较法、案例研究》，北京大学出版社 2013 年版，第 1 页。

　　[2]　参见李永军："论我国人格权的立法模式"，载《当代法学》2005 年第 6 期，第 127 页。

　　[3]　[德] 卡尔·拉伦茨：《德国民法通论》（上册），王晓晔等译，法律出版社 2003 年版，第 282 页。

拉伦茨的这番认识和强调，提醒人们勿要陷入非此即彼的误区。事实上，自然权利和实在权利的辩证统一关系自始至终地存在于人格权本质的聚讼中。

一、自然法理论下的人格权自然权利属性

（一）法哲学流派对人格权权利属性的影响

1. 古典自然法学派

以英国先哲霍布斯、洛克等代表的古典自然法学派，不论是性恶论者还是性善论者，均主张自然权利是自然状态[1]下由自然法所规定的权利综合体，其中自我保存的欲望具有不可撼动的根本性。"每个个体应竭力以保存其自身，不顾一切，只有自己，这是自然的最高的律法与权利。"[2]究其根本，启蒙先知们出于对"君权神授"恶念的抵触，建构起立于人性基石之上的自然权利，毫无掩饰地凸显其原生性和唯一性，从根本上否定了任何外来力量特别是政府强权的干涉恩赐，强调自然权利单纯地因人性而生成，带有朴素的平等感情思维，也在一定程度上促动了教会权力世俗化的跟进。由此可推，这种建基于人性之上的人格权在古典自然法理论中毫无疑问地被纳入自然权利之中，最直观地看，启蒙思想家推崇的最基本的、最重要的古典权利内容与人格权最核心的、最基本的权利如生命、健康、自由等高度契合，表明两者在集合映射上产生包含与被包含的牵连关系。

2. 康德哲学

尽管古典自然法法学家开创性地发现人性并将其立为权利神圣性的根基坐标，是哲学思想的里程碑事件。然而，新生事物从来就不是完美无瑕的，一大批学者尤其是休谟敏锐地发现了权利理论的裂痕——人性的规定性何在？理性的本质又是什么？进而又指出"理性的作用在于发现真或

---

〔1〕　对自然状态的理解有两种观点：一是霍布斯所说的战争状态，即人的关系如狼群中的弱肉强食；二是洛克倡导的和平状态，也就是平等自由主导的社会。但两者均推导出人们可以享有自然权利的结论。

〔2〕　［荷兰］斯宾诺莎：《神学政治论》，温锡增译，商务印书馆1963年版，第212页。

伪……道德上的善恶区别并不是理性的产物"。[1]这些认识鲜明地阐释了其"事实陈述不能推导出价值陈述"的论断，简言之，即从事实上怎样不能得出应当怎样。诸如此类的质疑极大地动摇了权利的理论底柱，庆幸的是，康德理论的面世有力地回应了"休谟难题"，也为继续探究权利根据提供了深层哲学的注脚，其对权利的设计安排基于对"人性"的崭新解构，即人之自由本性，这其中饱含着对人性互相尊重的目的性诉求。"你的行动，要把你自己人身中的人性和其他人人身中的人性，在任何时候都同样看作是目的，永远不能只看作是手段。"[2]

解决了权利依据的课题后，康德谋筹出"天赋的权利"和"获得的权利"的两分权利圈，实现了权利的最高级类型化分析。前者意指与生俱来，无需依托旧有的法律条令或某一法律行为，所有人均可因自然而领受之权利，是"内在的我的和你的"；后者则截然相反，对实在的法律条例有前提性要求，不然该权利无法生成或者归于灭失。那么，康德眼中的天赋权利具体为何呢？"自由是独立于别人的强制意志，而且根据普遍的法则，它能够和所有人的自由并存，它是每个人由于他的人性而具有的独一无二的，原生的、与生俱来的权利。"[3]因而，确立了"与生俱来的自由"在天赋权利语境中的唯一指向，而人性也当仁不让地成为天赋权利的源出，人因其自主性奠定主体地位。至于人格权的位阶归宿，康德权利体系中未曾明见，因而也就引致出不同的看法，譬如徐国栋教授认定人格权属于获得的权利范畴，李中原教授则主张人格权应纳为天赋的权利。当我们反顾康德论述时，就会发现在其权利概念视域下，人仅可为自身之主人，于不触犯他人权利边界的情况下，盖享有一种天赋的行动自由。就此，也就决定了主人运用己身器官和智慧的自由，如果否认人自然的身体以及所具有的智能和体能，很有可能导致此人与彼人的黏连，这种区分度的丧失会引起连锁性的恶反应——人与权利的挂靠对接无从谈起。之所以

---

〔1〕［英］休谟：《人性论》（下册），关文运译，郑之骧校，商务印书馆1980年版，第498页。

〔2〕［德］伊曼努尔·康德：《道德形而上学原理》，苗力田译，上海世纪出版集团2005年版，第48页。

〔3〕［德］康德：《法的形而上学原理》，沈叔平译，商务印书馆2011年版，第53页。

这样说，康德所言的权利并非无边无际而是栖身于诸人周围，这种自由的实践仰赖人身的机能和智力等内在要素，不然任一切自由便灭失了足以立存于世的必要性。

（二）人格权是自然权利的主张及其意义

秉持否定说态度的学者受自然权利理论的启发，笃信人格权的自然权利属性，是固有权的属种。人格权囊括的生命、健康、身体等利益关乎人的生死存亡，与自然权利的核心和焦点达成了高度的吻合，它以彰显人的最重要价值为己任，承载着"人即为目的"的尊严宣告。较之财产权的手段工具性，人格权披着浓厚的目的性权利外衣，是主体满足自己基本需要和价值确认的形式，或许社会制度、道德水准存有差别，但对人格权的保护是底线伦理和自然本性的共同夙愿。

第一，最核心的观点是，人格权法定化会导致人对自身的支配，主体与客体的同一，进而导致人的自杀权问题。[1]这种对权利主体与权利客体可能混同的不安弥漫已久，人格和人格权唇亡齿寒，形影相随，人格权是主体对自身的权利，是维持主体存在所不可或缺的基础条件，其性质与权利能力、行为能力、出生、死亡、失踪相同，均属于主体自身的事项，是主体对存在于自身的权利，而与一般民事权利之属于人与人之间的关系不同。[2]

第二，"《法国民法典》作为大革命的产物，认为自然人对自身有着高于法律权利的支配权，因而否定从法定权利论的角度规定人格权。"[3]另外一部具有世界性广泛影响的《德国民法典》[4]也"遵循了康德和萨维

---

〔1〕　参见［德］霍尔斯特·埃曼："德国民法中的一般人格权制度——论从非道德行为到侵权行为的转变"，邵建东等译，载梁慧星主编：《民商法论丛》（总第23卷），金桥文化出版（香港）有限公司2002年版，第413页。

〔2〕　参见梁慧星："民法典不应单独设立人格权编"，载《法制日报》2002年8月4日。

〔3〕　［日］齐藤博：《人格权法的研究》，东京一粒社1979年版，10页以下。

〔4〕　也有学者如龙卫球等认为，《德国民法典》首采人格权法定主义立场，尽管人格权被视为原权利，但观念上仍将包括人格权在内的各种原权利视为一种法律权利而不是所谓的自然权利。参见龙卫球：《民法基础与超越》，北京大学出版社2010年版，第164页。姚辉则从法条本身出发，论证了《德国民法典》第12条、第823条、第824条及《艺术品著作权法》等创立的具体或特殊人格权制度。参见姚辉：《人格权法论》，中国人民大学出版社2011年版，第54页。

尼的信念，该信念反对'以物权方式架构此种人格权'，因为这样的话，人就是自己的所有权人，并且这与自我决定存在结构上的矛盾"。[1]基于上述理论支点，两部法典均未存在正面体现任何人格权的只言片语，步调一致地采取了侵权行为之债的方式保护人格利益。[2]有些学者对此不但没有垂头丧气，反而津津乐道，笃定这超脱了权利观念的束缚，正是人格保护特殊待遇的点睛之笔。在他们看来，人格权早于法律与生俱来，是超越于法律之上的，若非要将生命、身体等视作权利的附属，无异于对其自然属性的抽离，对解释生命等权利的产生与本质造成不便。所以法律根本没有规范有关人格权的适格性，在法定权利层面规定人格权不啻于对人格权崇高地位的贬低，以上观点的龃龉与宪法权利、民法权利之争异曲同工。

第三，从立法技术与人格权自身特点的兼容方面，勘定人格权的内容、范围、类型具有相当大的难度。在《德国民法典》制定当时的立法者看来，倘若将人的伦理价值视为人在外部领域的自由空间，那么在这个空间之内，人与人之间自由的界限将是无法界定的。[3]人格权是一种最高度概括、最高度抽象的权利，具有不确定性、不具体性和思想的内在性，所以只能一般地进行原则性规定，不能具体地个别列举。[4]这样一来，就基本堵死了人格权法定化的口径与前途。

承认人格权为自然权利的意义是显而易见的。康德划分天赋权利与获得权利的初衷在于，当发生以后天权利（实在法的权利）为标的的纠纷难以辨识时，可通过确证或否定一方当事人的主张是天赋权利的范畴，从而描绘出不同权利的大致疆域，为权利纷争的化解提供良好指引。"它的目标是，一旦对后天获得的一种权利发生争辩时⋯⋯或者对有关事实尚有怀

---

〔1〕［德］罗尔夫·克尼佩尔：《法律与历史——论〈德国民法典〉的形成与变迁》，朱岩译，法律出版社2003年版，第87页。

〔2〕《德国民法典》将人视为法律关系中的主体，除了在权利主体部分规定姓名权外，主要是在侵权行为法部分规定了对生命、身体、健康、自由、信用、妇女贞操的保护。

〔3〕参见［德］霍尔斯特·埃曼："德国民法中的一般人格权制度——论从非道德行为到侵权行为的转变"，邵建东等译，载梁慧星主编：《民商法论丛》（总第23卷），金桥文化出版（香港）有限公司2002年版，第413页。

〔4〕参见米健："人格权不宜独立成编"，载《人民法院报》2004年10月15日。

疑，或者事实已经确实，但对有关的权利还有争议时，就能够更加有准备地提出论证。因为，提出否认一项责任的一方，能够有条不紊地提出他的天赋自由权利，作为在各种关系中详细的专门化的权利，并能公平地在这些关系之上建立各种不同权利的权限。"[1]这事实上确立了以先验的纯粹理性为原则的天赋权利的比较优势，是对自然权利的厚望和推崇。所以，人格权的自然权利论极大地拔高了人格权的神圣性和高阶性，相当于从顶层哲学给予裁判者足够的理论自信，使其能够合理识别某一与人格相关联的利益（新型权利）是人格权，并在更高站位上施加法律保护的决断，这不仅能减轻法官自由裁量过程中的思想负累和惶恐心理，更明晰了人类基本权能庇护的道德准绳和人性衡平。自然权利只为法律保护人格权提供了一种正当性理据，在人格权法定的其他理据不尽如人意时，承认人格权的自然权利性质为人格权法律层面的保护奠定了一个相对而言更牢固的基础，承认人格权的自然权利性质为人格权烙上了耀眼的光环。[2]

需要特别声明的是，对人格权的自然权利性的肯定，仅为表达两层意思：一是从本源上看，人格权根植于人性之中，不依赖人身外的其他依据，即它的正当性不服从于国家规定和立法者意志；二是从权利性质上看，人格权是防御性权利，国家公权承负保障职责却无剥夺之权，借此防范抵御国家对人格权的肆意与傲慢。"拒斥自然权利，就无异于说，所有权利都是实在的权利，而这就意味着，何谓权利是完全取决于立法者和各国的法院的。可人们在谈到'不公正'的法律或者是'不公正'的决断时，显然是带有某种意蕴，有时甚而是非如此不可的。在下这样的判断时，我们指的是存在着某种独立于实在权利而又高于实在权利的判断是非的标准，据此我们可以对实在权利作出判断。"[3]

---

〔1〕［德］康德：《法的形而上学原理》，沈叔平译，商务印书馆 2011 年版，第 54 页。

〔2〕参见易军："论人格权法定、一般人格权与侵权责任构成"，载《法学》2011 年第 8 期，第 90~91 页。

〔3〕［美］列奥·施特劳斯：《自然权利与历史》，彭刚译，生活·读书·新知三联书店 2003 年版，第 2 页。

二、刺破人格权之自然权利面纱

（一）人格权自然权利属性的否定

"人格权作为一种内在于主体自身，以维护其人格尊严为主旨的权利，天然反对'权利法定'的法律逻辑，害怕这样的逻辑最终将致使人格尊严及人格的发展只是受制于立法者的意志，因而主张实在法是不够的，强调赋予其应有的超越实在法的地位。"[1]这个解释直截了当地道出了部分学者拒绝承认人格权法定的缘由之所在，其中糅合了对自然权利的极度垂青以及对法定权利的无端惧怕。坦率地讲，对人格权的自然权利属性的过分倚重，实际上错置了作为道德权利的"道德准则"与作为法律权利的"基本权利"的功能价值，"人格权作为一种自然权利，其更应该只是一种最基本的道德担当，而不应该是一种积极的现实索求"。[2]那么，我们应当更积极地从应然判断的角度去理解人格权是自然权利的归位，囿于经济社会文化发展的阶段差别，其中必然交织着对客观实然存在的批判鞭策，若以此就轻易地抹杀人格权法定权利属性，毫无疑问，犯了理论上的幼稚病而走向简单化的歧途。

汇总起来，两种主张的争议焦点无非是以先验性、永恒性、不可让渡为原则的自然权利与以规范化、具体化、可解释化为基础的实在权利的对抗。前者习惯了居高临下似有还无的态势，于裁判乏术之时加以高屋建瓴地指点迷津，使人豁然开朗；后者倾向于走下神坛触接地气，通过明确科学的立法理念与立法技术，确保权利的行使和义务的履行。看似皆有道理，互有利弊。仔细分析，一旦将人格权定性为自然权利，就必然要继受各方对自然权利的诸多质疑。最致命的是，自然权利内容的模糊性和随意性，以及作为权利根据的永恒本性与正当理性的怀疑。"自然法的规范性命题不是建立在对人或其他任何事物的观察（Observation）基础上的，而是来自对不证自明的、所有人的善的反思性把握（Reflective Grasp），来自对人

---

[1] 李永军主编：《民事权利体系研究》，中国政法大学出版社 2008 年版，第 121 页。

[2] 郑永宽："人格权概念解析"，中国政法大学 2006 年博士学位论文，第 25~26 页。

的本性和自然倾向性进行体验的实践性理解（Practical Understanding）。"[1]确实，自然权利论可以无所顾忌地高调宣称人格权在道德意义层面上的合理性和自证性，任性割裂它与立法、司法之间的关系，但这也无益于解决其抽象、绝对特性的尴尬处境，不仅不会完成保护人格权所企望利益的伟大夙愿，反而可能逐步沦为现实世界里苍白无力的理念、声明、假设和希望。因此，自然权利的实证化过程是兑现所有美好许诺的必经途径，切实保障人格权应当成为国家制度和法律准则的题中之义。"如果应有权利不能转换为现有权利，缺乏规范化、制度化的形态，那么就会妨碍应有权利自身的现实化，妨碍人的价值的充分实现。"[2]

还有一种担心是，如果承认法律有规范人格权的资格，就意味着人格权依附于个体意志而存在，这种工具性背弃了人的内在的法律义务，从而间接地肯定了人们享有自杀、出卖器官、借腹生子等行为的权利，这将是对社会公序良俗的巨大戕害。这种错误忽略了其权利本体的独特之处，自觉不自觉地把人格权与物权等量齐观，两者在"支配权"这一范畴内有较大不同，要知道，行使支配人格权有一整套严格的限制和运行规则。"自杀权"实质上系因误认人格权为直接支配人格之全部或一部之权利而得出的错误结论。生命权为一种人格权利，其重点系在于强调"不被他人侵害，而享受生命、身体之安全及活动之自由"。[3]至于在处分、限制权利客体过程中可能发生的违背人道主义的情形，则完全可交给伦理道德、公共利益等特别规定进行调控，以解决类似的忧虑。

至于人格权内容无法明确规定和具体列举的说辞也是杞人忧天。法国、德国、日本等国民法典受制于时代背景和立法理念的困囿，对人格权的认知不可避免地流于表面，并且当时对人格权保护的渴望也不强烈，人格权的抽象化规定在满足人们需求上也绰绰有余。而伴随人权运动的蓬勃

---

〔1〕　See Finnis, *Natural Law and Natural Right*, Oxford University Press, 1980, p. 59, 转引自徐继强："阿奎那的自然法理论及其在当代的意义"，载正来学堂 http://dzl. ias. fudan. edu. cn/Master-Article. aspx？ ID＝9151，访问日期：2016 年 2 月 20 日。

〔2〕　公丕祥：《法哲学与法制现代化》，南京师范大学出版社 1998 年版，第 248~249 页。

〔3〕　黄立：《民法总则》，中国政法大学出版社 2002 年版，第 65 页。

开展，以信息、基因、网络等为代表的新技术日新月异，人的本质的再认识步入了一个全新的阶段，也倒逼法律对人格权的建制步步推进，人格权类型化的实践便是其中最为有力的证明。何况寄希望于人格权的抽象规定根本不能完成其预期目标，必须辅之以司法判例的扶植——订立保护多种人格利益的界限、方法等，两者的紧密配合方能承担起人格权保护的任务，刨根究底，这何尝不是人格权具体举列方式的另一种表达外现。

（二）人格权法定权利属性的价值

历史与实践一再证明，承认人格权为法定权利具有深刻的现实价值和长远的历史意义。

首先，承认人格权的法定权利属性，最强烈的意义在于，对人的伦理价值性的立法确证，法律的具体规定特别是人格权的类型化处理发挥了一个塑造权利运作程序的模具作用，根据价值依托、存在方式、构成要件等标准，成功地排列剥离出每一项具体人格权的清晰疆界，并提炼出权利义务关系上的分配比例，为公民捍卫人的尊严、个性张扬、自由和谐发展搭建起自律与他律、自我尊重与要求他人尊重的平台，这不但裨益于权利主体主动行使人格权的法律赋能，更紧要的是，通过人格权受保护范畴的确定，达成权利人自我预期与潜在后果的大致吻合，防止发生不可预知的危害。对法官群体而言，也大大克减了他们法律适用上的渎职风险和额外负担，其只需在把握立法目的意图的基础上，恪尽职守或者说按图索骥地去解释运用法律条文即可，无须理会"法外之权"的纷扰，这也是"相同案件相同对待"正义原则的最好诠释。

其次，从中国权利文化传统的客观忽视与晚近民事律法体系再造经验的互动中，可以清晰地梳理出，人格权法定对于启蒙教化内化于人的伦理价值的巨大效益。一方面，纵观中华古代文明史，似乎都是"礼教纲常""权力至上""刑罚化思想"大行其道，放眼望去，刑法（刑罚）被奉为保护生命、健康、身体等的不二选择，慑于统治者威权吓阻，千年顺民听天由命早已成为主流。但事实上，中国历史向来不缺乏个人意识、自由主义生长的内生因素，它们根植于中国特有的本土资源中，人们通常所言的权利传统缺失可能更多应归咎于今人挖掘的不够以及着眼点的偏执，这种所谓的资源匮乏性是虚妄的，有待人们关注点的回归与聚焦。另一方面，1986 年《民法通则》颁行，从第 98 条至第 103 条集中举列出生命权、姓名权、健康权等多项权利，开创了世界民法典史上人格权、物权、债权、知识产权等并列齐平的立法先例，无疑是中国法制探索人格权法定道路上的标志性事件，凸显了立法者高度重视人格权的鲜明态度以及对人的尊严的价值宣示，顺应了人格权理论的发展潮流，有力地促动了人权思想在当代中国的铺开。之后，通过《侵权责任法》（第 2 条）及 2001 年《最高人民法院关于确定民事侵权精神损害赔偿责任若干问题的解释》等明确了隐私权等属于人格权的范畴。但应清醒地看到，《民法通则》等的不懈努力只是拉开了公民权利意识、法治思维顿悟的序幕篇章，还有赖于更加全面更加科学的法律整体特别是民法典的进一步洗礼，历史之痛与现实之变昭示这样一条真理——从来没有一种所谓固有的权利兼具自动显现的机能。当前，对中国权利文化传统重视不足的情况下，在关于权利显性明文规定缺失的话语中去阐释宣扬权利的保障与实践都无济于事。因而，应当毫不迟疑地促进人格价值的权利化，而不应陶醉于自然权利论的乌托邦中，这无异于阻断人格权发展的美好通途。

再次，成文法对待绝对权（支配权）问题上历来传承法定主义，以期个人行动自由与秩序运行平稳之结果。从这个意义上，人格权的法定化不外乎是绝对权保护基本学理的根本遵循。众所周知，绝对权以权利人之外的不特定多数人为义务受体，是居于强势主导地位的对世权，其波及的利益相关人甚为宽泛，也存在被滥用的危险系数。法律乃平衡的艺术，始终行走于个人权利保护与他人行为自由的两个极端之间，力求公允。如果绝对权的创设如相对权般得由当事人自由任意进行，难免在注重了当事人一己权利的同时，使社会公众动辄得咎。[1] 为杜绝人格权的保护掉入非此即彼、你死我活的零和博弈漩涡中，法定化路径不失为一种上佳的选择。原因何在？概括起来，人格权利的法定固化切割出各个具体人格权的内涵与外延，以法律的明确性勾画权利界限的明确性，帮助人们依法之规推测行

---

[1] 参见姚辉：《人格权法论》，中国人民大学出版社 2011 年版，第 56 页。

为的轨迹及后果，从而理性地指引自身行为各得其所适度有加，切忌突破法律公示的自由边界。"因权利系属法定，其本身就是一种非常明确的行为规则，每个人只有正当地行使自己的权利，才有行为自由，行为的边界即是他人的权利。"[1]

最后，世界范围来看，法德两国采用的"蕴含"式的人的伦理价值保护方式有了松动的迹象，一些后发国家青出于蓝甚至改弦更张，另起人格权法定化的新炉灶，这种从含蓄内蕴立法体例到显性外放立法体例的转型被认为是适应人类社会发展规律的认识论革新。《法国民法典》制定初始，根本就没有规定人格权，但其后的两次重要修订出现了些许的不同：1970年第 70-643 号法律规定"任何人的私生活权利应得到保障"（法典第 9条），为一般人格利益的判例保护提供了私法依据；1994 年第 94-653 号法律围绕人体基因技术的最新进展，又规定"任何人均享受有身体受到尊重的权利"（法典第 16-1 条第 1、2 款）；2004 年 8 月 6 日再次作出补充"任何人都不得侵犯人类的完整性"；2008 年 12 月 19 日明确指出"对人类身体的尊重不因人的死亡而终止"。上述变化透露出，《法国民法典》已经着手从权利类型的视野对待人格权，这与最初"人格只是一种法律地位"的立场有了较大进步，是应社会进化发展的得力举措。"通观各国民法典立法中对人格权法的不同态度，可以发现一个重要的规律，这就是随着历史的发展，民法典对人格权越来越重视，在民法典的体系内部，给予人格权法的地位越来越高，空间越来越大。这是历史发展的必然，是人类对自身价值认识不断提高的结果，也是对尊重人权、重视人权保护的结论。这一点，对于中国制定民法典不无重要的启发和借鉴意义。"[2]

三、人格权双重本质的否认

在学界关于人格权本质的大讨论之外，有学者另辟蹊径，提出了全新

---

[1] 曹险峰："在权利与法益之间——对侵权行为客体的解读"，载《当代法学》2005 年第 5 期。

[2] 杨立新："《中华人民共和国民法典：人格权法编（草案）》（专家建议稿）起草说明（上）"，载 http://old.civillaw.com.cn/article/default.asp? id=10589，访问日期：2015 年 12 月 6 日。

的思考进路："人格权兼具自然权利与法定权利的双重属性，并指出了这一中庸论断的哲学基础。在其看来，社会共同体中的重要权利包括人格权都有道德之维与法律之维的两面，并进一步论道权利就是道德社会承认并由国家加以维护的要求。"〔1〕人格权的双重性承认能够有效减少片面性认识的弊端，具有不同于以往的独到优越性。

如果第三条道路确实有助于解决困扰学界多年的理论难题，无疑是皆大欢喜振奋人心的幸事。然而，无论是对旧有理论的剖析解构，还是新的模式的营造重构，这一提法都过于简单草率，或多或少地留有值得商榷之处。

要深刻理解自然权利与法定权利之间的鸿沟，就必须认识到自然权利性的承认并不是法定权利性的充要条件，两者不可混为一谈。社会生活中，总有那么一些权利并不因其吁求合乎情理、存在合乎正当、运作合乎程序就理所当然地被法律接纳而上升为法定权利。其中的主客观原因多种多样，但根源还是要追溯到康德哲学上。当康德基于权利来源的灵感，创设天赋权利和获得的权利时，就为两者的关系埋下了伏笔。"存在着一种普遍的永恒的法，它是一切实在法的渊源：它不过是统治着全人类的理性。"〔2〕可以明了的是，天赋权利本质上是一种权利享有的资格与门槛，为实在法设置权利提供根据与目的，也就是说，天赋权利重在应然事实的鼓吹督促，获得的权利强调实然存在的表达确意，后者只意味着前者实现完成的一种可能性，并不具有板上钉钉、一一投射的绝对盖然性。从这个意义上讲，人格是根源性、原则性的理性信念，人格权是结果性、制度性的法律规范……人格权是自然法层面上人格伦理价值外化的结果，是人格的实在法保护方式之一。〔3〕法定权利的存在虽以道德、利益、义务等各种观念为基础，但并非所有得到称许的道德方面的要求都被认定为法定权

---

〔1〕 ［英］鲍桑葵：《关于国家的哲学理论》，汪淑钧译，商务印书馆1995年版，第206～207页。

〔2〕 参见［法］阿·布瓦斯泰尔："法国民法典与法哲学"，钟继军译，载徐国栋主编：《罗马法与现代民法》（第2卷），中国法制出版社2001年版，第290页。

〔3〕 参见马俊驹："我国人格权基础理论与立法建构的再思考"，载《晋阳学刊》2014年第2期，第112页。

利，并非每种权利都能得到法定权利的保护，也并非每一种义务都有特定的法定权利与其对应。[1]可见，尽管自然权利对法定权利有一定意义上的规定约束性，但法定权利在确认自然权利方面也非寄生性地一无是处照单全收，其能动性的存在同样反作用于自然权利，加上有些道德权利公开性缺失而难以抗辩第三人的不足，必然使得部分自然权利落入不能享受法律羽翼保护的窘境。"庄严宣告的'人权'仅仅具有宣布它们的法律条文所赋予的法律价值。因而，即使人们承认某些个人权利可以在人性本身找到深刻的根源，但也应当知道这些权利只有在实体规则承认其存在的限度内才具有有效性。"[2]

法定权利的确定性与自然权利的动态性能否兼容并蓄，也是人格权双重承认问题中不得不面对的障碍。法律对于社会秩序的规范作用，体现在其以权利义务的视角筛选社会成员的众多要求，择其利害攸关者，精心设计出化解纠纷的具体条款，待人们需要法律介入社会交往之时，必须符合法律搭建完毕的轨道与路径，方能发生法律既定的效力——法律从来不会放下身段，主动去迎合个别人的生活交易轨迹，这也是保持法律严肃性、明确性的基础所在。与此相对，从人性中释放的自然权利，天生乐观，受不了法律条条框框的掣肘压制，由于各色主体的不同解释，呈现出内容含混随意的外在特点。这一区别给人们适用法律带来了相当多的隔阂和矛盾，法律语言的特定指向与法律结构的特殊组合都有一定程度的脱离日常话语的成分，假如仍以普通思维去认识和实施，不免出现貌合神离文不对题的误会。例如，基于对侵权责任法中行为"不法""违法"的庸俗化理解，涌现了一大批所谓"亲吻权"（车祸造成嘴唇裂伤不能接吻）、"悼念权""哺乳权"（公共场所给孩子喂奶）、"同居权"等五花八门的诉讼，大大侵蚀了法律的威严性，造成了司法适用上的紊乱。这表明，人格权不能集法定权利与自然权利属性于一身，否则，不但会造成司法资源的巨大浪

---

[1] 参见［英］戴维·M. 沃克：《牛津法律大辞典》，邓正来等译，光明日报出版社1988年版，第774页。

[2] ［法］雅克·盖斯旦、吉勒·古博著，缪黑埃·法布赫-马南协著：《法国民法总论》，陈鹏等译，谢汉琪审校，法律出版社2004年版，第130页。

费，也使得法的指引作用大打折扣。

按照上述逻辑，肯定会有人站出来攻击法定权利的确定性而产生的一系列不利后果。确实，法定权利的确定性特征带给法律适用方面的安定性，但这可能是以牺牲一定的正义观念和时代精神为代价的，即"具体人格权模式下，永远都存在法律漏洞"。[1]但这不等于法定权利在与社会变迁、科技进化的抗衡中束手就擒，它也通过自己的免疫系统去抗衡和改进。一来，大量新兴种类的人格权如隐私权、肖像权等次第出现，证明了人格权是一个不断被"发现"的权利，在这个"发现"的征途中，法律维度的确认与支撑如影随形并发挥了不可或缺的作用，单凭天赋权利的自我标榜，人格权的存续也只能是空中楼阁而难以自行。可见，我们所言明的法定权利的确定性或可识别性有着相对的时空条件，不是一成不变的教条，与时俱进自体更新。恰恰是人们认识到某种权利对日常生活和社会发展的必要性价值，带给了立法者创设新权的动因。二来，通过人格权的一般条款的设置，完全可以为权利的法定性与权利体系的开放性的平衡提供砝码。总之，"一般条款+具体权利列举"模式为许多国家接受并实行，其优势有二：一方面最大限度地公开表明人格权的保护内涵及未来路向，从而使得法官的自由裁量本能保持在可控安全阈值之内；另一方面坚决剔除人格权法定化而滋生的闭塞封锁，在明确已然类型化的人格权基本内容的同时，大大开辟未来人格权发展的广泛空间。

结语

唯物辩证法的联系观要求我们高度重视事物联系的客观性、普遍性，以全局系统而非孤立片面的观点看问题，避免走入形而上学的极端。"我们提倡尊重理论逻辑，但是反对唯理论逻辑的马首是瞻。当我们提出自己的主张时，必须对担当的角色有足够的自觉，对面对的问题性质有清楚的认知，如果面对的是一个实践中的问题，而不是一个理论体系内的纯认知

---

[1] 罗卫平："人格权法若干基本问题研究——兼论我国未来民法典在相关问题上的立法选择"，载《河北法学》2004年第10期，第151页。

问题，妥善平衡当事各方的利益，实现民法制度追求的目标，则是一个必须认真对待的维度。立法作为一种实践活动，评价其功效，功利主义是最为恰当的态度，制度的优劣不在于它是否符合某种理论的逻辑，而在于它能否妥善解决它所面对的问题，实现设计者所要达到的目的。进行制度设计时，压倒一切的考虑是生活的需要，而不是理论的逻辑要求。"[1]倘若关于人格权属于自然权利还是法定权利的分野，不涉其他，仅仅是这一单纯学术问题的辩论与探讨，只要各方言之成理逻辑自洽，百花齐放百家争鸣亦无伤大雅。但我们不得不掂量的是，这个争论的意义何在，事实上，看似拘于形式的认识差异直接关系到人格权法独立成编与否的重要判断。那么，显然一个明确不含糊的性质判定远比两边不得罪的骑墙立场更益于我国民法典的建构。

第二节　人格权的民事权利属性之逻辑证成

关于人格权究竟是宪法权利还是民法权利的判定，将直接影响未来人格权立法的走向。"中国在民法典起草过程中，如何妥当协调宪法上的人格权益与民法上的人格权益……是立法机关无法回避的问题。"[2]而学界对这一问题的针芒相对与激烈交锋，对我国人格权立法的科学构建大有裨益。

归纳起来，各学者的观点主要集中在以下两个方面：第一，将人格权认定为宪法权利，则未来民法典中不应规定人格权，至少不应将人格权独立成编，而是应该考虑直接运用宪法的相关规定对人格权益进行保护。[3]第二，将人格权认定为具有宪法权利与民法权利双重属性，则宪法作为人格权的价值引导，民法可通过设置一般条款来将宪法的价值精神引入作为

---

〔1〕 蔡立东："论法人之侵权行为能力——兼评〈中华人民共和国民法典（草案）〉的相关规定"，载《法学评论》2005年第1期，第66页。

〔2〕 参见［法］让·米歇尔·布律格耶尔："人格权与民法典——人格权的概念和范围"，肖芳译，王轶点评，载《法学杂志》2011年第1期，第143页。

〔3〕 参见尹田："论人格权的本质——兼评我国民法草案关于人格权的规定"，载《法学研究》2003年第4期，第3~9页。

补充。[1]可见，人格权是宪法性质的权利还是双重属性的权利是争论的症结所在。

人格权属性的种种分歧，并不是学者无关痛痒的标新立异，而是人格权自身的特殊性引致。一方面，人格权是源于自然法学理论发展演变的历史积淀并逐渐完成实证转化的权利。"人格权何以可能"的设问还会在相当长的一段时间内回响。另一方面，人格权体系中的许多内容确实与宪法中的基本权利规定相重合，如生命权等。但需要强调的是，这种相同名称的权利规定，并不意味着民法仅仅以"复述者"的形象存在，两者在功能价值上相去甚远。这也就解释了，为什么《宪法》第13条明确规定了国家对公民私有财产权的保护，使得民法意义上的财产权成为被宪法表述的基本权利，却不曾有人以此为辩由去否认财产权的私权属性。按照凯尔森所建构的金字塔理论，至少在形式效力上，宪法是法律秩序的基础规范，维系着法律秩序的统一性。[2]因此，宪法凭借其预设的居于金字塔顶端的高级法位阶，为由公法和私法共建的法秩序整体提供效力来源和逻辑起点，从这个意义上讲，宪法几乎成为收纳所有权利的渊源性规范。不过，宪法更愿意体现其授权规范的一面，"即规定谁有权依据一定的程序制定下级规范，很少或者不对下级规范的内容作出规定"。[3]这样，就为民法等其他部门法的存在留下功能区分与内容独立上的空间。而人格权法律体系隶属于一国法秩序总体之下位，追根溯源，是一项宪法权利当属必然，再费周折地去阐释人格权的宪法权利唯一性已无必要。当然，详尽说明不可将人格权单纯归作宪法权利的缘由，对认清其真实属性也有极大助益。

一、历史决定论在权利属性界定上的终结

"就目前研究现状观之，学术界的研究多依赖于历史解释，致力于从

---

[1] 参见王利明：《人格权法研究》，中国人民大学出版社2005年版，第25页；马特、袁雪石：《人格权法教程》，中国人民大学出版社2007年版，第38页。

[2] 参见姚辉：《人格权法论》，中国人民大学出版社2011年版，第67页。

[3] [奥]凯尔森：《法与国家的一般理论》，沈宗灵译，中国大百科全书出版社1996年版，第126页。

历史发展的先后顺序来证明人格权究竟为宪法权利抑或民法权利。"〔1〕"人格"肇始于罗马法已经为学界所公认。但与大多数学者认为人格是为了认定主体而创造的民事概念的观点不同，坚持人格权属于宪法权利的学者主张，用现代观念审视罗马法中的"人格"，其首先应是一个公法上的概念，应该属于"人的宪法地位"。因为罗马法上的人法最主要解决的是自由人的身份问题，只有具备了自由人、家父和市民三种身份才能拥有卡布特（Caput），即在市民名册中拥有一章的资格，才能成为罗马共同体的正式成员。〔2〕而这种资格的确认，显然属于公法的范畴。同时，人的法律地位最早是由 1789 年法国的《人权宣言》规定的，加之德国的一般人格权制度立基于基本法的援引，因此，人格权当然应属宪法性质的权利。

诚然，罗马法上的人格制度有划分不同身份的作用。但上述观点依然存在纰漏：

一方面，关于人格的理解存在差异。通说认为，罗马法上的人格虽是为了划分自由人、市民及家父的身份，但其最主要的作用仍是为了确定交易主体的资格。以现代法学方法审视，其更具有一种民事法律主体资格确认的功用，因而更富有私法领域的意义。

另一方面，关于人格权的初创本身存在争议。在近代大陆法系国家看来，从人格到人格权的发展，实际上经历了一个长期且复杂的过程。〔3〕"人格权"概念最早由谁提出是个众说纷纭的问题。徐国栋教授认为 16 世纪法国的雨果·德诺最早提出了人格权概念，〔4〕而王利明教授则认为同时期的海尔曼是现代人格权理论的奠基者。〔5〕虽然至今该争论没有得出结果，但可以肯定的是第一次对人格权进行全面阐述的学者为德国民法学家

---

〔1〕 张红："一项新的宪法上基本权利——人格权"，载《法商研究》2012 年第 1 期，第 38 页。

〔2〕 参见尹田："论人格权的本质——兼评我国民法草案关于人格权的规定"，载《法学研究》2003 年第 4 期，第 4 页。

〔3〕 参见胡平仁、梁晨："人的伦理价值与人的人格利益——人格权内涵的法哲学解读"，载《法律科学（西北政法大学学报）》2012 年第 4 期，第 13 页。

〔4〕 参见徐国栋："寻找丢失的人格——从罗马、德国、拉丁法族国家、前苏联、俄罗斯到中国"，载《法律科学（西北政法大学学报）》2004 年第 6 期，第 76 页。

〔5〕 参见王利明：《人格权法研究》，中国人民大学出版社 2005 年版，第 8 页。

基尔克。他在其 1895 年出版的《德国私法》一书中对人格权进行的系统论述正式奠定了人格权理论的基础。同时，1794 年的《普鲁士普通邦法》中的"法律人格"第一次实现了对"人格"的系统规定，而与近代主体资格意义上的"人格"意思最为相近的规定则是《瑞士民法典》中的"人格"概念以及人格保护一般条款。因此，从这个层面上来说，可以认为人格权初创于私法领域。而如果不以"人格"的法律文本首现及人格权理论的产生为起始点，仅以人格权制度的形成为出发点，那么近代民法上的人格权制度确实是借助宪法中的公民基本权利的发展才得以实现的。德国的"一般人格权"制度，就是基于对《德国基本法》第 1 条和第 2 条的解释才完成的人格利益的保护。但必须注意到，德国法上的这种援引不是凭空捏造的，而是以《德国民法典》第 823 条第 1 款的"其他权利"为基准，作为补充而使用的，其性质归根结底都应该是民法权利。因此，以人格权的历史渊源来确定人格权的法律属性，存在标准上的不统一问题，故而不宜奉为法科学探索的标尺。

从终极意义上来说，人格权的"上帝"既不是民法，也不是宪法。因为无论是宪法还是民法，其本身并不创造权利，而是对人的权利的"确认和保障"。[1]早期各国民法典不规定人格权的原因在很大程度上是受自然法学的影响，将人格权认定为一项"自身的原始权利"，与人格权是否属于宪法权利无关。[2]同时，即使将人格权按照上述观点认定为宪法权利，也不能因此否定人格权的民事权利属性。正如物权、债权、亲属权等民事权利一样，这些权利都是先于宪法产生的，且现代意义上的宪法几乎把这些权利都作为公民财产概括在内。但这些权利并未因此丧失其私权属性。[3]因此，权利的初创对于决定权利的性质参考意义不大，就像个人的贫苦出身不能成为阻绝其追求幸福的障碍一样。

---

〔1〕　参见焦洪昌："'国家尊重和保障人权'的宪法分析"，载《中国法学》2004 年第 3 期，第 42~49 页。

〔2〕　参见马俊驹：《人格和人格权理论讲稿》，法律出版社 2009 年版，第 402 页。

〔3〕　参见刘凯湘："人格权的宪法意义与民法表述"，载《社会科学战线》2012 年第 2 期，第 203 页。

二、宪法与民法的关系演化

民法与宪法二元分立的认识，是将人格权片面认定为宪法权利的错误原因之一。这种观点把民法与宪法的关系进行了简单化处理，但非此即彼仅是两者矛盾统一体的一个侧面。历史地看，宪法与民法的关系微妙而动态。"没有宪法之前，私法本身就是宪法，在有宪法以后，私法的基本观念、基本精神和基本制度成了宪法的基础和原型，并通过宪法这种根本法的形式得到了升华而被贯彻到一切法部门中。"[1]

（一）宪法与民法的二元分立

必须明了，民法与宪法的二元分立局面仅存在于 20 世纪中期之前。而这一时期民法与宪法的关系经历了两个发展阶段。

第一个阶段是民法政治中立时期，即民法秩序在形成过程中"没有受到民主宪法秩序的影响"。[2]因为早期制定民法典的国家，其背后推动力量绝大多数来源于当时的君主威权，并不是来自于人们所期待的民主宪政体制，如编纂《法国民法典》归功于拿破仑的力推，《德国民法典》的颁布由铁血宰相俾斯麦主导、威廉二世支持等。虽然彼时的资本主义力量已有崛起之势，但尚未做好展开大规模宪政活动的充分储备。各国的宪法性文件仅是立宪君主制意义上的宪法，并不具有与现代民主宪法相似的意义。因此，各国民法典制定者在立法时考虑的仅是如何建构私法秩序的问题，只关心如何继承罗马法与习惯法的传统，体现了极大程度上"政治国家"与"市民社会"的二元分立性。将公共的、政治的与私人的、社会的领域独立，集中关注市民社会中私人之间的生活关系。因此，当时的民事立法并不涉及实质性的价值选择，更多的是形式性的、抽象性的特征。[3]正如艾伦·沃森在其著作中指出的，这一时期的"法学家们普遍对于'公

---

〔1〕 邱本：《市场法治论》，中国检察出版社 2002 年版，第 106~107 页。

〔2〕 参见［德］哈贝马斯：《在事实与规范之间：关于法律和民主法治国的商谈理论》，童世骏译，生活·读书·新知三联书店 2003 年版，第 493 页。

〔3〕 参见薛军："'民法-宪法'关系的演变与民法的转型——以欧洲近现代民法的发展轨迹为中心"，载薛军：《批判民法学的理论建构》，北京大学出版社 2012 年版，第 31~36 页。

法'不感兴趣"。[1]

第二阶段是民法作用高于宪法的时期，抑或民法的"宪法性"地位时期。这一时期民法的备受推崇与宪法的备受压抑是由两方面因素导致的。一方面，虽然较之第一阶段，欧洲大陆普遍掀起了制定宪法的潮流，但这一时期的法学理论并不以法律效力的等级来划分宪法与普通法律，仅是以该法律是否可以体现当时社会最核心的价值判断为基准，确定法律的重要程度。而当时的宪法主要是政治性的宣告，其根本作用在于决定一个国家的政体架构，并不关心民众的社会生活以及整个法律体系的核心价值。因此，宪法在当时来说并不那么重要。另一方面，随着资本主义经济的快速发展，如何最大限度地获得财富以及如何捍卫交易自由成为整个社会关注的焦点。而以调整私领域个人财产权与个人契约自由为核心观念的传统民法，恰恰体现了新兴资产阶级最基本的需求。因此民法典的编纂被资产阶级当作最重要的政治诉求的实现。从这个意义上讲，在个体追求成为自由主体的时代里，民法符合当时社会最为核心的价值判断，具备了鲜明的政治内涵，使得其在当时社会大众的观念中获得了一种"事实上的宪法"的地位，"是当之无愧的基本人权保护法"。[2]加之彼时欧洲各国的政治力量较为单一，党派斗争尚不激烈，不存在不同政治派别要求对国家政策进行"合宪性"审查的需要，宪法的地位并未凸显。故而，这一时期的宪法扮演的是"守夜人"的角色。

（二）宪法与民法的渗透交融

第二次世界大战之后，宪法与民法的二元分立局面开始改变，最初民法典所具有的对抗公权力的某些类似于宪法的作用随之淡化。[3]这种变化一方面源于第二次世界大战对人权的疯狂践踏所引发的基本权利思考，另一方面则是由于民法典的滞后性，无法及时回应社会革新的态势。

在传统的公私二元分立模式中，宪法规制权力、私法规制权利的观念

---

〔1〕　[美]艾伦·沃森：《民法法系的演变及形成》，李静冰、姚新华译，中国政法大学出版社1992年版，第206~213页。

〔2〕　马特："民法典人格权编争议问题探讨"，载《人民法院报》2003年9月12日。

〔3〕　参见郑永宽：《人格权的价值与体系研究》，知识产权出版社2008年版，第48页。

业已形成。而随着人的自由意识的提升，私人领域中因权利的扩张所形成的权力因素愈加明显。"权利人相对于义务人所处的地位，与公权力享有者对相对者所处的地位是完全相同的。"〔1〕在这种社会条件下，仅仅寄希望于通过私人自治来解决私领域的"权力"问题，极有可能会发生类似于公共领域中对政治上的弱者进行压迫的现象。毕竟并不是任何"合意"都是正当的。所以，为了真正实现人权的保障，宪法必须对私法进行监督与干预。而这里的宪法，特指第二次世界大战后颁布的宪法，其与19世纪的宪法存在些许差别。一方面，此时的宪法建立在议会民主制之上，为立宪民主制宪法。除关注国家的政治构架外，为真正实现民主开始涉及社会生活各方面的问题。另一方面，这种宪法属于刚性宪法，其制定与修改都要经过严格的程序，具备了威权性质。因此，这一时期的宪法不论从政治价值还是规范作用方面，都取得了根本法的实际地位。

与此同时，欧洲各国早在19世纪就编纂完成的民法典出现"病态之兆"，在很多方面与时代脱节。面对激增的权利诉求与利益纷争，为了维持传统民法典的效力，并实现对新社会现象的规制，各国不得不通过大量的司法判例去弥补民法典滞后的缺陷。而这种改造中最常用的手段就是援引宪法的基本价值与精神，如男女平等、夫妻平等等原则开始广泛影响欧洲各国的家庭法规范。"合宪性解释"也逐渐成为民法学方法中的重要理论。借助宪法的价值补充与规则监督，民法典由原来的封闭性系统重归法律体系之中。

至此，国家由"守夜人"转变为"福利提供者"，宪法权利由单纯强调对国家权力的限制，开始转变为与对公民基本权利保护相结合的权利。这种保护是抽象意义上的，即要求立法机关根据宪法把基本权利具体化以指导司法实务。〔2〕这也就意味着，将某种权利界定为宪法权利并不代表其不再是民法权利，而仅是通过宪法的价值宣告与排序，表明该项权利比其他未被宪法确定的权利享受更加绝对的保护，要对它们进行限制和剥夺，

---

〔1〕 薛军："私法立宪主义论"，载薛军：《批判民法学的理论建构》，北京大学出版社2012年版，第76~77页。

〔2〕 参见曹治国："宪法权利与民事权利关系辨"，载《河北法学》2008年第5期，第81页。

必须符合更加严苛的条件。

因此，自 20 世纪中期开始，宪法就对私法领域产生了普遍影响。而宪法对人格权的规定并不能否定人格权的民事权利属性。相反，人格权作为民事权利深刻地影响着相关宪法权利的发展。以隐私权为例，肇始于民事领域的隐私权，直接被《美国联邦宪法第四修正案》采纳，跃升为一项宪法权利，并因此在世界范围内得到普遍关注。可以说，正是民事领域的人格权利类型的批次出现丰富了公民基本权利体系。"立宪主义意义上的宪法一开始就以一种屏障的雄姿，屹立于政治国家与市民社会之间，防御着公权力对私领域的可能入侵，为此也维护着公私法二元世界的平衡结构。"[1] 所以，宪法人格权与民法人格权并不是非此即彼的关系，二者相互渗透，共同发展。实际上，宪法是对人格权的第一次价值赋予，而民法是对人格权的第二次规范表达。

三、人格权之宪法权利限定的逻辑偏差

在宪法权利论者看来，人格权的地位高于民事权利，如果将其委身于民法之列，必将折损法律对人的全面保护。而只有将人格权规定于宪法之中，人格权才有广阔的发展前景。遗憾的是，这种观点明显存在以下几方面缺陷：

首先，法律文本的局限性决定了宪法不可能将人格权类型尽数列举。否定人格权民事权利性质的一个重要原因在于民事法律条款的严格的法定主义不能为发展的人格权提供周全的保护。且不说未来民法典完全可以通过一般人格权或一般条款的设置来解决这一矛盾。即便将人格权限定为宪法权利，宪法又能否为人格权保护提供无懈可击的屏障？众所周知，只要是人所制定的法律，出于人的有限理性的短板，都会存在不能穷尽列举的问题，"任何国家都不可能在宪法文本中将应当受到保障的基本权利尽数

---

〔1〕 林来梵、朱玉霞："错位与暗合——试论我国当下有关宪法与民法关系的四种思维倾向"，载《浙江社会科学》2007 年第 1 期，第 84 页。

列举"。〔1〕以我国现行宪法为例，对公民人格权的规定主要涉及人格尊严、人身自由、信仰自由等几类概括性权利，其作用更应是价值引导。而对于日常早已司空见惯的，最常用的身体权、隐私权、名誉权、信用权等均未有体现。同时，出于宪法根本法的宣誓作用，有关人格权的各项具体内容，诸如行使方式、法律效力、权利限制等规定都必须交由民事法律进行表达。只有这样才能实现对人格权的实在保护。因此，把所有人格权保护的希望都寄托于宪法的规定不仅不切实际，也非常危险。

其次，宪法权利与民法权利的性质差异决定了宪法不能调整平等主体间的人格权法律关系。尽管很多权利都能于宪法与民法款项中寻得熟悉的踪影，但这绝非表象上的画蛇添足，实际上二者之间存在相当大的区别，即二者的义务主体指向大相径庭。宪法权利的义务人是国家，目的是为了防止公权力的随意僭越；而民事权利的义务人是平等的民事主体，目的是强调个体权利的最大满足。以自由权为例，宪法上的自由权针对的是国家不得侵犯公民的自身自由。而民法上的自由权则着重强调平等主体之间的法律关系，主张私主体的身体和精神不受他人的不正当限制。因此，两种权利所对应的法律关系泾渭分明，即使名义上相同，也指代的是不同权利。这种差异意义非凡，它会导致很多宪法权利在实际生活中不具有可诉性，如宪法中虽规定了劳动权，公民却不可以要求国家为其提供一个工作岗位，仅可依据《劳动法》等相关法律法规就与相关单位产生的劳动纠纷进行仲裁或诉讼。〔2〕故而将人格权上升为宪法权利有华而不实的错觉——看似抬高了人格权的位阶，实际效果上却是降低了对人格权的保护程度。

最后，宪法适用性的不足，决定了宪法不能实现对人格权的完整保护。在论证人格权的宪法性时，学者们往往以德国"一般人格权"制度的良好运行为例证。然而这种观点忽视了德国与我国在宪法适用规定方面的

---

〔1〕 王广辉："论宪法未列举权利"，载《法商研究》2007 年第 5 期，第 60~67 页，转引自黄忠："人格权法独立成编的体系效应之辨识"，载《现代法学》2013 年第 1 期，第 46 页。

〔2〕 参见黄忠："人格权法独立成编的体系效应之辨识"，载《现代法学》2013 年第 1 期，第 46 页。

差异。作为一个具有高度原则性、开放性的权利，宪法权利的适用，必须具备一个具体的宪法实施机制。[1]而我国《宪法》第 67 条第（一）项将宪法解释的权利仅仅赋予了全国人民代表大会常务委员会。这在保证释宪工作严肃性、权威性的同时，也会衍生出宪法适用上的效率低下与程序冗繁。反观德国，其基本法规定了完善的宪法诉讼程序及宪法法院审判管辖权，宪法诉讼与民事诉讼、刑事诉讼、行政诉讼等共同构成了德国的诉讼法体系，具有适用上的便利性与优越性。

按照德国基本权利的双重属性理论，基本权利兼有"主观权利"与"客观法"的双重性质。主观面向上，公民得向司法机关主张权利受害的救济介入，其功能在于对抗国家以维系公民享有自由安宁的空间；客观面向上，基本权利构成了直接拘束行政、立法和司法的客观价值秩序（Wertordnung），也被视作终极的"善"，它统摄公私法在内的整个共同体的法秩序统一。《德国基本法》第 1 条第 1 款以最高法律的形式确立了"人格尊严"在宪法全部有机体中的基础性位置，第 3 款阐释了"人格尊严"统领下的基本权利群是约束公权力的首要法则，也就承认了基本权利的客观法律地位。司法实务上，德国联邦宪法法院对"吕特案"的判决真正确立起基本权利的客观法性质，"它（价值的客观秩序）是衡量立法、公共行政、司法领域的所有行动之准绳"。[2]该理论的核心价值在于，为基本权利的辐射效力理论铺就了支点。

在大部分学者看来，在我国现有的宪法体制之下，宪法的"间接效力"是解决宪法适用问题的最好方法。笔者也赞同这一观点，但必须指出的是，即便可以通过"间接效力"理论来调整民事关系，也不意味着宪法上所有的基本权利都可以被适用到民事领域中去。正如张千帆教授指出的："承认宪法的法律效力及其法律适用的必要性，并不意味着每一条宪

---

〔1〕　参见薛军："'民法－宪法'关系的演变与民法的转型——以欧洲近现代民法的发展轨迹为中心"，载薛军：《批判民法学的理论建构》，北京大学出版社 2012 年版，第 56 页。

〔2〕　张千帆、朱应平、魏晓阳：《比较宪法——案例与评析》（下册），中国人民大学出版社 2011 年版，第 835 页。

法规定都必须得到直接适用。"〔1〕宪法的"间接效力"理论在适用上是有着严格的限制的，因而很难在平等主体之间的私法关系方面发挥有效的作用。2008 年最高人民法院对"齐玉苓案"批复的废止，也显示出了我国对于宪法司法适用的审慎态度。因为基本权利的广泛射程看似是将未经私法确权的权益纳入宪法之中，但实际上存在对民事权利的过度承认之嫌，反而限制了人民的自由。同时，通过法官来解释援引宪法的间接适用也不符合司法经济的要求，民事法律的明确认定更能实现司法效率与公正的并举。因此，从我国目前的宪法适用情况审视，不应该将人格权限定为宪法权利，而应该通过民法对其进行具体化。毕竟，作为一项与私主体密切相关的权利，如果在民事法律中不见踪影，实在有违法律逻辑。

结　语

通过以上分析可以发现，将人格权限定为宪法权利，不仅存在逻辑上的错误，也存在适用上的困难。因此，在承认人格权为一项宪法权利的基础上，应该通过加强人格权的民事立法来实现对人格权的全面保护。正如上文所阐述的，宪法关于人格权的规定更多是宣示性的，仅是为民法的赋权行为提供宪法依据。只有通过民事立法才能使民事主体获得对抗其他平等的民事主体的权利，并建立系统的人格权保护规范，以此实现将宪法中原则性、抽象性、宣誓性的赋权转化为具体的、系统的、规范性的赋权。〔2〕可以说宪法人格权与民法人格权仅仅是人格权的两个面向，要完成人格权的全面保护，民事立法对人格权的确认必不可少。正如薛军教授曾经提到的："宪法是灯塔，指明方向，但是具体如何航行却是民法的技术性的工作，二者并不能相互替代。"〔3〕如果说，宪法的第一次赋权是为人格权的存在提供高位阶的授权依据，表明国家对人格权的人权属性的根本认同，

---

〔1〕　张千帆："论宪法的选择适用"，载《中外法学》2012 年第 5 期，第 89 页。

〔2〕　参见刘凯湘："人格权的宪法意义与民法表述"，载《社会科学战线》2012 年第 2 期，第 205 页。

〔3〕　薛军："人格权的两种基本理论模式与中国的人格权立法"，载陈小君等：《民法典结构设计比较研究》，法律出版社 2011 年版，第 118 页。

厘清公私权力（权利）不可逾越的红线，那么民法的二次赋权，实质上是宪法价值精神的传承及再造，即保持与宪法对人格权保护基本精神一脉相承的前提下，开展对各种人格权内容的丰富与深化。这里有两层意思：一是权利类型的扩张。显然，宪法机制内的人格权不可能面面俱到，事无巨细，它仅对诸如人格尊严、人身自由等关乎人的生存发展的基础性、根本性人格权加以指明，其他的类似生命权、健康权、名誉权、姓名权等都留待民法的发挥与塑造。归根结底，这种分工是宪法与民法性质地位的客观写照。二是权利的具体化，包括明确权利名称、权利客体、权利行使、权利效能、权利侵害种类以及救济方式等，这也是确保人格权从应然权利走向实然权利的过渡和跨越。

实际上，"人格权的宪法化"并非指代民法上的人格权变得如宪法上的人格权一样，而是强调人格权受到宪法的影响，且这种影响并不是规范层面上的，因为宪法权利本身更是一种价值的宣告与排序。所以，宪法对民法人格权的影响更多的是对其内在价值的影响。通过这种影响，可以实现宪法人格权对民法人格权的监督与补充，在保证人格权立法确定性的同时，完成对开放的人格权的动态保护。而这种影响的逻辑演绎结构为：以人格尊严为中心的客观价值秩序统领国家法律秩序综合体（大前提），民法（私法）范畴是国家法秩序整体的重要一环（小前提），基本权利的客观价值秩序通过私法中的概括性条款涵摄民法领域，从而在私人活动中产生法效力（结论）。

本章小结

肇始于罗马法的人格权制度，自诞生之日起便带着自然权利的光环。在自然法学的影响下，至今都存在拒绝在法律中对人格权进行规定，或应仅在宪法中进行规定的观点。然而通过研究可以发现，人格是一种理性信念，是根源层面的；而人格权是一种法律规范，是结果层面的。法定权利的存在虽以道德、利益、义务等各种观念为基础，但并非所有得到称许的道德方面的要求都能被认定为法定权利，并非每种权利都能得到法定权利的保护，也并非每一种义务都有特定的法定权利与其对应。[1]可见，尽管自然权利对法定权利有一定意义上的规定约束性，但法定权利在确认自然权利方面也非寄生性的一无是处、照单全收。同时，随着宪法与民法的关系由分裂走向融合，宪法对民事权利的影响日趋明显。但宪法权利毕竟是宣誓意义上的抽象性、原则性的规定，要实现对具体权利的保护，必须经由民法予以系统性、规范性的赋权。因此，要实现对人格权的全面恰当的保护，民事立法实属必然。

---

[1] 参见［英］戴维·M. 沃克：《牛津法律大辞典》，邓正来等译，光明日报出版社 1988 年版，第 774 页。

第三章
人格权的权利结构要素确认

研究人格权立法首先要搞清楚的就是人格权的权利结构要素。可以说，在以权利为中心的立法时代，人格权的权利结构要素就是人格权立法的中心轴。虽然对于权利结构要素目前学界仍存在三要素说与四要素说等多种观点的争论，[1]但通说认为，权利结构的要素包括主体、客体与内容。基于此种观点，本书着重从主体、客体与内容三个方面来探讨。

第一节　人格权主体的多元性

任何法律制度总是有意无意地仰赖一种法学理论，而任何法学理论又总是仰赖关于人的理论。[2]可以说，主体问题在法学领域中属于不容回避的理论要点之一。实在法上的权利主体形态多样，从历史的角度讲，不同的法律制度或体系塑造了不同的权利主体。从无机物到神灵，世界上所有的存在都可以被认定为主体。人、超自然人、[3]动物、[4]无生命物[5]及法人是迄今为止被法律认可过的五种主要权利主体。但近代以来，权利主

---

〔1〕　参见王涌："权利的结构"，载郑永流主编:《法哲学与法社会学论丛》（4），中国政法大学出版社 2001 年版，第 245 页。

〔2〕　See Iredell Jenkins, *Social Order and the Limits of Law: a Theoretical Essay*, Princeton University Press, 1980, p. 314.

〔3〕　指上帝、天使等超自然人。在古罗马，上帝为教堂的所有权人。中世纪时期的德国也把上帝和圣徒作为法律主体。参见［美］约翰·齐普曼·格雷："法律主体"，龙卫球译，载《清华法学》2002 年第 1 期，第 232 页。

〔4〕　印度把神牛当作权利主体。但这种观点备受质疑，因为对动物的保护实际上是对其主人的利益的保护。

〔5〕　美国联邦最高法院曾判定，船舶可以成为船舶碰撞案件的主体。参见［美］约翰·齐普曼·格雷："法律主体"，龙卫球译，载《清华法学》2002 年第 1 期，第 233 页。

体的范围逐渐限缩，自然人和以法人、非法人组织为代表的组织体成为民事法律关系最为重要的民事主体。

前文已述，人格一词肇始于罗马法，并经自然法思想的影响，被德国法改造为"权利能力"概念，成为确定民事主体资格的标准，实现了生物人与法律人的逻辑对接。虽然现代社会的深刻变化对人格"人之为人"的传统伦理价值观念产生了巨大的影响，但是人格与人格权并不是同一个概念。而且无论人的伦理价值可否外化，法律人格都是人格权享有的前提，人格在立法上被工具化的程度，还是人格权存在的正当性基础。人格权是利用人格这一主体资格所获得的法律结果。[1]从人格权保护主体成为一个真正的、完整的"人"的现实角度出发，只有在具备了权利能力的前提下，才能进一步探讨相关主体是否具有人格权保护的伦理需求，判断是否享有人格权。因此，研究人格权的权利主体的基本思路为：是否具备权利能力→是否具备人格权保护的伦理需求。

一、组织体人格权主体地位证成

人格权，作为主体为维护其人格尊严和人格自由而享有的基于自身的权利，具有精神世界与尊严追求的自然人当然是人格权的权利主体。然而在民事主体结构中，法人及其他组织这类组织体的地位不容忽视。虽然我国《民法总则》及三个审议稿都将法人及其他组织列为人格权主体，但这种规定的合理性一直被很多学者质疑。

（一）国内外立法及判例对组织体人格权主体地位的承认

从国外的立法经验看，关于组织体人格权的规定，可以追溯至1907年的《瑞士民法典》，该法典第53条规定"法人能享受一切权利……但如性别、年龄或亲属关系等，并以人类之天然性质为前提者，不在此限。"同时，第27条第1款规定了法人不得放弃其权利能力。[2]在此影响下，

---

〔1〕 参见解维克："人格与人格权关系重拾"，载《江苏社会科学》2014年第4期，第121页。

〔2〕 实际上，瑞士学说将人格权分为物质方面、精神方面和社会方面三种。而法人享有社会方面的人格权。参见［瑞］贝蒂娜·许莉蔓-高朴、狄安娜·奥斯瓦尔德："瑞士民法上的人格权保护"，金可可译，载《东方法学》2013年第3期，第123页。

1978 年新修的《匈牙利民法典》专设一章共计 10 条规定了人格权，并表示"这里的新规定，是对人格权的保护规定，也必须适用于法人"。[1]德国联邦最高法院也通过"卡雷拉案"（1981 年）正式明确了组织体享有一般人格权，[2]即"不仅自然人，而且组织体只要根据它的本质可以适用一般人格权……它们也可以要求人格的保护"。[3]日本法则通过"非财产损害"的方式替换了传统的"精神损害"，承认对组织体人格权的保护。[4]

我国目前对于组织体人格权的规定散见于《民法总则》《民法通则》及《最高人民法院关于审理名誉权案件若干问题的解释》。《民法总则》第五章第 110 条第 2 款规定，法人、非法人组织享有名称权、名誉权、荣誉权等权利。《民法通则》第五章第四节关于"人身权"的规定为，法人享有名称权、名誉权和荣誉权；《最高人民法院关于贯彻执行〈中华人民共和国民法通则〉若干问题的意见（试行）》第 140 条第 2 款也规定了"以书面、口头等形式诋毁、诽谤法人名誉，给法人造成损害的，应当认定为侵害法人名誉权的行为"。同时《最高人民法院关于审理名誉权案件若干问题的解释》（1998 年）第 9 问规定新闻单位对生产者、经营者和销售者的产品质量或服务质量的批评、评论，主要内容失实的，应当承担侵害名誉权的责任；在此基础上，2002 年公布的《中华人民共和国民法典（草案）》对法人的人格权进行了进一步扩充。在第四编"人格权法"部分，详细规定了法人享有一般人格权、名称权、名誉权、荣誉权及信用权。例如，上海法院关于"奇虎诉每日经济新闻案"作出的高达 150 万元的名誉权损害赔偿判决也体现了我国司法对法人人格权的重视。[5]

总的说来，承认组织体享有人格权在世界范围内来看已经有至少半个

---

〔1〕　参见黄黎玲："法人人格权确立的法律背景分析"，载《湖南农业大学学报（社会科学版）》2010 年第 5 期，第 71 页。

〔2〕　参见沈建峰："德国法上的法人一般人格权制度及其反思"，载《政治与法律》2012 年第 1 期，第 127 页。

〔3〕　See BGH, Carrera, Rennsport- Gemeinschaft, BGHZ 81, pp. 75~82.

〔4〕　在昭和 39 年（1964 年）的一起关于法人名誉权的侵害案件中，法院判定法人受到了"无形损害"，应由被告支付抚慰金。

〔5〕　具体案情参见严耿斌："新闻媒体的侮辱性评论构成侵犯名誉权"，载《人民司法》2015 年第 16 期，第 5 页。

世纪的历史，若要推翻这种已经成为定论的理论与实践，不进行细致的理论分析显然难以让人信服。[1]

（二）突破组织体享有人格权的第一重障碍——组织体的本质

虽然国内外立法经验与实践都表现出了承认组织体尤其是法人具有人格权的趋势，但我国仍有部分学者认为组织体不应成为人格权的主体。在反对者看来，法人、其他组织作为组织体，自然不能具备生命、身体、健康等物质性的人格利益，而名称、名誉及信用等利益都是直接以财产为内容的，并不具有人格权的精神利益。[2]同时，组织体的人格不过是对自然人人格的模仿，仅是一种法律上的技术概念，完全不具有自然人的自由、尊严等伦理价值。组织体人格的建立，就是以财产为基础的，抛却财产利益，组织体人格将变得毫无意义。[3]因此，组织体当然不能成为人格权的主体。

由此可见，组织体能否成为人格权主体的关键要素在于组织体的本质，从而探讨组织体是否可以脱离自然人而独立存在。

与人格概念的诞生时间相近，一般认为组织体制度肇始于罗马法中的团体。随着商品经济的发展，12世纪的意大利出现了具有自己的代表机关与独立财产的股份公司，以此为基点，这种经济实体开始普遍在资本主义国家存在并发挥重要作用。但是，就像罗马法开始并不把所有人都承认为法律上的"人"一样，组织体的承认在法律上也非常滞后。加之文艺复兴与启蒙运动之后，资本主义统治者对教会等团体势力复辟的担忧，直到《德国民法典》才正式承认了组织体的主体地位。《德国民法典》通过对组织体成立、登记、组织机关及破产的详细规定，赋予了团体以法律人格，创造了一个与自然人一样享有权利能力的法律主体，也引起了关于组织体

---

〔1〕 参见薛军："法人人格权的基本理论问题探析"，载陈小君等：《民法典结构设计比较研究》，法律出版社2011年版，第133页。

〔2〕 参见钟瑞栋："'法人人格权'之否认——兼评我国《民法》草案关于'法人人格权'的相关规定"，载《厦门大学法律评论》2004年第2期，第215~216页。

〔3〕 参见黄文熙："浅论自然人人格权及法人人格权的本质"，载《中国政法大学学报》2012年第5期，第124页。

本质的探讨。

关于组织体的本质，学界目前存在以下几种学说：

（1）否认说。该学说包括所有不承认组织体独立存在的学说，具体可以分为目的财产说、受益人主体说和管理主体说。目的财产说认为组织体的财产只可能服务于特定的目的，属于特定的个人。受益人主体说认为，组织体的真正主体是对法人的财产利益具有支配权的自然人。而管理主体说则认为，管理组织体财产的自然人，才是组织体制度的真正主体。[1]

（2）拟制说。该学说产生于罗马法时期，后以萨维尼为主要代表，是19世纪占主流地位的学说，对《德国民法典》的组织体制度产生了非常深远的影响。[2]萨维尼曾经指出，法律必须为维护内在于人之道德而存在。[3]因此，深受罗马法个人主义观念影响的法人拟制说认为，组织体并不具备与自然人一样的人格，其所享有的权利与承担的义务只是对自然人的一种拟制，即组织体仅因法律上的目的而被承认具有人格。任何一个组织体都不具有思想等精神利益，它的思想，只是控制该组织体的自然人的思想的表现。按照拟制说的观点可以得出的结论是：有且仅有人是法律上的人格。所谓的团体人格，仅是个人人格向团体的扩张。

（3）实在说。该观点的代表人物为德国法学家基尔克。与前两个观点不同的是，实在说将组织体看作一种客观存在的主体，认为"团体像自然人一样，也具有思维能力，能够认识精神性的文化发展规律"。[4]在这种学说之下，又可细分为有机体说与组织体说两种学说。我国《民法总则》实际上采用的就是组织体说，即组织体是作为一种社会团体而独立于社会生活中的。个人的意志并不能决定团体的意志，组织体的意志是由其内部的意志机关决定的。而有机体说的观点是组织体是社会的有机体，其本身

---

〔1〕　参见米镝、李宗明主编：《民法教程》，中国人民公安大学出版社2002年版，第56页。

〔2〕　参见黄文熙："浅论自然人人格权及法人人格权的本质"，载《中国政法大学学报》2012年第5期，第125页。

〔3〕　参见高艳丽："法人人格权之否定"，北京邮电大学2007年硕士学位论文，第25页。

〔4〕　参见马俊驹、余延满：《民法原论》（上），法律出版社1998年版，第141页。

即具有独立于个人的团体意志。

（4）社会作用说。以郑玉波为代表的我国台湾地区学者普遍采用社会作用说来认识组织体。他们认为，"组织体之取得人格与自然人同为法律所赋予，而其人格之根据，则在用于其社会的价值"。[1]正如王利明教授所提出的"社会组织在商品经济社会的实际作用，乃是它们在法律上的主体资格即法人的本质所在"。[2]

否认学说已经遭到学界和司法领域的普遍反对，在此不做过多探讨。而社会作用说也仅仅说明了法律赋予组织体人格地位的社会原因，实际上根本没有指出组织体的本质。因此，法人本质的争论主要集中于拟制说与实在说两个方面。如果仅从学说发展的角度审视，从萨维尼到布林兹、霍达再到基尔克，时代的变化显示了对组织体本质认识的逐步推进。从拟制到实在，虽然至今还存在争论，但从各国立法中可以看出，大陆法系绝大部分国家支持实在说。[3]且笔者也更赞同实在说。原因在于：

首先，从组织体本质学说产生的社会背景出发。组织体制度的发展性，要求关于本质问题的回答要在组织体制度的创立和发展中来找寻。[4]从根本上说，组织体本质论争是国家现代化以及社会结构变迁在法学上的体现。因为，在古罗马时代就已存在组织体，但组织体的本质并未成为法学家们关注的重点。而随着国与家、公权与私权的彻底分立，组织体的本质才被提上探讨议程。在拟制说产生的时代，思想家们普遍将增强国家的权力作为保障个人自由的唯一途径。霍布斯的社会契约论认为，只有国家才享有唯一的集体人格，而其他社会团体的存在则会有损公意。[5]黑格尔也对市民团体给予了道德上的低评价。[6]在这样以私法理论形式默认甚至

---

〔1〕 李宜琛：《民法总则》，正中书局1977年版，第106页。

〔2〕 王利明、郭明瑞、方流芳：《民法新论》（上），中国政法大学出版社1988年版，第226页。

〔3〕 参见黄文熙："浅论自然人人格权及法人人格权的本质"，载《中国政法大学学报》2012年第5期，第125页。

〔4〕 参见黄忠："法人本质理论及其制度构建的关联分析"，载《甘肃政法学院学报》2009年第3期，第149页。

〔5〕 参见 ［法］卢梭：《社会契约论》，何兆武译，商务印书馆1980年版，第39~40页。

〔6〕 参见 ［美］乔治·霍兰·萨拜因：《政治学说史》（下册），［美］托马斯·兰敦·索尔森修订，刘山等译，南木校，商务印书馆1986年版，第729页。

辩护了国家威权主义特许制度的时代背景下，萨维尼借用了康德的个人主义伦理哲学，坚持认为组织体的本质是一种拟制。将人作为一种先验的存在，即认为在法律产生之前，法律上的概念必定包含着一个先于法律的实体。而组织体是法律与政策所赋予的。实际上，这种观点是在宏观上肯定了国家集权主义。因此，拟制说实际上带着浓重的政治旨趣。正如法国学者萨莱耶斯认为的，拟制说不是私法理论，而是伪装在私法概念下的公法理论。[1]

随着19世纪末开始日趋活跃的社团活动，越来越多的社团成了社会关系的主体，这实际上意味着法律政策扼制的破产。[2]大量社会中间团体如工会的崛起，使得各资本主义国家改变了过去仇视团体的社会观念。国家对社团的政策也由集权主义的监控，转为普遍承认其合法地位。在这种社会背景下，奥地利学者凯尔森提出，并不存在先于法律存在的人，法律人格是由法律创造的，即使是自然人，其本质也是一种"法人"。[3]生物人与自然人之间的关系并不比生物人和技术意义上的法人之间的关系来得更密切。因此，实在说，才是法律人格创制的应有之义。

其次，虽然拟制说认识到了自然人与组织体的区别，建立了开放的民事主体结构，但它实际上仅是从价值和作用的角度来认识组织体的，是纯粹生物学的研究方法。且否认将团体与团体成员的行为相互独立，与当今社会的经济发展极其不符，存在个人主义的倾向。同时值得注意的是，拟制说是建立在康德理性人理论基础之上，并经黑格尔将伦理人的意志自由上升到了理性的核心位置。按照这种观点，只有具有理性的自然人才能成为法律的主体。由此可以得出的是：法律上的所有人都是被拟制为"理性"的。这显然与人的有限理性理论相悖。[4]

最后，实在说并未妨碍国家对组织体的管理。否定实在说的一个主要

---

〔1〕 参见仲崇玉："法人人格学说研究"，西南政法大学2006年博士学位论文，第59页。

〔2〕 ［德］迪特尔·梅迪库斯：《德国民法总论》，邵建东译，法律出版社2000年版，第854页。

〔3〕 参见［奥］凯尔森：《法与国家的一般理论》，沈宗灵译，中国大百科全书出版社1996年版，第109页。

〔4〕 参见尹志强："法人人格权的理论解读"，载《山东审判》2015年第3期，第33页。

原因是采实在说，将组织体认定为具有与自然人相同的法律地位，会弱化国家对组织体的管理。实际上，组织体说坚持了法人由国家认定的观点，与认为应当由国家控制人民结社自由的拟制说有不谋而合之处。国家在准则主义或核准主义下对组织体的法定化管理并未得到弱化。

因此，对于组织体的本质应坚持法人实在说，以此来正确认识团体在社会中的作用以及团体与个人的区别，确认组织体拥有独立的意志。虽然有学者提出，法人实在说极端地把团体与组成团体的个体之间的关系割裂了。[1]但实际上，个体的价值正是依托于团体的独立存在才得以实现的。[2]

（三）突破组织体享有人格权的第二重障碍——组织体的非经济性功能

在否定组织体具有人格权主体地位的学者看来，组织体的产生和发展仅是为了追求财产利益。这种观点带着浓厚的经济功利主义意味。如我国学者在研究组织体时，会不自觉地用商事组织体来统摄所有组织体，形成组织体就是公司的印象。但实际上，公司的出现仅是为组织体增添了功利色彩，而不是公司的出现促成了组织体制度。必须强调的是，经济性的组织体并非组织体的全部，无论是历史还是现在，组织体的非经济性功能都是无法否认的。[3]

一方面，罗马法上的组织体起源于公法，是为了规制国家、政府或公共团体的活动。而社会中最常见的也是追求宗教、社会或慈善目的的非营利性质社团。对于这些社团，公益性的联合活动和政治性的地位才是最重要的，财产能力要求则处于次要的地位。可见，组织体制度最初是为了保障公共利益而设置的。

另一方面，随着社会的发展，组织体已经成为一种重要的社会治理主

---

[1] 参见薛军："法人人格权理论的展开"，载《上海财经大学学报》2011年第6期，第28页。

[2] 参见冉克平："人格与人格权基本问题研究"，载《厦门大学法律评论》2006年第2期，第96页。

[3] 参见蒋学跃："法人概念的历史流变及匡正——历史和功能的视角"，载《浙江学刊》2009年第5期，第159页。

体。组织体的存在本身就是社会交往功能的一种体现。组织体的形成与组织体的利益交换构成，势必要参与到社会化的过程中去。这种参与，使得组织体获得了比自然人更为优越的资源优势，以此可以实现其在社会运动及政治运动中的作用。[1]在这种背景下，组织体已经不再是单纯追求财产利益的团体，也需要追求社会和政治效应，已经具备了明显的公共性特征，甚至成为社会治理中不可或缺的一个环节。多种公益法人、财团法人的涌现，实际上更加推动了个体权利的发展与保障。组织体已经成为社会不可或缺的"工具"，具备了自身的价值。[2]

因此，当代社会中的组织体，除了财产利益外，也会存在非财产利益的损失。而随着组织体主体地位的提高，一些国家和地区已经开始肯定组织体尤其是法人具有非财产损害赔偿请求权。如日本的判例就承认法人在遭受非财产损害后，也应当享有不同于慰藉费的损害赔偿请求权。因此，不论是立法还是司法，组织体人格权的承认都已成为世界范围内的一大趋势。[3]而片面将组织体与公司等同的认识，实际上反映了我国社会团体发育的落后与公民自组织能力的低下。这更需要我们通过人格权立法来改善国人对组织体的认知。

（四）突破组织体享有人格权的第三重障碍——"人格尊严"再认识

否认法人享有人格权的最重要一个理由是组织体不具有人的伦理价值。诚然，在古典自然法中，自然人得以成为法律主体的根本依据就是人具有以意志为基础的理性。但自德国创设了"权利能力"概念以来，人的伦理属性即由伦理基础向技术基础转化。组织体之所以可以获得法律人格就是因为其实际上负载了自然人的特定意愿，而又在社会生活中具有类似于自然人的独立意志。正如卡尔·拉伦茨所指出的："每个人（包括法人）具有权利能力，就是因为他在本质上是一个伦理意义上的人。"而前文论证的实在说中的有机体说，更强调了组织体作为自然人的人格延伸团体而

---

〔1〕　参见李高雅："法人基本权利问题研究"，武汉大学2012年博士学位论文，第21页。

〔2〕　参见马俊驹：《人格和人格权理论讲稿》，法律出版社2009年版，第148页。

〔3〕　参见冉克平："人格与人格权基本问题研究"，载《厦门大学法律评论》2006年第2期，第97页。

当然具有伦理意义。[1]

传统观点认为，尊严规定了人的本质，只有自然人才具备尊严。但实际上，对人的尊严的理解应从更广泛的层面探讨。人的尊严表现的是人的内在价值，是人的伦理意识和道德自我决定的反映。[2]这种伦理意义上的人的尊严本质在于人可以按照道德规则实现自我决定的能力。而从社会层面看，应该上升为人可以按照法律规则实现自我决定的能力。也正是这种自我决定的能力使得人可以成为法律的主体。那么从这一角度观察就会发现，人的尊严实际上应包括两个方面，即伦理尊严和社会尊严。曾有学者提出，人的价值并不应限于伦理的、精神的以及物理的基础，更应是一种社会基础。[3]因此，虽然基于生命和灵魂的尊严组织体并不能拥有，但社会伦理的内容却可以反映组织体的价值。这种社会伦理表现为组织体所具有的文化、理念等社会属性，在这一范围内，组织体得依照自己的决定去参加社会文化、政治与经济行为。可以说，在社会价值层面上，组织体所拥有的人格尊严与人格发展是与自然人相当的。[4]

在明确了组织体独立于自然人存在的基础上，认为组织体仅是人的伦理价值承担者"资格"的观点不攻自破。实际上，保护法人的权利，从第一层面看是保护社会团体的发展，维护其目的和功能的实现；从第二层面，还是为了保护作为个体的自然人。因为，组织体的伦理价值与内部成员的伦理价值并不对立。从法律技术的角度讲，虽然组织体本身并无感知精神利益受损的心理机制，但是，对组织体的诽谤等侵权行为，实际上对其内部所有个体的精神利益造成了损害。但这种损害并不是针对其内在个体的，而是以作为组织体的成员资格而遭受的。因此，组织体的精神利益

---

〔1〕 参见徐振增："理论内涵与规范功能——民法典法人定义之解析与建议"，载《甘肃政法学院学报》2006年第5期，第53页。

〔2〕 See Nipperdey, Die Wurde des Menschen, In Neumann/Niepperdey/Scheuner, Die Grundrechte, Handbuch der Theorie und Praxis der Grundrechte, Zweiter Band, Die Freiheitsrechte in Deutschland, Berlin, 1954, p. 1.

〔3〕 See Behrendt Richard F., Menschenwurdeals Problem der sozialenWirklichkeit, in Die Wurde des Menschen Ⅱ, Untersuchungenzu Artikel 1 des Grundgesetzes fur die Bundesrepublik Deutschland, Hannover, 1967, pp. 12~13.

〔4〕 参见刘召成：《准人格研究》，法律出版社2012年版，第79页。

损毁，实际上是组织体成员的总括性的人格利益损害。[1]

虽然我们承认了组织体具有人格权，但还需注意的是，自然人和组织体在形成机制与生理构成方面确实存在差异。因此，组织体享有的人格权需要在一定程度上受到限制。正如上文提到的，组织体不具有生命、健康、身体等物质性人格权，那么是否具备其他人格权呢？通观国内外立法就会发现，各国对组织体人格权的类型都规定为专属于自然人的人格权，组织体不得享有。从目前的立法与研究情况看，组织体应拥有名称、名誉、荣誉等人格权利。最后还需明确的是，部分学者反对组织体享有人格权的原因是我国将机关法人认定为法人类型，如果赋予机关法人人格权，会造成国家对个人自由的侵蚀。这种考虑虽然必要，但笔者认为，这种忧虑完全可以通过人格权的限制条款加以解决，不能因噎废食。虽然机关法人依特殊程序与法令成立，但其仍会以私法上的身份从事民事活动，从而存在受到民事侵害的危险。因此，不能把机关法人排除在外。

（五）"不具组织性的多数人"的人格权主体地位否认

现实生活中由于偶然事件（如游行、集会）或婚姻家庭关系等形成的，临时性的不具组织机构的团体的人格权诉讼也时有发生。有学者将这种团体形式称为"不具组织性的多数人"。[2]研究各国判例可以发现，由于这种组织形式并不具有组织结构，且不具有权利能力，均不被认可为享有人格权。如日本"幸福的科学信徒诉讼案"：日本讲谈社于1991年发行的《周刊星期五》《周刊现代》等刊物中刊登了指责和中伤"幸福的科学"及其领导人的报道。对此，"幸福的科学"信徒认为这种诽谤侵害了皈依于领袖的信徒们的人格权，并在各地发起了要求讲谈社及相关人员进行损害赔偿的诉讼。在"大阪诉讼案"中，日本法院认为个人的信仰生活因第三者遭到具体的侵害的，构成侵权行为。该案虽然给信徒带来了一定的心灵影响，但并不能说直接损害了具体个人的精神活动及其他宗教行为，也不能说侵害了情感以外的内心的信仰生活的安稳。因此，判决"不能直接

---

〔1〕　参见马俊驹：《人格和人格权理论讲稿》，法律出版社2009年版，第149页。

〔2〕　See Brandel, Trages des Personlichkeitsrechts, in Handbuch des Personlichkeits-rechts, p. 593, 626f.

将这些认定为权利和法律利益"。对于该组织中的个人能否主张人格权受侵害，应根据行为人的行为是否具有特指性、该组织范围的大小、内部成员的流动性、该个人与该组织的关联程度等多种因素来判定行为人的行为是否能够直接对该个人的人格利益造成侵害。[1]

二、准人格者人格权主体地位否认

民法中的人格是经过法律技术构建的概念，是立法者制定的模型。具备完满人格者，仅限于从出生到死亡的自然人及经过登记的法人。但无论是自然人还是法人，都是一种社会性存在，其发展和消退并不因个体尚未出现或消失而戛然而止，实际上是一个循序渐进的过程。早在罗马法时期，立法者就认识到了胎儿利益保护的重要性并作出"关于胎儿的利益，视为已经出生"的规定。[2]而各国刑法也通过将盗窃及侮辱尸体罪入罪来保护死者的合法权益。因此，对于针对仅具有部分人格利益的人或组织的人格状态，近年来学界提出了一个新的定义"准人格"，并将准人格的特征概括为欠缺规范化的意志能力，具有部分人格要素，权利能力并未得到法律的规定，具有开放性，以及是人格权法保护的对象。[3]根据这一定义，目前符合其特征的有胎儿、死者、设立中的法人。[4]

---

〔1〕 参见［日］五十岚清：《人格权法》，［日］铃木贤、葛敏译，北京大学出版社 2009 年版，第 184 页。此外，德国法上还有著名的"军人是（潜在）的谋杀者案"。德国联邦宪法法院认定各普通法院判决被告称军人是谋杀者构成侮辱罪违宪的，予以废弃，返回原法院。参见王泽鉴：《人格权法：法释义学、比较法、案例研究》，北京大学出版社 2013 年版，第 59 页。

〔2〕 参见周枏：《罗马法原论》（上册），商务印书馆 1994 年版，第 128 页。

〔3〕 参见刘召成：《准人格研究》，法律出版社 2012 年版，第 111~113 页。

〔4〕 虽然根据学者观点，合伙也应包括在准人格状态的范围中，但笔者认为，应将准人格状态限定为与自然人或法人密切相关的，产生或消亡过程中的状态，是未来可能具有完满权利能力或曾经具有完满权利能力的状态。而且如前所述，合伙目前在我国并不具有民事主体的地位，不论其设立、变更或者消灭，都不被认定为具备完满的权利能力。因此，不应将合伙归入准人格范围之中。此外，虽然关于设立中的法人有人认为应从签订设立合同时起认定，但结合德国实际判例，签订设立合同仅是设立法人的前基础性阶段，在没有订立公司章程的前提下，这项行为仅具有基础性意义，不能代表法人进入设立状态。设立人只有在章程确定后，以设立中的法人的名义对外处理事务。因此，笔者认为应将设立中的法人的存续时间界定为从公司章程订立时起至公司登记活动完成之前。（如胎儿不一定会出生一样，设立中的法人也并未一定能完成设立登记，也可能设立失败。因此，应把设立中法人的终止时间界定为登记活动是否完成。）

按照《民法总则》第 13 条及第 59 条的规定，公民和法人的权利能力都是自出生（成立）时开始，至死亡（终止）时消灭的。因此，胎儿、死者与设立中的法人不能成为民事主体似无疑义。但是，现实生活中确实存在诸多在自然人、法人出生或创立之前以及死亡后遭受不法侵害的情形，生命、身体、姓名、名誉、名称等人格利益确实具有在这几个状态中受到侵害的可能。因此，诉诸何种法律技术来解决这个问题便受到了理论界的重视。虽然对于胎儿利益的保护存在总括保护主义、个别保护主义和绝对不保护主义之分，对于死者利益保护存在死者权利保护说、死者法益保护说、近亲属权利保护说和人格利益继承说之分，但这些观点争论实际上主要在于胎儿、设立中的法人与死者是否享有人格权主体地位，是否具备权利能力。

（一）"部分权利能力说"刍议

有学者为了解决这个问题，提出了部分权利能力的观点，即认为在具备与不具备权利能力之间，存在部分权利能力的状态，并引用域外对于一般权利能力与特别权利能力的区分作为论证依据。但笔者对这种观点存在一些质疑。

（1）关于一般权利能力与特别权利能力的区分。基于主体间是否平等地享有权利，部分学者认为应将权利能力划分为一般权利能力和特别权利能力。所谓特别权利能力，即只有特定条件的人得享有某项权利的资格。如亲属法和继承法上的权利只得为自然人享有，外交豁免权只得为外交官享有等。实质上，这种分类否认了权利能力的平等性，认为权利能力是有限制的。持这种观点的学者提出，民事主体的人格是平等的，但权利能力因受到限制而不平等。[1]虽然对于人格与权利能力的关系，有学者指出二者为宪法与私法的上下位概念，[2]或人格为主体的成立要件，权利能力为

---

〔1〕　参见柳经纬："权利能力的若干基本理论问题"，载《比较法研究》2008 年第 1 期，第88 页。

〔2〕　参见尹田："论人格权的本质——兼评我国民法草案关于人格权的规定"，载《法学研究》2003 年第 4 期，第 4 页。

主体享受权利的范畴，[1]但通过"人格"概念的发展与演化过程可以发现权利能力就是对人格的法律表达，权利能力这种新型的"人格"，只是外在结构看起来具有新颖性，其内在流淌的还是"人格血液"。[2]因此，目前我国学界的普遍观点是人格和权利能力的含义相同。从这个角度来看，上述学者将人格与权利能力置于不同地位的论证显然是值得商榷的。

以身份为人格的罗马法，造就了人的不平等。但随着时代的发展，自1794年《普鲁士普通邦法》最早提出私法意义上的"法律人格"开始，人格平等已经成为世界范围内的共同理念，1948年的《世界人权宣言》就已经宣称人格平等应当是不附加任何条件的。私法中的权利能力主要具备平等性、抽象性和完整性的特点。如果认为民事权利能力受到限制，则会造成理论上的诸多矛盾。

一方面，如果认为法人的权利能力受到限制，那么法人在其的目的外则不再具有权利能力，因此法人就不再被视为民事主体。但从国外立法可以审视，《日本民法典》第43条规定"法人权利义务范围"并非指"法人权利能力"，而《瑞士民法典》第53条也明示法人的权利能力不受目的范围的限制。另一方面，如果认为权利能力是受到限制的，那么权利能力就会沦为民事活动中主体的能量尺度，破坏了主体平等的私法原则。实际上权利能力更是一种抽象的平等地位，它通过赋予主体地位与权利能力来实现人格的平等，民事主体的具体权利实际上应为行为能力所包含的范畴。[3]

必须承认，现实生活中确实存在民事主体的权利受限问题。在否认权利能力受限的前提下，这样的问题该如何解释？事实上，这仅是权利能力与具体权利的区别。权利能力是法律赋予的民事主体享有的总体性的主体资格，是一个抽象的存在。它发挥了一个平台的作用，但凡放置于该平台

---

[1] 参见江平主编：《法人制度论》，中国政法大学出版社1994年版，第3~4页。

[2] 参见赵万忠："人格与权利能力的平等性辨析"，载《河南财经政法大学学报》2013年第3期，第104页。

[3] 参见梅夏鹰："民事权利能力、人格与人格权"，载《法律科学（西北政法大学学报）》1999年第1期，第58页。

之上的主体，都可以平等地享有权利。正如古代社会，只有少部分人被放置于这个平台，少部分人享有权利是一样的道理。但是，有资格去享有这些权利并不必然导致实际上享有这些权利。[1]与抽象的权利能力相比，权利是具体的。立法者要根据社会公共利益对每项权利进行设置。正如人一出生就具备了结婚的权利能力，但只有达到法定婚龄无法律禁止结婚的疾病后才享有缔结婚姻的权利一样，权利能力仅仅是具备一种资格，而并不意味着一定具备某项权利。而对于法人来说，虽然不同类型的法人所享有的权利类型是不同的，但正如不能因为人享有的权利不同而认定人是不平等的道理一样，不能因为法人所享有的权利的不同而认为法人之间的权利能力存在差异。自然人与法人的权利差异，实际上是由二者的自然属性导致的。法人作为一种由法律技术创造的人，当然不具有生命，因此与生命有关的身体、健康等权利法人均无法享有。正如《瑞士民法典》第53条所规定的"法人的权利能力等同于自然人"。因此，作为一项抽象的表征民事主体平等的获得权利的资格，将权利能力划分为一般权利能力与特别权利能力的观点目前看来，仍然存有争议。

（2）从权利能力的要素出发。根据权利能力的特征可以总结出，要具有权利能力，必须同时具备三方面的要素即客观的意志能力与自我发展能力、产生客观意志能力的物质基础及体现自我的多种社会存在。[2]推定准人格状态具有部分权利能力的依据便是胎儿、死者及设立中的法人缺少这三个要素中的一个或几个。但值得注意的是，由于这三项要素必须同时具备才能称之为具备权利能力。那么缺少要素只能认定为并不具备权利能力，或具备部分权利能力要素，而不应定义为具备部分权利能力。权利能力是民事主体享有权利与承担义务的一种资格，是一个抽象的整体性的概念，可以说一个人具备某些权利，但不能说一个人具备一部分的权利能力。

综上所述，准人格者并不具备权利能力，不能成为民事法律关系的主

---

〔1〕 参见赵万忠："人格与权利能力的平等性辨析"，载《河南财经政法大学学报》2013年第3期，第102~110页。

〔2〕 参见刘召成：《准人格研究》，法律出版社2012年版，第82~88页。

体，更不能被认定为人格权的主体。

（二）准人格者的人格利益保护

既然准人格者不享有权利能力，那么该如何保护他们的利益呢？笔者赞同人格利益延伸保护的观点。该观点认为，民事主体在其诞生前或消灭后，存在着与人格权利相联系的先期人格法益和延续法益。虽然与自然人的人格权利有所不同，但是维护这些人格法益对于维护该主体的法律人格具有重要意义。人格法益与人格权利相互衔接，构成自然人完整的人格利益。[1]基于这种观点，在民事主体产生或消亡的过程中，人格利益贯穿始终，胎儿、设立中的法人及死者作为民事主体的必要阶段而当然具有人格利益。但由于欠缺权利能力要素中的一个或几个，不能作为人格权的主体，只能作为人格权的预先或延伸保护。这与我国学界目前倡导的总括保护主义观点相契合。正如德国联邦最高法院在"医院输血梅毒传染案"的判决中所坚持的：生命法益具有与所有权等权利不同的特质。所有权在发生前不可能有受损害的问题，但生命所表现者，系生物之自体本质，法律应承认这种自然的效力，对人类自然成长的过程进行保护。[2]因此，准人格者的人格利益都是基于将来存在的民事主体或曾经存在的民事主体而享有的自身的人格利益，并不是亲属或继承人的人格利益。对于胎儿及设立中的法人的人格利益，在其出生或设立后，享有损害赔偿请求权，而对于死者的人格利益，应由其亲属代为行使权利。[3]

准人格者的人格利益保护范畴也是学界争论的热点之一。有学者提出，因为民事主体尚未出现或已经消失，准人格者的利益保护范围应该

---

〔1〕 参见杨立新主编：《中国人格权法立法报告》，知识产权出版社 2005 年版，第 491 页。

〔2〕 参见郑永宽：《人格权的价值与体系研究》，知识产权出版社 2008 年版，第 72 页。

〔3〕 有学者提出类似观点并结合我国台湾地区的"纯利益权利能力附停止条件说"，将其定义为"利益关联说"。即在承认准人格没有权利能力的前提下，承认准人格具有人格利益，但是这些人格利益因胎儿的死亡或设立中的法人的设立失败而丧失，以此将准人格状态界定为"权利主体地位待定者"，并从生物人、社会人、民法人的角度分析，权利能力的起点会随着科技的发展而发生变化，准人格状态有可能发展成为未来的民事主体。笔者对此予以认同。参见刘国涛："权利能力与未出生者法律地位"，载《适应市场机制的环境法制建设问题研究——2002 年中国环境资源法学研讨会论文集》（上册）2002 年 10 月 1 日。

是有限的。如胎儿的人格利益应仅限于健康利益等。事实上，胎儿的生命利益及名誉利益等人格利益的保护已经陆续被各国确认。如澳大利亚维多利亚议会上院决定把胚胎移入代孕母亲子宫的处理，就是对胎儿先期生命利益的保护。[1]而对于死者的人格利益，我国《最高人民法院关于确定民事侵权精神损害赔偿责任若干问题的解释》也给予了规定，包括死者的姓名、肖像、名誉、荣誉、隐私、遗体、遗骨等。同理，作为法人的预备状态，法人享有的人格权所对应的人格利益也应由设立中的法人享有。基于人格权的开放性与发展性，笔者赞同对准人格者的人格利益进行概括规定的观点。

（三）虚拟人格主体之否定

最后还应注意的是，虚拟人格也加入了人格权主体的探讨。有学者认为应将虚拟人格视为准人格者。[2]其基本观点为网络世界不同于现实世界，现实世界里的物质性人格利益无法延伸至网络世界，且网络世界的虚拟主体受数字化技术的干预，其标表性人格利益有真有假，因此，应与现实世界的民事主体相区分。虽然我国《侵权责任法》第 36 条规定了网络侵权责任，且通过《最高人民法院关于审理侵害信息网络传播权民事纠纷案件适用法律若干问题的规定》对网络侵权责任进行了细化。但关于虚拟人格的问题，立法并未作过多解释。笔者认为，虚拟人格不应被认定为准人格。因为，虽然虚拟人格诞生于网络世界这个特殊的领域，具有身份的隐秘性、交流行为的任意性等特征，但实际上，其只是现实人格以网络为载体的一种空间转化，所代表的仍是现实社会中的民事主体。虚拟人格的存在基于现实主体的存在，所谓的虚拟仅仅是网络世界对个人信息的数字性转化，所具有的意识形态仍为民事主体所控制。可以说"虚拟人格是虚拟的，但绝不是虚幻的"。[3]因此，对于虚拟主体的人格利益的侵犯，不

---

〔1〕　参见杨立新主编：《中国人格权法立法报告》，知识产权出版社 2005 年版，第 491 页。

〔2〕　参见张莉："人格权法中的'特殊主体'及其权益的特殊保护"，载《清华法学》2013年第 2 期，第 63 页。

〔3〕　池桂钦："论虚拟主体的法律人格"，载《哈尔滨师范大学社会科学学报》2013 年第 5 期，第 36 页。

应将权利主体认定为虚拟的，而应是其背后现实主体的人格利益受到了侵害。从这个角度来说，虚拟人格与胎儿、死者与设立中的法人在性质上并不一致，其指向的是实实在在的具有权利能力的民事主体，不应认定为单独的主体类型。

结语

法律就是一道"阀门"，其闭合的宽度与广度，直接影响着社会各项民事活动能否在既定的"河道"中平稳奔流。一旦准人格者等并未具有权利能力的主体纳入人格权主体的范畴，大开法律保护之门，必将引起社会纠纷的喷涌决堤。社会上以任何形式存在的主体，都可以越过人格的门槛，主张保护自己的人格利益，"人之为人"的人格权演化与立法初衷就变得名存实亡。所有民事主体忽视人格之前提，不加区分地享有人格权，着实荒唐可笑。因此，人格权的权利主体仅应限定为自然人和包含法人、其他组织的组织体，而胎儿、设立中的法人及死者则应作为准人格者，按照人格利益的延伸保护理论，对其所具有的人格利益进行保护。

第二节　人格权客体再证成

权利客体是私权的构成要素，是私权的载体，其特点是具有指向性及说明性。[1]人格权与其他权利最明显的差异就是其客体即权利指向的对象的区别。[2]因此，客体理论为人格权制度设计提供了重要的理论支撑。然而与物权、债权等客体已经达成普遍共识不同的是，人格权客体的争论至今没有停歇。

---

〔1〕　参见李建华、王琳琳、麻锐："民法典人格权客体立法设计的理论选择"，载《社会科学战线》2013年第11期，第158页。

〔2〕　参见马俊驹："人格与人格权立法模式探讨"，载《重庆大学学报（社会科学版）》2016年第1期，第187页。

一、权利客体的理论前提

（一）权利客体基本概念厘定

权利客体，诞生于《德国民法典》第90条关于"物"的规定。《德国民法典》在总则编第一章"人"之后，以"物"作为第二章的标题，被法学家们当然地认为是相对于"主体"的"客体"的一般规定，并因此引发了一场激烈的探讨。而这场探讨源于对单词 Gegenstände 的不同翻译。不同译者根据自己的法学认识，将 Gegenstände 分别翻译为物、[1]标的、[2]标的物[3]和客体[4]。虽然我国通说采"权利客体"的称谓，但是这种翻译上的区别，也间接导致学界对权利客体的定义产生了分歧。目前来看，我国民法学者对何为权利客体的争论主要形成了8种学说，即权利指向的对象说、[5]受权利主体支配者说、[6]权利效力对抗对象说、[7]义务主体说、[8]规范对象说、[9]建立基础说[10]和权利顺位说。[11]笔者无意评论诸观点的得失优劣，在此，仅采用目前学界比较公认的权利客体即权利所指向的对象之观点对人格权客体问题展开论述。

同时，还应明确的是权利客体的三个层次。按照卡尔·拉伦茨的观点，权利客体可以分为支配权或利用权的标的、主体通过法律行为予以处

---

〔1〕　参见上海社会科学院法学研究所译：《德意志联邦共和国民法典》，法律出版社1984年版，第19页。

〔2〕　参见陈卫佐译注：《德国民法典》，法律出版社2004年版，第24页。

〔3〕　参见黄立：《民法总则》，中国政法大学出版社2002年版，第163页。

〔4〕　参见赵文彶等译：《德国民法典》，五南图书出版社有限公司1993年版，第15页。

〔5〕　参见龙卫球：《民法总论》，中国法制出版社2001年版，第137页。

〔6〕　参见刘岸："私权客体的逻辑分析"，载郑永流主编：《法哲学与法社会学论丛2003》(6)，中国政法大学出版社2003年版，第90页。

〔7〕　参见胡长清：《中国民法总论》，中国政法大学出版社1997年版，第151页。

〔8〕　参见刘岸："私权客体的逻辑分析"，载郑永流主编：《法哲学与法社会学论丛2003》(6)，中国政法大学出版社2003年版，第90页。

〔9〕　参见王涌："权利的结构"，载郑永流主编：《法哲学与法社会学论丛》(4)，中国政法大学出版社2001年版，第285页。

〔10〕　参见张俊浩主编：《民法学原理》，中国政法大学出版社1997年版，第70页。

〔11〕　参见［德］卡尔·拉伦茨：《德国民法通论》，王晓晔等译，法律出版社2003年版，第377~378页。

分的标的和作为一个整体并且可以被一体处分的某种财产的权利三个层次。[1]这三个层次是逐渐递进的，前一个层次是后一个层次的基础，且在第三层次的基础上原则上还可以再继续细分。因此，第一层次的权利才是立法定分止争的结果，是原始取得的权利，而我们此处所研究的权利客体也仅限于第一层次的权利客体。[2]

（二）权利客体的基本构成条件

1. 权利客体的外部性

权利是法律为了保护主体的利益而赋予其基于自己的自由意志为或不为一定行为的可能性，分为内在要素和外在要素两个部分。[3]权利的内在要素是权利必不可少的要素，是法律上的资格和权利主体的自由意志。而权利的外在要素则包括权利的主体和客体。因此，从权利构成要素的角度来看，权利客体就是自由意志的外部表现形式。正如黑格尔曾经对权利客体的定义一样："人为了作为理念而存在，必须给它的自由以外部的领域……这个有别于意志的东西，即可以构成它的自由的领域的那个东西。"[4]因此，权利客体必须是权利的外部存在。这就决定了权利客体必须是有别于意志的一种外部性存在。

2. 权利客体的具体性

与此同时，权利客体必须是具体的。正如马克思所言，私权关系的形成，必须建立在具有对主体间的关系可以具体化的对象性事物之上。[5]如果从一般层面分析，权利的核心意义是主体的自由意志，那么相应地在一般层面上权利客体就是利益。[6]但是，正如主体的自由意志需要具体区分

---

[1] 参见［德］卡尔·拉伦茨：《德国民法通论》，王晓晔等译，法律出版社2003年版，第377~380页。

[2] 权利客体三层次的划分主要是为权利成为权利客体提供理论路径。参见刘德良："民法学上权利客体与权利对象的区分及其意义"，载《暨南学报（哲学社会科学版）》2014年第9期，第4页。

[3] 参见方新军："权利客体的概念及层次"，载《法学研究》2010年第2期，第42页。

[4] ［德］黑格尔：《法哲学原理》，范扬、张企泰译，商务印书馆1961年版，第50页。

[5] 参见李建华、王琳琳、麻锐："民法典人格权客体立法设计的理论选择"，载《社会科学战线》2013年第11期，第165页。

[6] 参见方新军："权利客体的概念及层次"，载《法学研究》2010年第2期，第48页。

以达到对权利的分类的目的一样，利益同样需要进行具体的区分才能实现权利的分类，否则所有的权利都可以被称为利益权。值得注意的是，近年来随着网络技术、基因技术等新技术的发展，越来越多的权利对象种类开始出现，传统的"物""行为"和"智力成果"的权利客体分类已经在这种形势下显得捉襟见肘，以我国筹备编纂民法典为契机，很多学者提出通过归纳具体民事法律关系客体的共性，抽象出一个统一的权利客体规定于民法总则部分。[1]并继而提出"利益是民事法律关系的统一客体"。[2]权利本身便是一种抽象的存在，要实现权利的分类，就必须对利益进行分类，而对利益的分类实际上就是对利益的具体化。因为一项权利只有通过被具体化的利益，才能变成确定的权利。而这种具体化，是否应该通过诸如权利的设定物、权利的有体化乃至行为等多种方式达成？虽然目前我国学界通说将物权、债权及知识产权的客体具体化为物、行为及智力成果等，但实际上这种具体化近年来已经开始受到很多学者的质疑。物、智力成果等客观实在，虽然对于物权、知识产权等财产形态进行了实在的归纳，但并不能反映财产的实质和内容。在法律上规定"一物"时，不是以物的自然形态或物理形态为出发点的，法律的规定与交易观念才是物权之所以存在的基础。[3]同时，物、行为、智力成果和有价证券等形态之间存在较大的性质差异，并不是一个层次的范畴，相互之间并不能找到什么共同质的规定性。[4]因此，虽然要求对利益进行具体化，但这种具体化并不是要求否定利益的客体地位，仅应通过"种差+利益属性"的模式来进行具体。过于追求权利的物质形态，并不能解决权利客体的具体化问题。如

---

〔1〕　由此引发了学界"多元客体论"与"一元客体论"的探讨。多元客体论即认为权利客体应该是具体的，多样性的。此为学界通说。而一元客体论则主张单纯的物或行为不能概括出民事法律关系的客体，而应该进一步抽象。参见佟柔主编：《民法原理》（修订本），法律出版社1987年版，第37页。

〔2〕　麻昌华、李明、刘引玲："论民法中的客体利益"，载《法商研究》1997年第2期，第54页。

〔3〕　参见孟勤国：《物权二元结构论——中国物权制度的理论重构》（第2版），人民法院出版社2004年版，第46~47页。

〔4〕　参见刘德良："民法学上权利客体与权利对象的区分及其意义"，载《暨南学报（哲学社会科学版）》2014年第9期，第4页。

果将具体的物质形态作为权利客体，只会导致性质不同的人格权和财产权客体存在重合的矛盾。因此，越来越多的学者提出，应将物权等权利客体认定为物上财产利益等。

通过以上的分析我们可以发现，要成为权利客体必须同时具备两个要素，即权利客体必须是一种具体的外部存在。

二、关于人格权客体的观点评述

在法律上，权利与利益一直是紧密相连的一对概念。从边沁的功利主义哲学将权利等同于利益以来，利益已经成了权利最基本的构成要素。[1]因此，"人格利益说"经过了长时间的发展后也成了我国民法学界的通说。据有关学者考证，人格利益说的称谓始于申政武先生在《论人格权及人格损害的赔偿》文章中提出的"人格利益是构成人格权的第一要素"。随后《中国民法教程》《人格权法新论》《人身权法论》等书籍的陆续出版，标志着"人格利益说"主流观点地位的形成。[2]而除"人格利益说"之外，我国学界对人格权客体的认识还存在"人格要素"、[3]"人的伦理价值"、[4]和"人格"[5]几种学说。[6]

人的伦理价值的可否外在化，是评价有关人格权客体的学说的前提。

---

〔1〕 参见姚辉：《人格权法论》，中国人民大学出版社 2011 年版，第 44 页。

〔2〕 参见郑晓剑："人格权客体理论的反思——驳'人格利益说'"，载《政治与法律》2011年第 3 期，第 103 页。

〔3〕 参见马骏驹："从人格利益到人格要素——人格权法律关系客体之界定"，载《河北法学》2006 年第 10 期，第 47 页。

〔4〕 参见马俊驹：《人格和人格权理论讲稿》，法律出版社 2009 年版，第 156 页。

〔5〕 参见胡平仁、梁晨："人的伦理价值与人的人格利益——人格权内涵的法哲学解读"，载《法律科学（西北政法大学学报）》2012 年第 4 期，第 18 页。

〔6〕 人格说内部分为两种观点，一种观点是："权利人本身"也是人格权客体的一种主张，但通过对"权利人本身"学说的论证进行研究就会发现，其主要观点是认为人格权的客体就是整体的人格，且该人格并非主体资格所强调的法律人格，而是作为整体存在的人。另一种观点是：人与人格是不同的，人格是作为人的主体要素的整体性结构，而不是人的本身。因此造就了"人格一元论"与"人格二元论"的分歧。但这两种观点都支持将人格视为人格权的权利客体。具体观点参见李永军主编：《民事权利体系研究》，中国政法大学出版社 2008 年版，第 113 页；郑永宽：《人格权的价值与体系研究》，知识产权出版社 2008 年版，第 106 页；张俊浩主编：《民法学原理》，中国政法大学出版社 1997 年版，第 133 页。

因为，人格权的客体必然是人的伦理价值的载体，伦理价值的存在形式决定了人格权客体的选择。从罗马法上的身份人格到德国法上决定主体资格的权利能力，"人格"概念在不同时代具有不同的内容。在很多学者看来，人的伦理价值是内在于人的，是建立在人的独立意志之上的。诚然，在自然法时代，基于对生命个体为人的理性及整个人类历史之存在前提的认识，民法的各项制度建立在伦理人格的价值之上。[1]但自《德国民法典》创造了"权利能力"概念以来，伦理人格就通过实在法完成了技术化的处理。正如前文关于人格权的法定权利属性中所论述的，人格是一种理性信念，是根源性的；而人格权是一种法律规范，是结果性的。在现代科技发展的影响下，各种新技术的出现，使得传统的伦理价值已经无法囊括人类生存和发展的必备要素。这一过程中，不仅出现了信用、个人信息等新的人格利益，既有的生命、身体等人格利益也因医疗技术的发展不断发生扩张，姓名、肖像等利益更是逐渐与主体发生分离。因此，当代人的伦理价值，更是一种社会属性的体现，反映的是人之本体向社会的扩张。故而，这一阶段的法律所调整的人格，既不是人的内在精神伦理，也不是在生命之路上已经发展的人的存在，而是人格的动态因素。这种因素，关注的是人格在发展过程中如何将自我展现于外，实现人格的客观化；关注的是人格以意志为动力，通过与外部世界的交流，获得自己人格特性的外在形态。[2]因此，在法制层面，法律规范所调整的只能是外在的价值，并不包括人格的内在价值也就是精神特质。人的伦理价值外在化是法律对人的伦理价值以权利进行保护的前提条件。[3]

（一）"人格说"的理论困境

"人格说"的支持者认为，人格是一个伦理概念，人格权的本质就是为了维护人的伦理价值，只有基于人格，才能促使人们对自身所蕴含的无限价值进行发现与认同。但实际上，"人格说"存在着不可调和的矛盾：

---

〔1〕 参见解维克："人格与人格权关系重拾"，载《江苏社会科学》2014年第4期，第119~120页。

〔2〕 参见刘召成：《准人格研究》，法律出版社2012年版，第47页。

〔3〕 参见马俊驹："论作为私法上权利的人格权"，载《法学》2005年第12期，第44页。

一方面，根据客体的基本原理，主体与客体是相互独立的。客体不能是主体本身。但"人格说"的支持者认为人格权的主体就是人格，而这种人格不是指人的身体的构成要素，而是人之所以为人的主体资格要素。按照这种观点，人格权的主体与客体就会发生混同。即使后来有学者指出应将人体组织、器官等人身的组成部分作为独立于人的客体，[1]但这仅是对人的组成部分的物化，并不是人的伦理价值的外化，不能解决"人格说"所造成的主客体混同的矛盾。

另一方面，正如我们前文所提到的，从法律技术的角度出发，权利客体必须是一个具体的外部存在。而"人格"却是概括性的，它既可以是人之为人的根本，又可以是人之为人的载体。其所展现的人的伦理属性，是人格权的价值追求，并不符合私权客体特定性的要求。[2]

事实上，从法律概念的角度出发，"人格"已普遍用于描述人的"主体资格"并与"民事权利能力"概念相等同。在这样的语义背景下，即使再证明人格或人身是可以独立于人的自身而存在的，也会存在导致法律用语混乱的危险。当我们提到"人格"时，还需要思考其所指为伦理人格、法律人格还是人格权客体。因此，即使"人格说"在理论上具有重大贡献，但仍然不应被采纳为人格权客体学说。

（二）"人的伦理价值说"的理论困境

"人的伦理价值说"实际上与"人格说"存在内涵上的重叠。因为作为主体资格含义的人格，就是人的伦理属性，体现的就是人的伦理价值。因此，采用"人的伦理价值说"本身就存在概念上的混乱。同时，正如前文所提到的，权利客体必须是一种客观存在，这种存在，既可以是真正的客观存在，也可以是由法律拟制的客观实在。而"人的伦理价值"的含义是抽象的，掺杂了过多的主观评价因素。人格权客体实际上应该是人的伦理价值产生的载体，是在伦理价值观驱动下被主体感知与作用的对象。因

---

〔1〕 参见胡平仁、梁晨："人的伦理价值与人的人格利益——人格权内涵的法哲学解读"，载《法律科学（西北政法大学学报）》2012年第4期，第19页。

〔2〕 参见李建华、王琳琳、麻锐："民法典人格权客体立法设计的理论选择"，载《社会科学战线》2013年第11期，第164页。

此，人的伦理价值与人格权客体，对于人格权来说，应该是一个为本质性的，一个为形式性的。二者应为不同层次的概念。

此外还应注意的是，虽然人格权源于人的伦理价值，但随着科技的发展，越来越多的权利所具备的伦理色彩正逐渐变淡。正像有的学者提出的："'伦理性'不是所有人格利益的必然属性，如肖像、声音等标识性人格要素，仅为中性的符号表征……而人格权商品化的趋势更是旨在'去伦理化'。"[1]虽然笔者对这种观点持保留意见，但其确实说明了伦理价值作为权利客体的局限性。因此，即使现在的人格权理论发展承认了人的伦理价值的外部化，人的伦理价值也应被看作人格权的发生基础，而不是人格权的客体。

（三）"人格要素说"的理论困境

与"人格""人的伦理价值"过于抽象及内部化所不同的是，"人格要素"从外表上看同时具备了外部化与具体化两个特征，因此，"人格要素说"是目前学界除"人格利益说"以外支持者最多的学说。

所谓"人格要素"，是指构成自然人的完整法律人格所不可或缺的基本要素。在支持者看来，"人格要素"既与人的伦理价值和社会整体价值体系密切相关，又能体现人的伦理价值的外部化，同时，其具体性也能解决人格的伦理抽象问题。在笔者看来，这种观点值得肯定。但是这里要明确的是利益与要素的关系。实际上，人格要素作为构成人的整体的必备要素，是一切人格利益所当然具备的要素。但并不表示所有的人格要素都一定相应地存在一个人格权，这里涉及了立法者的价值判断问题。[2]正如人格权的产生是法律对人的伦理价值的外在化技术性创造一样，人格权的客体，也必然是经过法律确认的人格要素。与人格利益相比，人格要素的范围更加广泛，既包括法律承认的要素，也包括法律不承认的，人类还未发现的人格要素；同时，人格要素也是更具体的，一项人格利益之内可能包括多项人格要素，如生命权所涉及的生命利益，其内还可能包含生命要

---

〔1〕　马特、袁雪石：《人格权法教程》，中国人民大学出版社2007年版，第135页。

〔2〕　参见方新军："权利客体的概念及层次"，载《法学研究》2010年第2期，第42页。

素、身体要素、健康要素等多项人格要素。因此，人格要素实际上是对人格利益的进一步具体化，其复杂与多样的程度不适合成为一项权利的客体。因此，与人格要素相比，人格利益才应称为人格权的客体。

（四）反"人格利益说"观点的谬误

在反对"人格利益说"的学者看来，其存在着"将人格权中内在于人的伦理价值完全切割出去的缺陷"。[1]实际上这是对"利益"这一法学概念的误解。与边沁的"功利主义"所不同的是，自耶林开始，就对无形利益开始重视。他跳出了实证主义的认识，认为法律应该保护无形利益，而人格权则以无形利益为对象。美浓部达吉在此基础上进一步阐述到："如将'利益'的概念，作最广泛的解释，不仅以现实的物质的福利为限，所有人类感情的满足，尤其于正义感情和尊重传统感情的满足等，都纳入利益意义之中，那么，法在这一意义之下，实不得不为人类的利益而存在者。"[2]因此，采"人格利益说"并不会导致对人的伦理价值的忽视。

混淆了权利的目的与结果也是反对"人格利益说"的重要理由。因为在部分学者看来，客体是行为作用的对象，而利益是行为的结果。因此，客体与利益是行为过程的不同环节，具体过程应为客体在前，利益在后。他们进一步指出，人格权的客体是人格利益，人格法益的客体也是人格利益，二者存在矛盾。[3]但实际上，正如债权人之利益不仅在于受领之结果，还在于其受领之结果可以通过债权得以实现，物权人之利益不仅在于物，还在于物权人享有物权的道理一样，利益本就应该既是目的也是手段，否则程序正义就失去了实际意义。[4]如果将利益看作一种结果，那么"利益+意思+法律之力"的权利本质就会遭到质疑，权利的概念是否也应该被修正？再从利益与法益的关系出发，虽然我国目前对法益的范围还没

---

〔1〕 胡平仁、梁晨："人的伦理价值与人的人格利益——人格权内涵的法哲学解读"，载《法律科学（西北政法大学学报）》2012年第4期，第17页。

〔2〕 ［日］美浓部达吉：《法之本质》，林纪东译，台湾商务印书馆1992年版，第39页。转引自姚辉：《人格权法论》，中国人民大学出版社2011年版，第44页。

〔3〕 参见李建华、王琳琳、麻锐："民法典人格权客体立法设计的理论选择"，载《社会科学战线》2013年第11期，第163页。

〔4〕 参见贾淼：《人格权益法研究（总论）》，中国政法大学出版社2014年版，第26页。

有形成统一的意见，但通说认为，狭义的法益即权利之外的受到法律保护的利益。狭义的法益与权利一同构成广义的法益，即权益。正如《民法通则》第5条所规定的民法保护的是"公民、法人的合法的民事权益"。因此，人格利益是包含在人格法益的范围内的，二者的区别仅在于是否得到法律的明确承认，但其受法律保护是毋庸置疑的。人格利益当然应该属于广义法益的范畴。[1]

因此，从权利客体的构成要素出发，"人格利益说"是目前较适合我国民事法律体系的人格权客体学说。"人格利益说"不仅可以直接反映当代人格权立基于人的伦理价值外化的特征，帮助人们认识人格权保护的目的与重要性；还可以通过其具体化、特定化的条件，实现不同类型人格权之间的分类，明确各权利的内容与特性，直观地指引规范的适用。[2]

第三节　人格权内容的丰富

在人格权权利结构领域，除权利主体以外，何为权利客体，何为权利内容似乎都是存有争议的问题。目前学界对于权利内容主要存在两种观点：一为权能，即权利的具体作用样态是权利的内容；[3]二为利益，即因享有权利而受到保护的利益是权利的内容。[4]这两种观点分别从权利的作用与权利的目的两个方面出发对权利的本质进行了阐释，无所谓对错。基于此，本书拟从这两个角度出发探讨人格权的内容。而在明确人格权的权能与所含利益之前必须明确一个问题，即人格权的可支配性。

一、人格权的可支配性

人格权的绝对权和专属权性质已经得到了学界的普遍承认，但对于人

---

〔1〕　参见姚辉：《人格权法论》，中国人民大学出版社2011年版，第46页。

〔2〕　参见李建华、王琳琳、麻锐："民法典人格权客体立法设计的理论选择"，载《社会科学战线》2013年第11期，第165页。

〔3〕　参见张俊浩主编：《民法学原理》，中国政法大学出版社1997年版，第75页。

〔4〕　参见谢怀栻："论民事权利体系"，载《法学研究》1996年第2期，第69页。

格权是否具有支配性，各界观点不一。我国绝大部分学者认为人格权具有支配属性，且其为人格权的重要属性；而否定者则认为法律设置人格权的根本目的是为了保障生命、健康等人之所以为人的伦理价值要素，并不是为了赋予自然人对人格利益进行支配的权利。[1]

人格权的支配性之争源于对人格权的不同认识。受康德"人的存在本身即目的……不能被当作手段和工具"[2]的传统哲学观念的影响，萨维尼坚持自然人不得对自身享有支配的权利，一旦承认这种权利，就会导致"自杀权"等反伦理道德权利的合法化。此外，卡尔·拉伦茨和福尔克尔·博伊廷等一部分德国学者都秉持人不能在自身设立支配权的观点。[3]他们坚决认为，人的各种存在形态，无论是姓名、名誉等社会性存在还是生命、身体等物质性存在，都只能被消极地尊重，而不能被决定或支配。这种思想也直接影响了《德国民法典》的编纂，以至于在很长一段时间内，德国民法学界并不承认人格权的存在。但随着社会观念的转变与经济的发展，越来越多的民法学者认识到了人格权的可支配性。如德国法学家的基尔克就认为，人格权就是主体对其人格领域的某一部分进行支配的权利。[4]实际上，为了顺应这种发展形势，德国实务界也通过创设一般人格权制度承认了人的自主与自我决定能力。质言之，一般人格权确立了个体对其人格领域的决定或支配能力。[5]

因此笔者认为，人格权具有可支配性。

第一，人格具有双重含义。在人格权权利主体部分我们已经提到，在实证法上，人格是一种权利能力，也是一种主体资格。保护人的主体地位

---

〔1〕 参见温世扬："人格权'支配'属性辨析"，载《法学》2013年第5期，第88页。

〔2〕 [德]康德：《实践理性批判》，邓晓芒译，杨祖陶校，人民出版社2003年版，第119页。

〔3〕 参见[德]卡尔·拉伦茨：《德国民法通论》，王晓晔等译，法律出版社2003年版，第261页；[德]福尔克尔·博伊廷："德国人格权法律保护问题及其最新发展"，欧阳芬译，载南京大学—哥廷根大学中德法学研究所编：《中德法学论坛2002》（第1辑），南京大学出版社2003年版，第89页。

〔4〕 参见杨代雄：《古典私权一般理论及其对民法体系构造的影响》，北京大学出版社2009年版，第170页。

〔5〕 参见刘召成："人格权主观权利地位的确立与立法选择"，载《法学》2013年第6期，第28页。

仅是人格权设立的法律目的，而为了实现这一法律目的，法律必须从保护人格权的客体出发。权利客体意义上的人格，实际上就是人格利益。在确定了人格权支配的并不是人自身而是人作为民事主体所享有的人格利益的基础上，反对人格权支配性的伦理道德障碍便变得没有意义。

第二，从支配权的本质出发，支配权的本质特征是自由，即对于权利客体得直接控制并排除他人不当干涉的自由。[1]这与人格权的设立初衷相一致。包括德国、日本及我国在内的很多国家都在判例或立法中承认了人的自我决定能力。如德国联邦最高法院认为权利主体对自己的姓名、肖像等人格利益都可以决定在何种情况下使用。而我国《民法总则》也赋予了权利主体对姓名的决定、使用和改变的广泛权能。因此，人格权的这些控制实际上就是支配权所具有的对物的直接控制并排除他人不当干涉的自由。

第三，从人格权的发展出发，《德国民法典》虽在立法之时没有承认人格权，但是为了适应司法实际需要，通过创设一般人格权制度，确定了对人格权的动态保护。在"读者来信案""录音案"的基础上，信件、话语等人格权载体被法律所确认。同时，对于生命、身体、健康等与人身不可分离的基础性人格部分，修订后的《德国民法典》第1901条和1904条也承认了病人对自己身体、健康的自我决定能力。[2]人格权的支配性实际上已经得到了法律的承认。

因此，虽然否定者的观点并无不妥，但是随着科技的进步与经济的发展，人对自身不可支配的社会环境已经发生变化，不论是根据私法创设人格权的宗旨还是权利主体对人格利益实现支配权的可能性角度出发，[3]人格权具有可支配性当属无疑。

二、人格权的权能

在明确了人格权的可支配性基础上，我国学界对于人格权的权能也有

---

〔1〕　参见郑永宽：《人格权的价值与体系研究》，知识产权出版社2008年版，第108~109页。

〔2〕　参见刘召成："人格权主观权利地位的确立与立法选择"，载《法学》2013年第6期，第27页。

〔3〕　参见温世扬："人格权'支配'属性辨析"，载《法学》2013年第5期，第88页。

不同的认识。杨立新教授将人格权的权能总结为控制权、利用权、有限转让权和有限处分权,[1]而马俊驹教授则认为应该概括为支配权能和请求权能。[2]笔者认为,二者并无太大差异,仅仅是具体与概括的关系。控制权、利用权、有限转让权和有限处分权都应属于支配权的范围之内。[3]结合学界已有的观点,笔者认为应参照马俊驹教授的观点将人格权的权能概括为享有权能、处分权能以及请求权能。

第一,享有权能。享有权能是人格权最重要的权能,是人格权其他权能的基础,是"事实支配"的一种。此处的享有权能,与物权中的占有、使用相类似,应该包括享有和利用两个方面的含义。这种享有的权能是对静态的人格利益的享有,即人格利益的享有无需借助人格中介就可以实现。

第二,处分权能。处分权能是权利主体通过事实行为或者法律行为对自己所享有的人格利益自行利用或抛弃的权能。需要注意的是,对人格权的抛弃应该是受到限制的。因为基于人格权对人的伦理价值的保护目的,只要人格权的主体存在,人格权就不得被抛弃。人可以暂时放弃自由,暂时放弃隐私,但绝不能将自由权与隐私权抛弃。[4]这是与立法所坚持的伦理道德相违背的。与此同时,还应注意到,除对自身的事实处分之外,人格权主体还可以基于某种法律关系将权利客体转让给他人,即"法律处分权能"。这种权能主要指的是人格权的商品化。这貌似与通说认为的人格权不可转让、不可继承的权利特征相矛盾。但实际上早在《德国民法典》第12条就规定了"姓名的可利用性"。而人格利益中所附着的财产利益近年来也逐渐显现。对于该权能的具体探讨,将在下一个部分展开。

第三,请求权能。请求权能是指在权利主体的人格权遭受侵害或存在

---

[1]　参见杨立新:《人格权法》,法律出版社2011年版,第65页。

[2]　参见马俊驹:《人格和人格权理论讲稿》,法律出版社2009年版,第161页。

[3]　也有学者认为人格权的权能主要包括三个方面:第一,权利人得在法定范围内为或不为一定行为;第二,权利人得在法定范围内要求义务人为或不为一定行为;第三,权利人在人格权有损害之虞或遭受损害时,得请求法律予以救济。参见李永军主编:《民事权利体系研究》,中国政法大学出版社2008年版,第116页。

[4]　参见马俊驹:《人格和人格权理论讲稿》,法律出版社2009年版,第161页。

受侵害之虞时得请求停止或排除妨害并要求损害赔偿的权利。这项权能是绝对权的必备权能。但目前为止，我国法律并未承认人格权请求权，而是通过损害赔偿请求权来予以保护的。实际上，二者的性质是不同的。人格权请求权侧重于"退出式"的责任，而损害赔偿请求权侧重于"割让式"的责任。因此，应当在我国的人格权立法中明确人格权的请求权。

在明确了人格权权能的基础上，还应该注意的是，作为维护人的伦理价值的一项绝对权、支配权，权利主体在行使自己的权利时，必须受到一定的限制。因为与所有权所不同的是，虽然人对自己的生命、身体、健康的人格要素具有当然的支配权能，但生命、自由作为人类社会的最高价值，对它们的处分往往会引起社会性的伦理道德冲击，如安乐死等。同时，不同主体间的自由由于边界模糊，也常常会产生各种冲突。因此，人格权的支配性在很多方面是受到限制的，与同为支配权的财产权的自由处分有所不同。[1]

三、人格权精神利益与财产利益的统一

（一）人格权中财产利益的发现

人与财产的相互独立即使在今天看来，也实属理所当然。但实际上人与财产的严格区分并非是历史传统，"自然人和其他（上帝）创造物之间的清晰区分以及仅仅使自然人拥有人的属性，已经是 15、16 世纪的事了"。[2] 及至启蒙运动，康德关于主客体关系的学说，正式开启了近代私法人格权的伦理范式。在康德看来，哲学中的人与现象应是分离的，人不能作为被认识的对象，人是主体，是最终目的，决不只当作工具来使用，因此造就了人与物的严格对立。虽然黑格尔对这种观点进行了批判，认为精神本身融于生活世界，人不仅可以占有自身，也可以"像拥有其他东西一样拥有我的生命和身体"，但由于其坚持"那些构成我的人格的最神秘的财富和我的自我意识的普遍本质的福利，或者更确切地说，实体性规

---

〔1〕 参见梁慧星：《民法总论》（第 2 版），法律出版社 2004 年版，第 113 页。
〔2〕 沈建峰：《一般人格权研究》，法律出版社 2012 年版，第 172 页。

定，是不可转让的"，[1] 财产利益仍然被排斥在人格权之外。而自民事权利被划分为人身权利与财产权利开始，人格权就被认定为保护人的精神利益而不涉及财产利益。

但实际上，人格利益与财产利益是很难被界分的。以德国为例，虽然"财产权和人法上权利的对立贯穿于整个《德国民法典》"，[2] 但对于以何种标准区分人格权益和财产权益，德国学界一直存在争论。对外扩张人的权利理论、[3] 金钱价值理论[4] 以及处分行为的客体理论，[5] 都被德国不同学者用来论证人格权与财产权的区别。如此多样的区分标准不仅说明了德国学界对人格权益与财产权益的不同认识，更说明了将人格利益与财产利益严格界分存在理论上的困难。随着对人格权精神损害赔偿金的确认以及 19 世纪末 20 世纪初广告业的发展，越来越多的名人肖像和姓名被广泛运用，人格权所蕴含的财产利益开始受到广泛关注，传统人格权理论被逐渐更新。

一方面，法律开始承认对人格权的非财产损害提供精神损害赔偿。与以往坚持人在身体、精神方面所受到的痛苦，无论如何也不是一种财产方面的损失，不得要求精神损失补偿或赔偿的观点不同，越来越多的国家开始承认人格权的精神损害赔偿。以德国为例，1958 年的"骑士案"首次运用《德国民法典》第 847 条有关侵害自由的规定，认定应对人的身体自由所遭受的侵害进行精神损害赔偿。在此基础上，德国联邦最高法院于 1959 年判决的"卡特琳娜案"以假定的许可使用费作为计算财产损失的标准，

---

〔1〕 ［德］黑格尔：《法哲学原理》，范扬、张企泰译，商务印书馆 1961 年版，第 73 页，转引自杨彪："不可让与性与人格权的政治经济学：一个新的解释框架"，载《法律科学（西北政法大学学报）》2015 年第 1 期，第 90 页。

〔2〕 See Sohm, Rudolf, Der Gegenstand, Duncker&Humblot, 1905, Leipzig, p. 23.

〔3〕 萨维尼认为作为财产权的债权和物权都是超越人的本质性整体的，对外扩张的人的权利。See Savigny, Friedrich Carl von: System des heutigenromischenRechts Band 1, Berlin, 1840, p. 340.

〔4〕 这一观点也源自萨维尼，即财产权就是具有经济价值的权利。See Windscheid, Theodor Kipp, Lehrbuch des Pandektenrechts, Band 1, 9 Auflage, VerlageLiterarescheAnstaltRutten und Loening, 1906, p. 178.

〔5〕 德国法学家索姆认为，财产权与人格权的最大不同在于财产权是处分行为的客体，而人格权不能通过处分行为建立。参见沈建峰：《一般人格权研究》，法律出版社 2012 年版，第 175 页。

进一步明确了精神损害赔偿相对于物质损害赔偿的独立地位。后又通过1961 年的"人参案"正式提出"在人格保护领域排除非物质损害赔偿将意味着对人的尊严和名誉伤害缺乏民事法律秩序中的制裁"。[1]我国于2001 年颁行的《最高人民法院关于确定民事侵权精神损害赔偿责任若干问题的解释》第 10 条也明确规定了对生命权、健康权、身体权等人格权造成损害应该承担精神损害赔偿责任。

另一方面，人格权中蕴含的可利用价值被进一步发掘。个人不仅可以自己对本人的人格权进行利用，也可以授权许可他人使用。自美国于 20 世纪 50 年代通过判例及理论研究确定了公开权在司法实践中的地位以来，人格权的商业价值开始受到全世界的普遍关注。德国民法学界也通过修正一般人格权制度，承认人格权所包含财产利益。在"保罗·达尔克案"中，德国联邦最高法院认定个人可以享有控制自己肖像权经济性利用的权利，且权利人享有"经济价值的专有权"，可以据此许可他人有偿使用其肖像权。至此，人格权的专属性与不可转让性理论开始发生转变。

虽然人格权的可让与性已经成为一种趋势，但是国内部分学者仍然坚持人格权不可让与。因为即使对人格权的精神损害赔偿确定了人格权蕴含财产利益，但是如果允许人格权中财产利益的转让，将使财产利益脱离权利主体的控制。而财产利益是人格的外在体现，即使转让，也直接代表着权利人自身的形象，具有可识别性。对其不当利用将会直接损害权利人的人格尊严。[2]但笔者认为，人格权的转让并不会导致人格权主体与人格利益的分离。因为人格权并不是传统意义上的"物"，这种转让属于"限制性让与"。[3]对于脱离人格权主体控制的担忧，完全可以通过签订合同来解决，即"如果被许可人要求转让该许可，他应该和第三人订立债权债务转让协议，而不是财产性人格利益转让协议，因为他并不是财产性人格利

〔1〕　沈建峰：《一般人格权研究》，法律出版社 2012 年版，第 181 页。

〔2〕　参见王叶刚："人格权中经济价值'可让与性'之反思——以人格尊严的保护为视角"，载《广东社会科学》2014 年第 2 期，第 163 页。

〔3〕　参见钟鸣："论人格权及其经济利益——以霍菲尔德权利分析理论为基础"，载王利明主编：《民法典·人格权法重大疑难问题研究》，中国法制出版社 2007 年版，第 207 页。

益的控制人"。[1]通过这样的限制，人格权主体就可以控制自己的人格利益转让，且这种转让会因为保护期间届满或合同期限届满而回归到人格权主体自身。同时，对人格权可让与性的承认虽然表面是为了实现个人经济利益的最大化，但最终目的还是为了维护人的个人尊严，促进个人更为全面的发展。因此，否认人格权的可让与性并不成立。

同时，目前国内学界一致认为，人格权中财产利益的发现，进一步证明了人格权与民事主体制度的可分离性。[2]

（二）人格权的商品化

对于人格权的可让与性，学界给予了不同的定义，"人格权的商品化""人格权的商业利用""人格利益的商业化"及"人格标识的商品化权"等概念应运而生。笔者认为，人格权中的财产利益不具有独立性，不应对其单独设权。同时，人格权本身并不能被商品化，只是人格权的客体被加以商业利用，因此将其界定为人格利益的商业化更为合理。但出于目前学界的应用习惯及论文论述的便利，下文采用"人格权的商品化"进行论述。

1. 人格权商品化的权利属性

对于人格权商品化的权利属性，学界还存在以下几种不同的观点：

（1）财产权。坚持这种观点的学者秉持民事权利人身权与财产权的二分法，认为只要是能满足主体某种物质需要的，都应被作为财产对待。姓名、肖像、声音等人格利益所具备的财产价值，实际上属于无形的财产，是一种人格的物化。因此，可以用来转让、继承的人格利益应属于财产权的客体。[3]

（2）知识产权。根据《建立世界知识产权组织公约》的规定，有学者提出应将人格权的商业化利用认定为"工业"领域中的"来自知识活动的

---

〔1〕 参见沈建峰："一般人格权财产性内容的承认、论证及其限度——基于对德国理论和实践的考察"，载《比较法研究》2013年第2期，第51页。

〔2〕 如黄忠："人格权法独立成编的体系效应之辨识"，载《现代法学》2013年第1期，第50页；曾凡昌："西方人格权发展的历史线索及其启示"，载《现代法学》2011年第2期，第60页，等等。

〔3〕 参见蓝蓝："人格与财产二元权利体系面临的困境与突破——以'人格商品化'为视角展开"，载《法律科学（西北政法大学学报）》2006年第3期，第50页。

权利",是知识产权的一种新类型。[1]

（3）人格权。笔者赞同将人格权商品化认定为人格权。因为人格权的商品化中所附着的财产利益，本质上还是基于人格利益的属性，是从人格利益派生出来的，其归根结底，还是为了保障人的尊严与个人自由，并未改变人格权的权利形态。实际上通过扩张人格权的某些权能即可解决人格权中的财产利益问题。[2]而美国学者珍妮·拉丁也提出，按照人格利益对人格完整的重要程度，可以被划分为核心人格与边缘人格。核心人格是人的内在之物，如生命、身体、健康等直接决定了人格的完整，因此，这些人格利益不可转让。而边缘人格是外在之物，是依靠外在赋予的人的伦理价值，如姓名、名称、肖像等，对人格完整的影响程度较低，因此可以转让。[3]而这些可以被转让的物本质上就是"人格财产"。[4]

2. 人格权商品化的保护模式

在明确了人格权商品化权利属性的基础上，加强对人格权中财产利益的法律保护就成了未来人格权立法必须考虑的问题。目前世界范围内对人格权商品化的保护主要有德国法的一元保护模式与美国法的二元保护模式两种。

（1）德国法的一元保护模式。所谓一元保护模式即以人格权体系为基础，认为人格权所包含的经济利益无法完全脱离人格权。前文已述，德国的一般人格权虽然开始承认侵害人格权的行为需要承担精神损害赔偿责任。但直到1999年的"Marinen Dietrich案"才正式确立了对人格权商品化的保护。德国联邦最高法院通过该案判决确认，一般人格权不仅保护人格权主体的精神利益，也保护其财产利益。在未经允许的情况下擅自利用人格权主体的姓名、肖像等人格利益进行商业化活动的，应当承担损害赔

---

[1] 参见刘春霖："商品化权论"，载《西北大学学报（哲学社会科学版）》1999年第4期，第54页。

[2] 参见王利明：《人格权法研究》（第2版），中国人民大学出版社2012年版，第242页。

[3] 参见杨彪："不可让与性与人格权的政治经济学：一个新的解释框架"，载《法律科学（西北政法大学学报）》2015年第1期，第90页。

[4] 珍妮·拉丁将财产划分为人格财产与可替代财产两类，而人格财产就是指那些可以被客体化的人格利益。See Margaret Jane Radin, "Property and Personhood", 34 *Stanford Law Review*, 1982, p. 34.

偿责任。[1]这种模式实际上是对部分人格权的内涵和效力进行了扩张，是通过判例对传统人格权理论的一种修正。在未改变原有法律体系的基础上实现了对人格权商品化的保护。

（2）美国法的二元模式。与德国法截然相反，美国法通过隐私权与公开权两项权利来实现对人格权商品化的保护。公开权，又称形象权，指公民对自己的姓名、肖像、角色、声音、姿态以及图像、卡通人物形象等因素所享有的进行商业利用和保护的权利。[2]虽然在早期的法院判决中，曾经有通过隐私权规定认定行为人需要承担精神损害赔偿责任并禁止对他人人格利益擅自进行商业化的先例。[3]但这种通过隐私权来间接保护财产价值的做法没有满足美国社会的实际需要。实际上，这种保护模式与美国特殊的人格权保护体系相关。因为在美国，并不存在由具体人格权类型构成的人格权体系，仅仅是通过隐私权来实现对人格利益的保护的。从法律功能的角度出发，美国的隐私权与德国的一般人格权极为相似。但与之不同的是，隐私权侧重的是人格权的精神利益，对于财产利益，尤其是基于公共利益受到限制的公众人物人格权中的财产利益的保护捉襟见肘。因为在隐私权受到损害的情况下，被侵权人只能要求侵权行为人承担精神损害赔偿责任，且单纯的商业利用也不会对被侵权人造成精神上的痛苦。[4]同时，隐私权的消极防御性也制约了个人对姓名、肖像等具有经济价值的人格利益的充分利用。基于此，美国通过"海伦实验室公司诉塔普斯口香糖公司案"（1953年）及"扎克尼诉斯克里普斯-霍华德广播公司案"（1977年）确立了关于人格权商品化利用的公开权制度，且美国绝大多数州的立法与法院都将公开权认定为一种无形财产权，得为转让或继承。

---

〔1〕 参见沈建峰："一般人格权财产性内容的承认、论证及其限度——基于对德国理论和实践的考察"，载《比较法研究》2013年第2期，第51页。

〔2〕 参见王叶刚："人格权中经济价值法律保护模式探讨"，载《比较法研究》2014年第1期，第163页。

〔3〕 参见张民安主编：《公开权侵权责任研究：肖像、隐私及其他人格特征侵权》，中山大学出版社2010年版，第24页。

〔4〕 See Huw Beverley-Smith, *The Commercial Appropriation of Personality*, Cambridge University Press, 2002, p. 173.

虽然德国模式与美国模式都对本国的人格权商品化进行了很好的保护，但必须明确的是，除一元、二元的权利数量差异外，二者存在较大差别。

一方面，二者对人格权与财产利益的关系观点不一。德国模式采取的是对人格权内涵的扩张，即财产利益仍控制在人格权的权利范畴之内，并未创设新的权利将二者分离。而美国则采取的是将财产利益从隐私权制度中剥离，通过新设权利来单纯保护人格权中的财产利益，其本质上属于财产权，与隐私权是相互独立的。

另一方面，二者对人格权保护的价值基础不同。德国模式将财产利益视为人格权精神属性不可分割的一个部分，在维护权利主体财产利益的同时，着重保护的仍是人的尊严，并可以防止过度的人格权商品化。而美国模式则更关注对财产利益的转让、继承等个人自由的保护，间接承认了人格利益可以脱离权利人的控制。[1]

就人格权的商品化而言，一元模式与二元模式在本土语境下并无优劣之分。但在我国立法对人格权的商品化保护处于空白状态的情况下，[2]结合我国的具体社会实践，笔者认为应该选择参照德国的一元保护模式建立我国的人格权商品化保护制度。这不仅是我国一直以来继受大陆法系人格权制度体系的要求，也能在保护人格权财产利益的前提下实现对人格尊严的保护。这种选择，远比在我国现有权利体系中创设一个独立的财产权更为经济。在此还需要注意的是，我国一些学者认为应在我国未来人格权立法中确定公开权。笔者认为，公开权作为一项肇始于美国的财产权利，与我国的基本人格权理论并不相容，不应被我国人格权所吸收。且该部分一开始已经提到，人格权的商品化本身不应被认定为一项权利，立法通过设置人格权商品化的保护条款即可满足现实需要。

---

〔1〕　参见王叶刚："人格权中经济价值法律保护模式探讨"，载《比较法研究》2014年第1期，第165页。

〔2〕　虽然目前我国存在对姓名权、肖像权的使用权等规定，但实际上并未确定这些人格权的财产利益，主要是为了保护个人的精神利益，不应被认定为人格权商品化的规定。同时，通过"刘翔诉《精品购物指南》报社等侵害肖像权案""于震环诉嘉年华北京公司案"及"王军霞诉香港大公报案"等著名涉及人格权商品化的司法判决可以发现，我国目前对人格权中的财产利益还是以精神损害赔偿的方式进行保护的。

本章小结

人格权的权利结构看似是人格权体系构建的基础理论，实则是决定了未来人格权立法的基本走向。以人格为基础的人格权主体按照现行国内外立法与司法实践观之，只应承认自然人与法人、非法人组织的人格权主体地位。且法人、非法人组织这类组织体的人格权保护类型应当受到严格的限制。同时，依照权利客体必须符合具体的、外部存在的条件，关于人格权权利客体的"人格说""人的伦理价值说"在原本就饱受争议的基础上，明显不能成立。而对于"人格要素说"，虽然符合上述两个条件，但实际上，人格要素只是构成人的整体的基本要素，是人格利益的基本组成要素，一项人格利益可以包含诸多人格要素。因此，不论是从权利客体的构成要件还是从"利益+意思+法律之力"的权利本质来看，人格权的客体都应该是人格利益。在此基础上，我们可以发现以传统伦理价值内在化为理论基础的近代民法人格保护体例并不可取，在学界已经普遍承认人的伦理价值外在化的前提下，统一的人格权概念及制度才是未来我国民法典的应有选择。而在自然法学思想式微的前提下，人格的双重含义与国内外判例都承认了人格权的支配性。基于此，人格权应具备享有权能、处分权能以及请求权能这三项最基本的权能。且对于人格权蕴含财产利益的变化已经在世界范围内得到了确认。不论是对人格权侵害精神损害赔偿的适用还是人格权商品化的规定都表明人格权已经由过去的精神利益内涵发展为二元利益。在确认了人格权的商品化问题应属人格权保护范畴的基础上，通过分析德国与美国的不同保护模式，可以发现作为继受大陆法系民事立法传统的我国，德国的一元保护模式或是不错的选择。

人格权的开放性与法律规定的明确性之间的对立紧张关系，不仅是19世纪法学家反对人格权立法的个中缘由，也是当今任何一个国家人格权立法构建必须直面的问题。虽然目前世界范围内对人格权的立法构建方式不一，但纵观当今各国民事法律体系的基本轮廓，即使大部分经典民法典没有大张旗鼓地明定人格权的类型化条款，实际上也变通地采取判例形式不断创造新的人格权类型。可以说，"一般+类型化"的模式已经成为公认可行的人格权立法内部体系。与瑞士、法国等国家在总则或侵权法部分规定一般条款不同的是，自德国的"一般人格权"制度引入我国法学研究领域以来，一般人格权与具体人格权便成了人格权立法构建的两个必备要素。

第一节　一般人格权之扬弃

作为"最富有发展性的一个私法制度"，人格权的开放性与大陆法系权利法定主义僵化性的矛盾，催生了被我国学者普遍称颂的"一般人格权"。自该概念引至我国，在相当长的一段时间之内，尽管学术界就人格权是否独立成篇观点不一，但却在一般人格权的问题上达成了难得的默契，将其推立为人格权立法的必备要件，并以此为支柱将人格权权利体系大致划分为一般人格权与具体（特别）人格权两个门类。虽然从概念法学的角度审视，经由科学活动获得的一般概念，可以变为能够孳生概念的体系树，并由此导出特别概念，满足简洁和鸟瞰的需要，以补充法律漏洞，确保法体系逻辑上的封闭性，但随着近年来人格权研究的不断深入，德国的一般人格权制度与我国法律体系的契合问题，从幕后走向台前而受到学界关注。而一般人格权的扬弃，显然成为人格权权利体系构建工作中的首要任务。实际上，通过分析可以发现，在我国备受推崇的一般人格权已经是被中国化改造了的概念和制度，无论外部环境还是内部条件都与其发源地德国相去甚远。因此，置于中国特色的法制环境之下，是否应该适用以及怎样适用一般人格权制度，是一个需要审慎对待的问题。

一、一般人格权的发展与争议

（一）一般人格权的发展

1. 一般人格权的萌芽思辨

每一项权利的产生都需要经过漫长的演变过程，一般人格权自不例外。近代以前是否存在一般人格权制度，学界的研究尚不充分。

部分学者认为，一般人格权就是抽象的人格权利。按照这种定义，一般人格权的缘起可以追溯到罗马法时期，因为根据《马克思恩格斯全集》（第1卷）的描述，罗马法中已经记载了"抽象人格的权利"，而这种权利的内涵即为自由。查士丁尼的《法学总论》规定，"自由是每个人，除了受到物质力量或法律阻碍外，可以任意作为的自然能力"。因此，古罗马法的自由，实际上是权利能力的概念，即近代意义上的抽象人格。与此同时，罗马法上的市民权和名誉两个概念，因与人的人格及地位密切相关，且不涉及具体权利的处置，事实上也蕴含着近代一般人格权的一些基本内容。一方面，作为公民资格的市民权，其丧失就会导致人格的减等，使自由的人格受到限制；另一方面，不名誉会导致权利能力的削减，影响着人格的完善程度。因此，一般人格权概念正式问世前，古罗马法中即已存在与近代意义上的一般人格权功能相似的概念。

然而，人格权制度发展的脉络明白无误地表明，不论中外，古代社会根本不具备现代意义上的人格权制度，更不可能存在一般人格权的概念。与前文从古代法中发掘只言片语式的人格利益保护规定所不同的是，此处所谓的一般人格权萌芽，与人格利益毫不相关，仅仅从抽象概括、不涉及具体权利处置的性质出发对其展开认定，未免显得牵强附会生拉硬套，论证不甚充分。因此，本着审慎负责的态度，我们不建议将罗马法中的自由、市民权与名誉概括为一般人格权的萌芽。

2. 一般人格权的确立

近代社会"从身份到契约"的运动，改变了"家族"的民事法律地位，个体开始成为民事主体。1804 年《法国民法典》中"所有法国人都享有民事权利"的规定，标志着人格抽象化迈开了第一步。[1]但囿于"无财产即无人格"的立法理念，法国民法典仅仅打赢了剥离人格制度中身份因素的战争，远未达到确立人格权概念的阶段，遑论一般人格权。

很多学者认为，1907 年《瑞士民法典》第 28 条通过"一般规定"的形式，对人格的保护作了概括性的规定，首先确认了一般人格权，创造了新的人格权立法体例。但实际上，作为消极防御性人格权时期的立法，[2]《瑞士民法典》对于人格权的立法态度仍然受到萨维尼思想的影响，并没有在"人法"部分规定生命、身体等具体人格权，仅仅规定了人格保护的一般条款与"姓名上的权利"。一方面，《瑞士民法典》根本没有规定具体人格权，因此无法产生与之相对应的一般人格权概念；另一方面，此处的一般条款旨在赋予自然人妨碍除去请求权、不作为请求权和不当得利请求权，与我们通常所理解与期望适用的一般人格权，乃至随后由德国逐渐通过判例确立的一般人格权，在功能上存在较大差距。因此，主张一般人格权由《瑞士民法典》初创的观点，仅仅是反向推演的结果。事实上，不论是过去还是现在，瑞士都没有使用过一般人格权这个概念。

我们并不讳言萨维尼自然法学对德国民法的长远影响，这直接决定了民法典对人格权的消极保护态度，从而只在总则部分的第 12 条对姓名权略作规定，并将"生命、身体、健康、自由"置于其《侵权责任法》第 823条之中，力图通过侵权责任之债的方式实现人格利益保护的目标，巧妙地化解了将这些人格利益表述为权利的尴尬。尽管如此，自普赫塔提出人格权理论至今，德国一直处在人格权研究的先锋位置。在 1832 年普赫塔的《德国民法制度》的基础上，劳伊尔首次提出了一般人格权概念，并认为

---

〔1〕　参见郭明瑞："人格、身份与人格权、人身权之关系——兼论人身权的发展"，载《法学论坛》2014 年第 1 期，第 7 页。

〔2〕　参见贾淼：《人格权益法研究（总论）》，中国政法大学出版社 2014 年版，第 68 页。

一般人格权的特权主要来源于公法。[1]虽然包括科勒、基尔克在内的德国法学家对一般人格权推崇备至，但第二次世界大战之前，人们普遍认为，《德国民法典》第 826 条关于违背善良风俗侵权的规定，足以提供人格权保护的充分法律根据。所以，一般人格权的探讨仍然局限在德国民法理论界的小范围之中，并未渗透到德国的民法实务，以至于有人断言，一般人格权只是"民法学者异想天开的结果"。[2]确实，囿于人格权在范围和界限上无法明确的天然弊端，普适的一般条款会赋予法官过于宽泛的权力，容易导致权力滥用。然而，随着 1949 年《德国基本法》第 1 条和第 2 条对人格尊严受尊重权和人格充分发展权、生命权、身体权和自由权的规定的颁布，[3]再加上第二次世界大战对人权造成的巨大冲击，促使德国理论界与实务界对一般人格权的认识发生了根本性的转化。

以 1954 年的"读者来信案"为契机，德国联邦最高法院按照《德国基本法》第 1 条和第 2 条的规定，认可了一般人格权概念，并将其认定为由"宪法上保障的基本权"发展而来的权利。[4]这种承认虽然将一般人格权看作类似于所有权的其他绝对权，但由于其建立在宪法基础上，有混淆宪法与民法的嫌疑。之后，德国联邦最高法院分别通过 1958 年"骑士案"和 1958 年"录音案"确定了每一个公民的话语自决权，并于 1964 年"索拉雅案"再次赋予了公民对隐私言论的自决权。至此，通过上述一系列尝试，《德国民法典》第 823 条第 1 款中关于"其他权利"的规定被运用到案件判决之中，一般人格权得到进一步强化，宪法与民法的协力结合完成了德国法对一般人格权制度的确认历程，并且一般人格权被确定为具体人

---

〔1〕 See Agnes Lucas-Schloetter, Droit moral et droits de la personnalite: etude de droit compare francais et allemande, tome, Presses Unversitaires D'Aix-Marseille, 2002, p. 63.

〔2〕 See F. Ulsamer, ZurKritik der Lehrevom Personlichkeitsrecht, Munchen 1910, ed. Wolf, p. 107.

〔3〕 参见张民安："一般人格权理论在法国民法中的地位"，载《法治研究》2016 年第 1 期，第 118 页。

〔4〕 See BGHZ 13, 334, 338, 转引自姚辉：《人格权法论》，中国人民大学出版社 2011 年版，第 208 页。

格权的上位概念，认为具体人格权仅是一般人格权的一个片段。[1]之前所有通过判例对人格权类型的确定都是对一般人格权的法律上的具体化处理。

（二）一般人格权理论的争议——以法国为主

虽然自一般人格权概念诞生以来，德国理论界就存在"一般人格权只不过是一个具有秩序功能的上位概念"[2]或"就是一个一般条款"[3]的争议，但这种争议并未迟滞德国司法裁判对一般人格权的广泛采用。与此不同，法国理论界及实务界对一般人格权一直坚持否定的态度。概括说来，法国学者对人格权有两种不同的认识：一种是"复数人格权"理论，即认为人格权是一种权利束，是由多种独立的主观权利共同组成的权利；另一种是"单一人格权"理论，即认为姓名权、肖像权、名誉权等均不是独立的权利，只是人格权这一单一权利的构成因素，而这种单一人格权就是德国民法学界所解释的一般人格权。在两种认识的对立中，虽然支持"单一人格权"理论的学者提出人格权的主体是单个的人，不能将一个人的人格分解得支离破碎，并以所有权所包含的使用权、收益权和处分权为例，论证了姓名权、肖像权等并不是真正的主观权利，但是这种观点并未被法国学界普遍接受，司法领域至今也没有任何一个案例基于一般人格权理论作出的判决。可见，"复数人格权"理论在法国民法界一直处于绝对优势地位。

法国学者看来，人格权是与物权、债权与知识产权相同的权利，都由多种多样的权利所构成。如果承认了一般人格权理论，势必应该承认一般物权、一般债权与一般知识产权的称谓，并赋予各个一般权利以主观权利的地位。显然，这是与传统权利理论相违背，且非常荒谬的创造。与此同时，阿格尼斯·卢卡斯-施洛特认为，虽然德国将肖像权、私人生活受尊重权等按照一般人格权来对待，但实际上，侵犯这些权利的行为是不同

---

〔1〕　参见沈建峰：《一般人格权研究》，法律出版社 2012 年版，第 25 页。

〔2〕　See Josef Esser, Schuldercht, BesondererTeil, 3, Auflage, Verlag C. F. Muller, 1969, p. 401.

〔3〕　See Karl Larenz, Lehrbuch des Schuldrechts, BersondererTeil, C. H. Beck' ScheVerlagsbuch-handlung, Munchen und Berlin, 1956, p. 336.

的，根本无法在这些权利之间找到除了共同的价值目标外的任何法律意义上的共同特征。因此，对于这种概念模糊不清、界限无法确定的理论，法国学者提出"一般人格权应当被抛弃"。[1]

除去一般人格权本身带有的性质缺陷，法国的民法制度也决定了一般人格权在本国的水土不服。详言之，为了防止受法律保护的权利过于宽泛，《德国民法典》特意在第 823 条第 1 款将一般过错侵权责任限定于明确列举的法益与"其他权利"，反观《法国民法典》，其第 1382 条与第 1383 条对一般过错侵权责任没有任何限制，并且不区分"权利"和"权益"。[2]考虑到这样的立法表述，所有人格权纠纷案件完全可以依托这两条规定得到解决。对于创造一般人格权这个在法国学者看来是德国民法学界和联邦最高法院出于法律漏洞所采取的无奈之举，无论是法国学界还是实务界都认为对于人格权保护并不能产生任何积极、有益的效果。[3]

此外，瑞士、日本乃至德国本土的学者也对一般人格权理论提出了质疑。瑞士的布赫在使用"人格权"这一概念时和德国的一般人格权概念的意义几乎完全相同。罗德曼也认为"就像人都享有的保护他的财产利益、家庭关系的'权利'一样，所谓的（一般）人格权也并不是主观权利"。[4]五十岚清曾明确指出，在人格权概念的使用方法上，因为存在着个人差异，所以无法将其一般化。[5]卡尔·拉伦茨在《德国民法通论》一书中提到，"一般人格权概念即使在德国民法理论上，也一直存在激烈争议"。[6]因此，除德国司法界外，世界上没有任何一个国家在立法上承认"一般人

---

〔1〕　See Roger Nerson, Les droits extrapatrimoniaux, Paris, LGDJ, 1939, p. 351.

〔2〕　《法国民法典》第 1382 条：任何行为使他人受损害时，因自己的过失而致行为发生之人对该他人负赔偿的责任。第 1383 条：任何人不仅对其行为所致的损害，而且对其过失或懈怠所致的损害，负赔偿的责任。

〔3〕　参见张民安："一般人格权理论在法国民法中的地位"，载《法治研究》2016 年第 1 期，第 121 页。

〔4〕　See Rotelmann, Nichtvermogensschaden und Personlichkeitsrechtnachschweizerischem Recht, in: Acp Band 160, S378.

〔5〕　参见［日］五十岚清：《人格权法》，［日］铃木贤、葛敏译，北京大学出版社 2009 年版，第 7 页。

〔6〕　［德］卡尔·拉伦茨：《德国民法通论》（上册），王晓晔等译，法律出版社 2003 年版，第 171 页。

格权"，而这种现实也表明各国对该制度奉行的谨慎态度。

二、一般人格权预设功能的可替代性

作为人类生活的行为规范，法律的制定或接受既然是有所为而来，那么在法律的制定之时，人们对其必然有所期待。因此，在法律概念的构成上，必须考虑到法律概念是否具备所期待的目的或价值功能。[1]

虽然就一般人格权的权利性质，学界存在概括性权利说、[2]渊源权说[3]以及个人基本权利说[4]等不同观点，但无论国内国外，支持一般人格权制度的原因主要基于其可实现的以下几个功能：

第一，拟制保护功能。作为秉持成文法传统的国家，人格权的开放性与法律规定的稳定性之间存在矛盾。对于不断涌现的非典型人格利益该如何保护，是人格权立法必须综合衡量的重要议题。对此，有学者建议发挥一般人格权制度的拟制功能，将未被法定化的人格法益类推、比附为类似的权利加以保护，进而实现在人格权法定框架内对应然权利的调整。以对隐私的保护为例，虽然《民法通则》未对隐私权作明确的规定，但《最高人民法院关于贯彻执行〈中华人民共和国民法通则〉若干问题的意见（试行）》（1988 年）及《最高人民法院关于审理名誉权案件若干问题的解答》（1993 年）都规定了对隐私的拟制保护，即将隐私保护纳入对名誉权保护的范畴。值得注意的是，在纠纷解决之后，通过拟制保护的法益往往能够转化为法律体系中比较稳定的部分，具有法律效力，并推动立法机关运用立法的形式将其以权利的形式加以确定。而这种转化的过程，即可以实现一般人格权对人格权权利体系的创设与补充，保证人格权制度的与时俱进。

第二，衡平保护功能。所谓衡平，就是指通过概括性条款为需要保护

---

〔1〕　参见黄茂荣：《法学方法与现代民法》（第 5 版），法律出版社 2007 年版，第 66 页。

〔2〕　即认为一般人格权为概括性权利，是对人格权的概括性规定。支持这种观点的学者主要有德国的卡尔·拉伦茨和尼伯迪，以及我国的王利明教授等。

〔3〕　即认为一般人格权为人格权的权利渊源，可以创造具体人格权。

〔4〕　即认为一般人格权是人的基本权利，可以概括人格尊严、人格自由等全部人格法益。支持这种观点的学者主要有德国学者海因里希·胡伯曼和我国的杨立新教授等。

的法益提供法律救济，使法满足实现个别正义的需要。[1]从一般人格权产生和发展的分析中，可以清晰地发现，德国一般人格权的衡平保护，主要通过《德国民法典》第823条第1款"其他权利"与第826条"故意违反善良风俗加害于他人"的规定，对《德国基本法》第1、2条加以转化，将社会伦理转介为民事的行为义务。民事权利脱胎于宪法性的人权，两者保持着千丝万缕的关联，在民法没有明确规定的失语状态下，不可避免地会产生权利向宪法寻求保护的盖然性。而在我国，宪法作为裁判规范还不具备现实可能性，这与德国可以直接适用宪法裁决案件截然不同。因此，必须设置一项概括性规定，作为"基本权利对民法的突破点和基本权利进入民法关系的入口"。[2]

第三，解释功能。作为源生性权利，一般人格权对具体人格权的基本性质、具体内容及各项具体人格权的划分界限都有决定性作用。通过一般人格权的设定，可以为具体人格权的存在提供基本的评价标准，解释其产生的正当性与合理性，而对于有悖于一般人格权原理的解释，当属无效。因此，一般人格权的设置有利于限制法官的自由裁量权，尽可能确保法律的合理性控制。[3]应该讲，这种解释功能具有一般性与原则性，更多地体现了宏观指导的意味，对一些细节的处理、内部的安排仍有赖于具体人格权自身的建构与调剂。

诚然，人格权的开放性与人的有限理性，决定了"人们终究不可能在范围上通过划界将所有人性中值得保护的表现和存在的方面无一遗漏地包括进来"，[4]人格权立法必须通过法律规则的一般性和抽象性来保证公平。但需要明确的是，上述支持一般人格权制度的三个功能，立足点是德国民法典对人格权的粗陋立法这一前提，因而也就难言其裨益于我国的人格权立法体系。退一步讲，不唯有一般人格权，但凡带有抽象性与概括性的原

---

〔1〕 参见郭明龙、贾晓菲："论一般人格权的拟制与衡平保护"，载杨立新主编：《民商法理论争议问题——侵权行为类型与发展中的人格权》，中国人民大学出版社2008年版，第405页。

〔2〕 陈新民：《德国公法学基础理论》（上册），山东人民出版社2001年版，第314页。

〔3〕 参见杨立新主编：《中国人格权法立法报告》，知识产权出版社2005年版，第241页。

〔4〕 ［德］卡尔·拉伦茨：《德国民法通论》（上册），王晓晔等译，法律出版社2003年版，第174页。

则化一般条款，都或多或少或明或暗地具有上述功能，假如强言只有一般人格权制度才能实现人格权的开放保护，似有刻意拔高之嫌。同时，实证法层面的积极意义，并不能掩盖一般人格权制度引进在法理层面的固有缺陷。

三、一般人格权的固有缺陷

国内人格权研究的先驱谢怀栻先生，早在 1996 年就曾明确反对将一般人格权概念引入中国的人格权立法。他指出，一般人格权概念仅仅是德国人格权发展的一个说明，并没有普适性。[1]实际上，自一般人格权概念引入我国以来，大部分学者的研究停留在"知其然，不知其所以然"的层面之上，片面追求一般人格权的功能价值，忽视了一般人格权概念的固有缺陷。

（一）一般人格权的法律性质缺陷

民法以权利为本位。一般人格权作为一个极具抽象性的概念，即使在发源地德国，也受其模糊的权利边界束缚，并未以立法形式进行明确的规定。何况，围绕一般人格权究竟是否可以称之为权利的学术探讨从未停歇。笔者认为，一般人格权概念仅仅是为了适应德国特殊的侵权法结构才被称之为权利的，实际上其并不具备权利的成就条件。

一方面，一般人格权概念是德国法律体系的特有产物。如前所述，《德国民法典》没有把生命、身体、健康、自由等界定为法益，而是在其第 823 条第 1 款明确规定了"其他权利"，赋予了其"权利"的地位，如此一来，就导致这样一种局面——能够囊括待保护的人格法益的法律概念，若要成为与"其他权利"相对位的主体，亦应被称之为权利。因此，德国学界在创造概念时，赋予了一般人格权的"权利"头衔。质言之，一般人格权这一概念的问世，实际上是德国侵权法的特定结构造成的权宜之计，其有效性与合理性建立在德国特色的法律体系之内，不能盲目移植、机械搬用。

---

〔1〕　参见谢怀栻："论民事权利体系"，载《法学研究》1996 年第 2 期，第 70 页。

另一方面，一般人格权并不具有权利属性。为了更好地区分权利与利益，德国学者提出了"归属效能""排除效能"与"社会典型公开性"三项判断标准。据此，一项权利之所以能够成为权利，正是因为其具有内容明确、边界清晰的确定利益，排除他人任何干涉的法律效能及被社会主体普遍认识的一般可能性。[1]然而，从这三个标准出发，一般人格权很难被认定为一项权利。因为，根据学界普遍接受的定义，一般人格权包含除具体人格权外的所有人格法益。其内容不仅不是明确的，是复数的，甚至可以说是无穷尽的。即使有学者提出将一般人格权的内容限定为人格尊严、人格自由、人格独立等，也无法给一般人格权划定一个清晰的边界。因此，即使在德国法律体系中观察，也很难认定一般人格权为一项独立的权利。而内容上的不确定性必然会导致一般人格权的保护力度明显不如类型化了的人格权，会使他人承担没有边际的义务，且侵害一般人格权的行为违法性难以判断，不利于维护司法上的公正。

实际上，即使是德国学者，也认识到一般人格权的不确定性问题。卡尔·拉伦茨在厘定一般人格权时就指出，"这里没有一个明确且无可争议的界限，划界也几乎是不可能的"。[2]可以说，具有一般性内容的主观权利实在是难以想象。

我国学界通说认为，人格权属于绝对权的范畴，但分析可知，一般人格权本身并不具有绝对权的结构特征。按照德国民法理论，若将一般人格权看作是一种权利，它就应该被看作是绝对权并被纳入《德国民法典》第823条的辐射域之下，归为"其他权利"。但有趣的是，德国理论界创设了"框架权"，借以实现一般人格权与其他权利的区分。而这种区分主要体现在违法性的确定方面，即框架权适用"积极确定违法性"的方法，其他绝对权采用的是"结果违法性"的方法。按照德国侵权法理论，与只要产生损害结果，即可认定符合侵权行为的侵害绝对权的事实要件所不同的是，即使存在损害一般人格权的客观事实，并不能据此判定该损害行为具有违

---

〔1〕 参见于飞：《权利与利益区分保护的侵权法体系之研究》，法律出版社 2012 年版，第107~110 页。

〔2〕 参见温世扬："略论人格权的类型体系"，载《现代法学》2012 年第 4 期，第 54 页。

法性，而是要结合个案具体案情由法官进一步采用法益衡量的方法进行确定。[1]该项权利的确立就是考虑到一般人格权的内容过于广泛，极易与他人的正当利益发生冲突。如果赋予一般人格权以绝对权的违法性认定方法，就会对他人的人格造成持续性的妨碍。[2]

最后，还应注意的是，一般人格权的适用会造成人格权体系内的人格利益类型混乱。恩斯特·沃尔夫一针见血地指出："一个针对多个客体——如姓名、肖像、对所说之话的录音或者对书面表达的著作权——的绝对权，一个'一般性的人格权'由于绝对权对客体内容上的依赖性是不可能存在的。"[3]通说认为，保护人格权的目的是为了维护人的尊严、人的自由等人的伦理价值，一旦承认一般人格权概念，人的尊严、人的自由等本应贯穿于整个人格权立法的伦理价值即被一权涵盖。人的尊严成为人的尊严利益，降为一般人格权的权利客体。诚然，出于防止这一矛盾的客观需要，可以把一般人格权的权利客体圈定为由人的尊严、人的自由等衍生出来的具体人格利益，但这种限定，又会造成一般人格权权利客体的泛化。不同案件所形成的不同的人格利益均被一般人格权接纳，内涵外延均不相同的人格利益共处于同一项权利之下，这样的设置，实在令人费解。

（二）一般人格权的法律概念解析错误

私法领域研究人格权理论的开山鼻祖即德国法学家基尔克，在 1895 年出版的《德国私法》一书中的"人法"部分，分别论述了"个别人格权""团体人格权"，之后将人格权定义为"作为一项统一的主观基本权利，所有的个别主观权利都以此为基础而产生，并且所有的主观权利可以此为出发点得到延伸"。[4]该论述中提到的人格权，与我国学者普遍接受的一般人格权的功能是一致的，虽然基尔克提到了"统一""主观""基本"这

---

〔1〕　参见［德］迪特尔·梅迪库斯：《德国民法总论》，邵建东译，法律出版社 2000 年版，第 64 页。

〔2〕　See Larenz·Canaris, Lehrbuchdes Schuldrechts, Bs. /2, 13Auf. 1, C. H. Beck sche Verlagsbuchhandlung, 1994, p. 491.

〔3〕　See Ernst Wolf, Allgemeiner Teil des Burgerlichen Rechts, 2. Auflage, Carl Heymanns Verlag KG, 1976, p. 110.

〔4〕　参见李景义：《人格权基本问题论纲》，知识产权出版社 2014 年版，第 95 页。

样的字眼，但实际上纯粹是为了修饰人格权这一概念，并未企图创造一个异于人格权的所谓的统一人格权或主观人格权的崭新名词。同时，德国联邦最高法院在判决中运用的"一项一般的、主观的人格权……"的表述，也显然是对"人格权"这一概念的定语修饰，并没有创设新型权利的意图。可见，从语言学的角度来看，目前我国普遍接受的一般人格权概念，存在一种翻译上的误读。

而将一般人格权的概念从我国学理研究中抽离，回归到德国的具体语境又会发现，所谓的一般人格权，仅仅是针对人格权的两种理论模式的探讨，即人格权立法究竟应采用一元模式还是多元模式。所谓的一般人格权就是摒弃了多元模式后的人格权，仅仅是为了与多元模式相区分，才采用了一般人格权的概念。

在此，一元模式认为只有一个以整体人格利益为客体的人格权，其他人格利益仅是这个统一的人格利益的某个方面之衍生。多元模式则坚持人格权所针对的并不是一个人的自身，而是由一系列类型化的人格利益组成。从产生时间上看，多元模式的存在早于一元模式。第二次世界大战前，受制于自然法学的立法理念与并不旺盛的社会需求，《德国民法典》一直没有演化出保护人格权的条款，司法实务仅仅通过其第 12 条及第 823 条第 1 款的规定对人格利益进行救济。而这种救济方式，得益于当时流行的"广义财产理论"。参考 19 世纪法国学者奥布里和罗的观点，广义财产即是权利与义务的总和。[1]一切民事主体当然具有广义上的财产，且主体的人格与财产共存灭。照此，人格利益可被认定为一种财产，当人格利益受损时，权利主体可以"债权"的名义要求侵权人承担损害赔偿责任。[2]因此，人格利益以具体化多元化的方式得到了庇护。虽然这种方法可以实现对姓名、肖像及名誉等人格利益的保护，但"广义财产理论"对于人格精神利益的忽视招致了德国各界的质疑。同时，人格权客体的广泛性也使得这种保护方法完全无法适应司法实务的发展。于是，随着民法理论的发展，德

---

〔1〕 参见尹田：《法国物权法》，法律出版社 1998 年版，第 2 页。

〔2〕 参见曾凡昌："西方人格权发展的历史线索及其启示"，载《现代法学》2011 年第 2 期，第 62 页。

国不断通过司法续造来弥补立法上的不足，并发展出一个包含所有人格利益的权利类型，即一般人格权。但这种权利类型的建构立基于抛弃原来的多元模式基础之上，即肖像、名誉等人格利益，仅仅是一般人格权所包含的一部分利益，并非是与一般人格权相对应的具体人格权利。因此，德国话语中的一般人格权，就是我们惯常所理解的人格权概念。

可见，无论是误读抑或是不了解，我国现在所使用的一般人格权术语，在西方法学的语境中之内涵与我们的认识确实存在一定差异。"一般"与"具体"的区分，更像是根据汉语修辞所延伸出来的一对概念，并不能反映一般人格权的真实规律。正如尹田先生所质疑的那样，既然对所有权和他物权进行归纳抽象产生的概念不是"一般物权"，那么对各种类型化的人格权利所抽象归纳所产生的概念即为"一般人格权"，实在是难以令人信服。[1]实际上，即使是德国理论与实践中所探讨的一般人格权，也仅仅是指《德国基本法》所延伸出来的"指示性的概括条款"，并未确立任何权利，更谈不上一般人格权。而《瑞士民法典》第28条第1款更是只规定了一个保护人格的一般条款。因此，一般人格权这一词汇除了在德国的学说和判例上被使用之外，在其他国家，人格权这一词汇的意思似乎就是德国的一般人格权。[2]

法律概念的确定对于法律的构建有着至关重要的作用。在一个相对后进的法律社会，通常会倾向于以比较纯逻辑，或比较拘泥于法律文字的方式了解法律、适用法律，以致常常受制于恶法。而当认识到这种局限并试图容许引用较为富有弹性的价值标准或一般条款来避免被法律概念所僵化之恶时，却又发现该容许很容易流于个人的专断，从而导致很多法律规定本来希望达到的公平正义并不能得到实际的运作。[3]因此，在满足人格权开放保护需求之前，必须对一般人格权的概念源流了然于胸，切忌不计后果地借用。

---

〔1〕　参见尹田："论人格权独立成编的理论漏洞"，载《法学杂志》2007年第5期，第11页。

〔2〕　参见［日］五十岚清：《人格权法》，［日］铃木贤、葛敏译，北京大学出版社2009年版，第7页。

〔3〕　参见黄茂荣：《法学方法与现代民法》（第5版），法律出版社2007年版，第58页。

四、一般人格权与我国法律体系

（一）一般人格权配套法律制度的欠缺

我国学界普遍艳羡德国借助一般人格权机制实现人格利益保护的伟大创举，却独独回避了一般人格权产生和发展的独特法制环境，以及德国民法理论为衔接一般人格权与既有民法法律框架付出的诸多努力。

从理论产生的角度看，《德国民法典》对人格权规定的滞后性，催生了一般人格权制度。德国对于一般人格权的持续发展和深化，是基于现实需要不得已而为之的选择，并不具有学理上的先进性。正如德国民法理论界自己的辩解一样：在人格性质的法律保护问题上，传统的规则导向的思路存在难以克服的困难。[1]实际上，一般人格权的产生否定了法定构成要件对法官的拘束，是对大陆法系法学形式主义要求的背离。与此不同的是，我国尚处在民法典的制定进程之中，在法律体系尚未完整建立的前提下，形式主义远比司法能动主义更符合我国的现实需求。同时，未来人格权立法将以何种形式呈现，人格权权利体系将涵盖哪些权利等内容都还有进一步研究与完善的空间。在认清人格权开放性与法典体系稳定性矛盾的前提下，完全可以通过一般条款等抽象性、原则性的规定满足人格权的发展需求。如果说，一般人格权在德国属于司法上的问题，那么在我国就属于立法层面的问题。因此，慎重看待一般人格权是必要且必须的。

从制度框架的角度看，目前我国并不存在引入一般人格权的配套制度。前文已述，为了满足人格权发展的需要，德国通过将《德国民法典》第823条第1款中的"其他权利"转化为一般人格权来使用，使其可以被纳入法律保护的框架之中。而为了消除一般人格权内容不确定性导致的侵害他人合法人格利益的问题，德国民法理论界又创造了"框架权"概念。就当前我国民法大环境分析，2009年颁布的《侵权责任法》显然更加接近

---

〔1〕 参见薛军："揭开'一般人格权'的面纱——兼论比较法研究中的'体系意识'"，载《比较法研究》2008年第5期，第34页。

于法国模式，"框架权"的移植存在极大的难度。因此，在配套制度匮乏、周边设计疲软的情形下，一般人格权能否真正解决我国的实际问题尚待考证。

权利是社会生产力发展到一定历史阶段，人们有意识地追求一定利益的自觉活动的产物。[1]利益是权利的前提和基础，只有满足一定条件后的利益才能通过立法确认成为权利。虽然自2010年开始，"指导性案例制度"在我国全面铺开，但显然有别于国外"判例即是法"的裁判模式，即使《最高人民法院关于案例指导工作的规定》第7条规定了案件裁决对指导性案例的"应当参照"，这种参照也是被严格限定在法律适用的范围之内的，[2]并未赋予法官造法的权能。一般人格权的提出，混淆了权利与利益的分野，直接授予由人格尊严、人格自由等伦理价值引申的人格利益以权利的地位，这就偏离了立法的确认过程，赋予了法官通过个案价值衡量创造新型人格权类型的权利。这种大跃进倾向，至少在一段时间内，不会为我国司法体制所允许和承认。

另外，一般人格权与我国现行的人格利益保护机制存在错位。在人格权立法还未完成的情况下，2001年的《最高人民法院关于确定民事侵权精神损害赔偿责任若干问题的解释》中对"其他人格利益"作出了明确规定，而2009年颁布的《侵权责任法》第2条第2款中"……等人身、财产权益"的表述也进一步丰富了我国人格利益保护的规定，表明在我国现有法律体系中并不缺乏类似于一般人格利益的保护条款。在明确了一般人格权不具有权利性质的前提下，一般人格权在我国目前的法律体系中似乎没有存在的必要。

（二）一般人格权与我国现有相关人格权概念的矛盾

在德国人格权逻辑体系内，作为框架权利的一般人格权乃多项具体人格权的集合权利，与具体人格权并不是相对应的概念，两者是包含与被包

---

〔1〕参见姚辉：《人格权法论》，中国人民大学出版社2011年版，第43页。

〔2〕参见刘作翔："中国案例指导制度的最新进展及其问题"，载《东方法学》2015年第3期，第41页。

含的关系。尽管我国目前对一般人格权的认识存在分歧，但无论是认同德国做法，将一般人格权视作具体人格权的上位概念；还是修正德国做法，将一般人格权看作对具体人格权的补充，都会导致一般人格权与具体人格权、人格权概念之间的格格不入。

按照第一种观点，一般人格权就是对具体人格权的概括与抽象，使具体人格利益被人格自由、尊严等利益自然地吸收，从而丧失作为独立权利的资格。[1]同时根据通说，人格权就是对具体人格权的抽象概括。因此，这种观点会导致一般人格权与人格权都是以人的全部人格利益为保护对象的结论，混淆了一般人格权与人格权的概念。

按照第二种观点，一般人格权与具体人格权就成了平等的概念，由统一的人格权概念统摄二者。那么在具体人格权无法涵盖的情况下，完全可以通过寻求人格权这一上位概念来完成对新型人格利益的保护，一般人格权的存在实属多此一举。

因此，无论我国采用哪一观点的一般人格权概念，都无法调和一般人格权与其他的人格权概念之间的矛盾。

综上所述，"一般人格权"只是一个被炮制出来的保持人格权制度开放性的机制。[2]无论我国采用怎样的形式完成人格权立法的构建，都不应该在立法中出现一般人格权这一术语。众所周知，一般人格权诞生至今，德国民法学界也逐渐意识到其不足之处，曾在1958年、20世纪70年代末以及20世纪80年代初三次尝试在民法典中对其加以修改和补充，这三次尝试分别涉及了增加关于人格权的具体规定及区分传统绝对权与一般人格权的规定等内容。[3]虽然都以失败而告终，却不是因为人格权的类型化存

---

〔1〕 参见杨立新、刘召成："论作为抽象人格权的一般人格权"，载《广东社会科学》2010年第6期，第181页。

〔2〕 参见易军："论人格权法定、一般人格权与侵权责任构成"，载《法学》2011年第8期，第82页。

〔3〕 第一次修改于1958年，建议将《德国民法典》第823条第1款修改为"因故意或过失不法侵害他人的人格或因故意或过失不法侵害他人的所有权或其他权利的人必须赔偿由此导致的损害"。第二次修改于20世纪70年代，建议与前一方案相似。第三次修改于20世纪80年代，建议在第825条增加侵害人格的问题。参见冉克平："一般人格权理论的反思与我国人格权立法"，载《法学》2009年第8期，第140页。

在难度，或是一般人格权制度具有先进性，而是因为这三次尝试实际上仍未明确人格权的内涵，并不能对个案的解决方法产生实质性的改变，还是需要裁判者进行价值衡量。[1]同时，德国大选的具体时代背景，也决定了为了获得更多的媒体支持，时任德国总理并不支持通过一部限制新闻自由的法案来对抗舆论。[2]可见，一般人格权制度在融入民法典时确实存在难以消解的问题，或许也正是基于这样的原因，使得德国民法理论对于一般人格权制度产生了所谓的"路径依赖"。

五、一般人格权的改造

"生活唾弃立法者的远见"，再完美的立法也无法满足瞬息万变的社会需求。萌生于德国判例的一般人格权制度，为解决人格权发展带来的非典型人格利益的确认与保护提供了有益的进路。然而，这种为某一国度量身打造的法律制度，发生移植过程中的排异反应也不足为奇——其在法律性质与制度架构等方面缺乏对我国现有法律体系的呼应与关切。甚至我们可以不加掩饰地说，部分学者津津乐道的域外制度对一般人格权的肯认，一定程度上是出于自己的一厢情愿。典型的诸如日本等深受德国法熏染的国家或地区，虽在学术讨论中偶有提及一般人格权概念，但并不存在与德国相似的一般人格权制度。即使是在日本人格权发展史上具有划时代意义的"《北方月刊》案"及"耶和华的证人拒绝输血案"中，日本最高法院也坚持使用"作为人格权的……"的字眼。在本土学者看来，日本并不经常使用一般人格权这一词汇，其内涵和外延与人格权承载着几尽相同的意思。迄今为止，尽管瑞士、日本等国家不约而同地对一般人格权展开研究，但是除德国依照框架权裁判非典型人格利益侵权案件以外，其他国家尚未认可一般人格权作为裁判依据的成例。世界上也没有任何一个国家通过立法承认一般人格权的法律地位。

---

〔1〕　参见薛军："人格权的两种基本理论模式与中国的人格权立法"，载《法商研究》2004年第4期，第67页。

〔2〕　参见李莉："法律思维与法律方法下的人格权立法模式——兼论否定一般人格权立法"，载《当代法学》2013年第6期，第78页。

与国外立法普遍否认一般人格权制度相比，我国的情形较为独特。虽然学理上存在对于一般人格权的聚讼与论争，但没能阻止其在我国司法实践中的广泛采用。尤其在最高人民法院将"一般人格权纠纷"规定为独立的案件受理理由之后，大量冠以"一般人格权纠纷"的裁判案件如雨后春笋般涌现。仔细审视这些裁判的具体案由便可发现，"一般人格权纠纷"实际上很大一部分属于已经被法律认可的生命、身体、名誉等类型化的人格利益。[1]围绕人格尊严、人格自由等人格利益作出的判决实属罕见。而《中国法院 2014 年度案例》与《中国法院 2015 年度案例》总结的一般人格权案例，实质上更具有保护死者人格利益等其他人格利益的特征。[2]那么，这类裁决出现的原因何在？在我国现有法律体系中，与学界所理解的一般人格权特征相类似的规定，主要体现在《宪法》第 38 条、《民法总则》第 109 条、《民法通则》第 101 条的原则性规定以及《消费者权益保护法》第 14 条等单行法的具体规定中。可惜，受制于宪法性、原则性条文规定在法律适用方面的掣肘，实务中《最高人民法院关于确定民事侵权精神损害赔偿责任若干问题的解释》第 1 条第 2 款关于"其他人格利益"的规定，反而喧宾夺主得到青睐。在许多学者看来，该项规定标志着我国基本形成了一般人格权制度，是更为周全地维护人格利益的显著进步。这种观点实际存在混淆一般人格权与其他人格利益关系之嫌，值得探讨商榷。

我国司法实践中存在的这些问题，恰恰反映出法官对于一般人格权概念的模糊理解，以及判决在实证法中寻求正当性基础的迫切需要。因此，如何在人格权权利体系中安排符合人格权开放性的相关规定就显得极为重要。

---

[1] 具体案由统计，可参见方金华："一般人格权理论分析及我国的立法选择"，载《法律科学（西北政法大学学报）》2015 年第 4 期，第 39 页。

[2] 2014 年度案例共收录 4 个一般人格权案例，分别涉及隐私权、青春损失费、死者人格利益与祭奠权；2015 年度案例共收录 2 个一般人格权案例，分别涉及交通意外事件侵权赔偿责任与骨灰安置问题。详见国家法官学院案例开发研究中心编：《中国法院 2014 年度案例》，中国法制出版社 2014 年版；国家法官学院案例开发研究中心编：《中国法院 2015 年度案例》，中国法制出版社 2015 年版。

一般人格权作为由国外引入的法律概念，继受国必须经由思考，承认该概念所肯定的价值，然后经过必要之修正，在本国形成一定的价值共识。这就是引进外国法所必须经历的同化过程。如果欠缺该过程，该外来概念不但难以落地生根，反而会被用为误导价值观念的工具。所谓"自由！自由！多少罪恶假汝之名以行！"即是其惨痛的写照。[1]1993年，一般人格权概念一经抛出，便引得国内学者的高昂兴趣，成为前沿热点。在实践与认识的反复互动中，对于一般人格权的把握也经历了从狂热支持到冷静反思的嬗变。在认真评量一般人格权的优劣利弊之后，反对直接适用传统一般人格权理论的呼声渐高，包括杨立新、张新宝等教授在内的学界权威也达成共识，我国学界所理解的一般人格权与德国的一般人格权存在质的差距，一般人格权只是一种立法技术上的处理结果。要知道，否认传统一般人格权理论仅仅是认识的手段，绝非追求的目的，人格利益究竟应该如何保护的问题，学界仍有不同的声音：

其一，对一般人格权进行限定，即仍然支持使用一般人格权概念，但以具体人格权制度为基础构造一般人格权。持这种观点的学者认为，我国现有的一般人格权制度完全继受了德国的做法，没有尊重我国具体人格权制度的现实。而与德国法对于类型化的人格利益规定少之又少不同的是，我国利用立法建设的后发优势，极大地丰富了现有法律体系中关于人格利益的具体规定。比如姓名权，《德国民法典》仅规定了排除他人争夺和无权使用的情况，《民法通则》却进一步赋予了广泛的决定、使用和改变姓名的权能。因此，未来的我国人格权立法完全可以通过对具体化人格权类型的增加和权能的扩充来实现一般人格权的部分功能。在此基础上，应该通过将保护对象限于目前立法技术无法明确的由人格尊严和人格发展衍生出的非典型人格利益来对传统理论中的一般人格权限定。[2]

虽然经过范围限定改造后的一般人格权可以避免与具体人格权、人格权概念之间的矛盾并明确一般人格权的保护范围，但冠以"权利"字眼的

---

〔1〕 参见黄茂荣：《法学方法与现代民法》（第5版），法律出版社2007年版，第73页。

〔2〕 参见杨立新、刘召成："论作为抽象人格权的一般人格权"，载《广东社会科学》2010年第6期，第181页。

一般人格权在法律性质方面的缺漏仍然没有得到妥善解答。同时，在具体人格权制度上发展一般人格权的做法，本身就与该观点支持者所声称的一般人格权的创设与解释功能相冲突，也违背了人格权从个别到一般再到个别的权利发展规律。因此，这一主张有待进一步论证。假设适用了这种一般人格权设计思路，那么在具体法条的阐述方面该如何体现？从学者建议稿中对一般人格权的阐释可以发现，一般人格权制度设计常常被描述为：自然人、法人或其他组织的人格独立、人格自由和人格尊严受法律保护。[1]仅从字面意思出发，完全不能体现该条与具体人格权的并列关系，从外观上看仍是具有全局性的一般条款。

其二，将一般人格权界定为原则性权利，持此论点者将一般人格权作为与规则性权利相对应的原则性权利，认为一般人格权没有预设具体事实状态，没有指定具体法律效果的特征，仅仅是为了将人权价值和宪法权利引入到民法中，与法律原则的功用相同。它所提供的仅仅是一种具有指示性的"原则权衡"方法，法院必须在权衡权利优劣以后择优选择。[2]诚然，一般人格权的设置初衷和表现形式与法律原则极为相似，但是将一般人格权与原则性权利等量齐观也绝非合理。

一方面，从权利产生的角度出发，原则能否产生权利本身就是个未知数。更多的学者认为，能直接产生权利的只有法律规则。所以只有具体的法律规则才可以直接涵摄当事人之间的社会关系，并以此来产生具体权利。[3]另一方面，从原则本身的适用性出发，根据阿列克西的规则与原则区分理论，规则与原则具有不同的初步性特征。所谓初步性即起初具有可行性，但可以因其他阻却事由而不实行。因为规则具有确定性，因此，规则的初步性更强。而原则的适用，需要负担强论证责任。[4]这种强论证责任，不仅需要证明为什么该项原则优于相关规则的规定，还要证明该原则

---

〔1〕 参见杨立新主编：《中国人格权法立法报告》，知识产权出版社 2005 年版，第 241 页。

〔2〕 参见许可、梅夏英："一般人格权：观念转型与制度重构"，载《法制与社会发展》2014 年第 4 期，第 95 页。

〔3〕 参见沈建峰：《一般人格权研究》，法律出版社 2012 年版，第 63 页。

〔4〕 参见张文显：《二十世纪西方法哲学思潮研究》，法律出版社 1996 年版，第 392 页。

所具有的重要性完全可以偏离"合法权威制定的规则必须遵守"这一形式原则。换言之，只有在规则适用导致个案判决极为不公的前提下，才需要法律原则对法律规则进行实质的审查。[1]而一般人格权只是为了保持人格权的开放性设置的一个兜底条款，虽适用过程需要价值判断，但该判断过程显然与原则适用的过程相异。因此，不应将一般人格权认定为原则性权利。

其三，设置人格权的"一般条款"，即只要在人格权立法中设置人格权保护的一般条款，实务界便可直接引用以保护类型化人格权之外的人格法益。[2]

如同语言具有意义上的灰色地带一样，在法律规定的有无之间，也存在一个黑白相间的地带，也就是我们所熟知的法律原则与一般条款。关于"一般条款"性质的认识，学界经历了一个由原则到规范的嬗变过程。谢怀栻先生曾经指出，一般条款就是一种抽象的原则性规定。[3]而梁慧星教授也认为诚实信用原则、公序良俗原则及情势变更原则等属于一般条款。[4]但是自《侵权责任法》制定实施以来，随着研究的不断深入，学界对一般条款的认识也逐渐发生了转变。法律原则与一般条款的分野日趋明显。以《侵权责任法》中的一般条款为例，张新宝与杨立新教授均认为其性质为侵权请求权之基础的法律规范。[5]虽然一般条款并不是传统意义上的"条款项目"，但与原则相比，它在很大程度上脱离了道德规范的意义，虽然高度概括，但有实际内容，并不空泛，属于基础的法律规范。

在明确了一般条款与原则相区别的基础上，这种保护模式虽然否定了"一般人格权"概念，但无论是人格价值的引入还是人格利益的补充，都

---

〔1〕　参见庞正、杨建："法律原则核心问题论辩"，载《南京师大学报（社会科学版）》2010年第1期，第33页。

〔2〕　参见尹田："论人格权概括保护的立法模式——'一般人格权'概念的废除"，载《河南省政法管理干部学院学报》2011年第1期，第8页。

〔3〕　参见谢怀栻：《外国民商法精要》，法律出版社2002年版，第96页。

〔4〕　参见梁慧星：《民法解释学》，中国政法大学出版社2000年版，第306页。

〔5〕　参见黄娟："《反不正当竞争法》中的一般条款研究"，载《山东社会科学》2013年第1期，第116页。

能将传统一般人格权理论中所涉及的功能予以替代实现。同时，在明确了法律区分"权利"和"利益"的前提下，通过一般条款的设置，可以实现对非典型人格利益除损害赔偿外更高层次的保护。而目前国外判例对非典型人格利益的保护普遍采取了将宪法或基本法中的法律价值适用于民事裁决的做法。在违宪审查制度缺失的中国，更应借助人格权立法的契机将一般条款置于人格权法的开篇。[1]与备受争议的一般人格权相比，一般条款的理论较为成熟，并已被各种法律普遍接受。因此，使用一般条款来保护人格法益的形式，不仅可以克服法律的僵化，还能保持人格权立法与整个民法体系的协调。同时，设定人格权的一般条款还符合大陆法系"构成要件"规范化的模式。[2]虽然一般条款类似于一种原则性的规定，但与其不同的是，法官在具体案件中可以直接运用一般条款进行裁判，[3]这既有利于维护法律的稳定性，又有利于适用人格权的发展，实现法律与价值的接续。因此，德国一般人格权制度实际上应被认定为人格权保护的一般条款。

考察各国人格权立法，除德国以外，法国、葡萄牙、魁北克、越南、乌克兰等国家或地区均采取了一般条款结合类型化的人格权的形式。显然，一般条款的立法体例已经成为一种潮流趋势。结合上文对一般人格权的反向考量所得出的结论，笔者认为，我国人格权立法内在权利体系的构建实际上采用的是一般条款的形式而不是一般人格权制度。事实上，德国框架权创立人之一的菲肯彻就曾指出，在德国学者看来，一般人格权并不是权利，其只不过是不完全的一般条款。他认为"这里涉及不完全的一般条款，考虑到第823条的用语'其他权利'，为了区别于绝对的保护，这里以合目的的方式称其为框架权利"。[4]而德国司法界也承认，一般人格权具有"一般条款性质"，规定和包含该概念的法律规范也只能是一个一般条款。

---

〔1〕 参见薛军："非典型人格利益的民法保护模式研究"，载《暨南学报（哲学社会科学版）》2012年第3期，第22页。

〔2〕 参见方金华："一般人格权理论分析及我国的立法选择"，载《法律科学（西北政法大学学报）》2015年第4期，第39页。

〔3〕 参见谢怀栻：《外国民商法精要》（增补版），法律出版社2006年版，第96~98页。

〔4〕 参见沈建峰：《一般人格权研究》，法律出版社2012年版，第50页。

第二节　具体人格权的类型选择

否定一般人格权概念之后，具体人格权概念是继续沿用或是抛弃废止，其最终走向值得思考。具体人格权，又称作特别人格权，是指经过法律确认并详细列举的人格权，通常包括生命权、姓名权等。需要明确的是，大部分学者认定一般人格权为一项单独的权利，而具体人格权并不是一个权利概念，甚至不是严格意义上的法律概念。确切地说，具体人格权就是被法律类型化了的人格权的学理统称。其存在意义，更大程度是为了与一般人格权形成对应，以此表明其所涵盖的权利在内容与界限上较抽象的人格权相对确定。作为权利统称，具体人格权没有可以明确界定的内容和界限，自然也就不能被冠之以"权利"的称谓。虽然物权法中也存在具体物权的统一概念，即所有权、用益物权和担保物权，但这种划分取决于"存在多个客体，并且这些客体可以归入到独立的、互相可以区分的法益中去"。[1]具体人格权并没有单独的确定的概念与法律性质，其所涵盖的各项人格权，除法律价值层面的统一性以外，在内涵与外延上并不具备共同的特征，不具有促进权利形成的功用，对于人格权权利种类的划分不存在任何实际意义。因此，在一般人格权被证伪的基础上，作为与其相对的概念，具体人格权概念已无存在的必要，但作为习惯性称谓，用来作为理论上对类型化了的人格权的代称也并不为过。

一、人格权类型化之必要性

权利类型化一直是法典体系化的重要课题。在民法上，权利的类型化不仅有利于对权利本质进行形而上的思考，还有利于在具体意义上阐明或者建构不同类别的权利内涵。[2]但是鉴于《瑞士民法典》除规定了姓名权

---

〔1〕　参见李景义：《人格权基本问题论纲》，知识产权出版社2014年版，第123页。

〔2〕　参见姚辉：《人格权法论》，中国人民大学出版社2011年版，第143页。

外，"有意识地放弃了对人格利益的列举"[1]的立法先例，有学者提出，不应对人格权进行类型化。因为，权利的客体必须是独立的，互相可以区分的利益。而人格权的一般条款所包括的法益与划分后的人格权的法益无法进行区分。"即使在确定是否侵害具体人格权时，法益和利益权衡也是不可避免的。"[2]《瑞士民法典》对姓名权的关照，也并非由人格权理论的发展所推动，而是姓名权自身进化的必然结果。因此，对于法律不可能作穷尽列举的人格权来说，在具备人格权一般条款的前提下，人格权的类型化处理多此一举。此外，还有学者提出人格权是绝对权法定主义的一个例外，不具备实行法定主义的基础，因为其不能成为交易的对象，不存在与交易安全相冲突的问题。[3]

以现在的视角审视，上述观点存在明显弊端，不仅混淆了社会事实与法律技术之间的区别，而且按照权利是对客体的法律之力的观念，不存在具体人格利益就不应存在具体人格权的认识显然也是不正确的。[4]

首先，人格权立法的内在体系构建要求对人格权进行类型化。法律体系是在概念与价值导向的基础上形成的，而类型化不仅可以使抽象的概念接近于具体，还可以使价值与生活相接。[5]可以说，就是在类型化这一连接概念与价值之纽带的帮助下，法律体系才得以建成。一个国家的法律适用之所以不能达到规范之预期，常常就是因为在制度创制时，对应进一步类型化的权利不类型化。这种在概念或类型建构上的谬误，即为过度舍弃规范队形的特征，这和逻辑上所称的过度一般化（Overgeneralization）的谬误相当。虽然人格权是一个不断扩张的权利，人格权的法定性难以实现人格权的扩张，但必须承认，人格权的类型化，不仅可以有效避免人格权制

---

〔1〕 See Heiz Hauscheer, Regina E. Aebi-Muller, Das Personenrecht des Schweizersichen Zivilgesetzbuches, 2 Auflag, 2008, p. 118.

〔2〕 参见江平主编：《民法学》，中国政法大学出版社 2007 年版，第 72 页。

〔3〕 参见钟瑞栋、杨志军："论一般人格权"，载《山西大学学报（哲学社会科学版）》2005 年第 5 期，第 56 页。

〔4〕 参见沈建峰："论具体人格权建构的一般方法"，载《国家检察官学院学报》2013 年第 4 期，第 158 页。

〔5〕 参见黄茂荣：《法学方法与现代民法》（第 5 版），法律出版社 2007 年版，第 575 页。

度流于僵化，以致以偏概全；还能帮助法官在断案时触类旁通，深入剖析人格价值对于具体案件的内涵。因此，从人格权的性质与保护上分析，人格权的类型化是人格权发展的必然趋势。同时，人格权存在着内涵与外延上的模糊性。也正是出于这种原因，人格权的绝对权属性备受质疑。[1]而人格权的类型化，恰好能够通过界定不同人格权种类的范围来维护人格权的绝对权地位。

其次，人的自由边界的维护要求对人格权进行类型化。抽象的理念不能代替完善的制度。风险社会的多样化侵害，无时无刻都会对人的尊严、自由造成威胁。作为以保护人的伦理价值为目标的权利，虽然人格权保护的是人的伦理价值，但权利的正当性不等同于实在性。[2]基于伦理价值无形性的特征，只有通过法律宣誓才能实现其可支配性，确保社会的伦理底线，避免人格利益的过度交错。对人格权的类型化，能够实现人格权的保护与行动自由的同时兼顾。埃米尔·涂尔干曾经指出，"所谓个人权利……都是由双方妥协和让步决定的"。[3]因此，当法律认可一方获得利益的同时，肯定会波及另一方。而一个宽泛的极具开放性的人格权权利体系，势必给民法上的人创造了一个危险的场域，当权利边界无法触及之时，个人自由也处于无限缩小之势。但是"在一个法治社会里，保护人的民事权益与维护人的行为自由，是同等重要的"。[4]因此，无论是立法者还是司法者，在介入民事法律关系之时，都应当处理好权利保护与自由限制之间的关系。人格权的类型化，通过法律的公示性，为人格权保护提供了一个确切的利益状态，不仅划定了利益的范围，也厘清了自由的边界。[5]

---

〔1〕　参见贾淼：《人格权益法研究（总论）》，中国政法大学出版社 2014 年版，第 189 页。

〔2〕　参见张平华："人格权的利益结构与人格权法定"，载《中国法学》2013 年第 2 期，第49 页。

〔3〕　［法］埃米尔·涂尔干：《社会分工论》，渠东译，生活·读书·新知三联书店 2000 年版，第 81 页。

〔4〕　张新宝："侵权责任法立法的利益衡量"，载《中国法学》2009 年第 4 期，第 181 页。

〔5〕　参见易军："论人格权法定、一般人格权与侵权责任构成"，载《法学》2011 年第 8期，第 82 页。

最后，人格权的直接保护倾向要求对人格权进行类型化。德国、瑞士等国家大量的判例一再证明，目前大部分国家采用的是不将人格利益权利化而按照一般条款依侵权法对人格利益进行保护的间接保护方式。较之直接运用权利法保护的直接保护手段，前者需要法官开展相当程度的个案利益衡量，不仅程序繁琐复杂，还容易诱发法官自由裁量权过度的权力寻租、滥用之虞。因此，自 20 世纪 50 年代末以来，法国、德国等都尝试通过法典修正来实现对人格权的直接保护。如《法国民法典》修订规范了隐私权、身体完整权等权利；德国发布了《德国民法典人格和名誉保护改革法草案》等。虽然有些改革尚在实施，其效果也有待实践检验，但至少表明各国对人格权类型化保护趋势的基本姿态。因此，考虑到我国没有判例法传统且案例指导制度尚未完备建立的情况，顺应人格权类型化的大势不失为一项合理的选择。同时，人格权的类型化还可以最大限度地将人格权纠纷"疑难案件"转化为"例行案件"，法官不必总需要经过个案判断就可以直接根据法条进行形式性的推论，不仅符合思维的经济性原则，还有助于节约司法资源。[1]

综上，只要在归纳时，把握存在于生活中的道理，朝向法律所要实现的正义价值，避免流失融汇于理想中的道义担当，垂怜生活所需要建立的法律和平，那么人格权类型化就能形成法学方法上的类型谱和模块，并以此为人格利益权衡是否应予不同的处理提供观察事务、思考问题的蓝本或检查清单。

二、人格权类型化之难题：新型人格权

沿着马斯洛"人类需求层次理论"进发，人的精神层面的需求会随着物质需求的满足变得越来越强烈。近年来，"亲吻权""祭奠权"等案件的频发，以及"基因权""环境权"等新型权利概念的提出，推动新型人格权的探讨步入正轨。除了人格权本身边界的模糊性外，新型人格权的产生

---

〔1〕 参见薛军："人格权的两种基本理论模式与中国的人格权立法"，载《法商研究》2004年第 4 期，第 68 页。

也与我国民众权利意识的提升及转型期大规模立法活动对生活秩序的重塑息息相关。不同于传统人格权，新型人格权并非实证法意义上的人格权，而是一种未曾得到法律认可的新的权利样态，其主体、客体和内容均有可能是现有法律体系所未涵盖甚至学理上讨论都不甚成熟的被冠以"权利"名称的新型人格利益。统览相关学者的意见，唯有符合以下几个标准才能称之为新型人格权：

首先，时间标准，即过往的法律文本没有对其进行明确的规定。这种情况至少包含两种具体的类型：第一，过去的法律文本没有任何规定而新的同类法律文本在条文中非常明确地认可了新的法律权利。如我国《人口与计划生育法》第 17 条笼统地规定了"公民有生育的权利"，而《吉林省人口与计划生育条例》第 28 条第 2 款则详细规定了"达到法定婚龄决定不再结婚并无子女的妇女，可以采取合法的医学辅助生育技术手段生育一个子女"。这实际上就是对上位法的进一步解释确认，赋予了"独身女子"生育权。第二，过去的法律文本和现行的同类法律文本都没有明确某种权利，但从已有的具体条文及司法解释中可以推导出某种将要受到法律肯定与保护的权利，如隐私权。

其次，空间标准，即该权利尚未在中国主权范围内获得法律承认。这样的权利主要见于国际性的公约中。如《经济、社会、文化权利国际公约》所确定的"适当生活水准权"，《欧洲人权公约》的"表现自由权"等，诸如此类，凡是未在我国领域内获得法律认可的权利，都应该被认定为新型人格权。

最后，实质标准，即该权利所涉及的主体、客体之一或全部没有存在于现有的法律体系之中。[1] 按照这一标准，新型人格权又可细化为纯粹的新型权利，即主体、客体、内容全部是崭新的，如基因、胚胎的人格权等；主体新型人格权，即权利主体未被现有法律确认的，如其他组织的人格权；客体新型人格权，即权利客体发生了变化，如信用权。

如果说类型化了的人格权是对传统人格利益的立法确认，那么从本质

---

〔1〕　参见姚建宗等：《新兴权利研究》，中国人民大学出版社 2011 年版，第 7~9 页。

上来说，新型人格权更像是公民社会诉求的权利表达。[1]一方面，新型人格权的主张表现出了强烈的全民参与性。与传统人格权主要通过学理探讨与实务推进所不同的是，新型人格权强调鼓励民众的参与，吸引更多的社会群体投身到权利的辩论之中，这也就带有了更加浓厚的草根性、运动性。另一方面，新型人格权的主张成为民众评判国家权力行使的有力工具。在民众看来，对应然权利的保护好坏更能凸显公权力对民众切身利益的重视程度，是检测法律合理性的尺度遵循。

从社会层面观察，新型人格权的产生基于道德与习惯对权利化的追求。社会转型震荡激发的利益多元化、价值观松散化导致道德的约束力、秩序的控制力日渐式微。过去，社会道德规范仅协调人与人之间的关系，现如今越来越多的利益关系冲破了道德规制的藩篱。在道德规范无法操控、法律规范缺少规定的情况下，依靠法律确定道德与习惯的主观愿望产生了确认新类型人格权的内在动因。

从法律制度层面观察，新型人格权的产生源于人格权制度的固有缺陷。一方面，目前我国关于人格权的立法体系不够完善健全，仅仅通过《民法总则》《侵权责任法》及相关司法解释采取列举的方式规定了少数类型的人格权。而对于未经法律确认的人格利益的保护缺乏法律依据，仅依靠法官的自由裁量。另一方面，传统人格权以保护人的外部性人格利益为核心，[2]关注点更加集中于生命、身体、健康等物质性存在及姓名、肖像等社会性存在。但是，根据人格权理论的最新发展，人格权所保护的人的尊严、自由等价值实际上更趋向于人的内在性人格利益。作为人的精神性存在，内在人格体现了人的意志。正是由于意志的自由性与无限性，传统人格权制度仅着重保护既有的人格利益，而将内在性的人格利益交由一般条款等抽象的条款来保护。随着人的精神领域的丰富与权利意识的提升，既有法律制度对人格权的保护已经无法满足人格利益的动态发展。因此，

---

〔1〕 参见刁芳远："新型权利主张及其法定化的条件——以我国社会转型为背景"，载《北京行政学院学报》2015 年第 3 期，第 46 页。

〔2〕 参见杨立新、刘召成："抽象人格权与人格权体系之构建"，载《法学研究》2011 年第 1 期，第 87 页。

求诸一般条款的新型人格利益应运而生。

从法律思维层面观察，新型人格权的产生立足于权利塑造中法律思维的缺位。受我国法治建设的号召与传统观念中道德评判的影响，权利意识勃兴的社会民众实际上还没有运用法律思维来分析和解决问题的能力素质。放眼这样的社会背景，不论是学界还是实务界，更加关注的是权利的可欲性问题，而忽视或削减了权利的可行性问题。[1]这就导致在人格权类型化的过程中，权利的赋予与逻辑的构造成为学术思考与探究的核心，而权利保护的实质条件或者说权利的成本及相对性问题被忽视。"权利是被社会认可的自由，不是天赋的；不是绝对的，而是相对的。"[2]在过分强调人格权绝对化的基础上，法律思维的缺位也是新型人格权层出不穷的隐性原因。

值得注意的是，权利的功能实际上是划定人与人之间自由的界限，在这种语境下，权利与法律规范是一体两面的关系。因此，权利不能脱离法律之外而存在。但随着公民权利意识的提升，"人们不再将私权作为规范性的事实来理解"，[3]忽视了权利的规范属性，认为只要客体存在，就会有权利存在。面对日益复杂的人格利益形式，势必导致大量新型人格权的诞生。

概括起来，新型人格权的生成途径主要有两种：一是司法途径，司法解释是新型人格权产生的主要途径。实践中，最高人民法院的解释确证了数量可观的人格利益保护形式，彰显出相关人格利益的社会普遍诉求及重要程度。我们熟知的隐私权，逐渐被侵权责任法认可并在学界形成应作为一项独立人格权的共识，最早便是借助作为名誉权保护的司法解释确认的。二是社会途径。权利源于人的社会生活。[4]而经济文化等社会发展条件的推动，道德的规制能力趋于孱弱，"亲吻权""祭奠权"等新型人格利

---

〔1〕　参见陈金钊、宋保振："新型人格权的塑造及其法律方法救济"，载《北京行政学院学报》2015年第3期，第34页。

〔2〕　严存生："权利观念的再澄清"，载《学习与探索》2014年第6期，第61页。

〔3〕　See Eurgen Bucher, Das Subjective Rechtals Normsetzungsbefugnis, J. C. B（Paul Siebeck）, Tubingen, 1965, p. 21.

〔4〕　参见郭道晖：《法理学精义》，湖南人民出版社2005年版，第130页。

益诉求的次第呈现，正是活生生的社会实践在权利领域的印记与铭刻，体现了道德权利与习惯权利追求被法律化的需求渐旺，这在社会生活中应当是稀松平常的，是文明进化的必然结果。

自然地，新型人格利益与传统人格权在主体、客体等方面存在或多或少的差异，但归根结底，两者在确认的标准上却仍是权利的认定问题。在明确了人格利益权利化的标准基础上，哪些通过司法与习惯创制的新型人格利益，可以被认定为独立的人格权，并被将来的人格权立法所接纳就变得清晰起来。

三、人格利益向具体人格权类型的转化

开放性的人格权蕴含着丰富的人格利益，但并非所有的人格利益都能上升为权利，也不是任何主观诉求都能借权利之名调动法律的强制力量。在权利话语的蛊惑下，人们似乎无暇顾及主观诉求与法定权利的界限。在法律规范尚不完备的条件下，片面追求道德权利的法律权利化，极易造成人格权的泛化乖张。那么，什么样的人格利益可以被认定为独立的人格权就成了必须明确的问题。曾有学者提出，新型权利必须具备真实性、准确性及重要性的法律特征。[1]在此基础上，笔者认为，按照哈雷尔的权利证成观点，[2]人格利益只有在兼具内在理由与外在理由的前提下，结合认定边界的排除法得成为一项人格权利。

首先，内在理由是使利益成为权利的特定要求，是影响利益成为权利的决定性力量。归结到人格利益的权利问题上，即要求该项人格利益能够反映人格尊严、人格自由等人的伦理价值，并具有正当性。

具体要求是：①人格利益须具有权利的核心要素，即利益、主张、资格、权能和自由，具有权利可救济性。[3]综合看来就是必须具备"客体+

---

〔1〕 参见刁芳远："新型权利主张及其法定化的条件——以我国社会转型为背景"，载《北京行政学院学报》2015 年第 3 期，第 45 页。

〔2〕 See Harel. A. ，"What Demands Are Rights? An Investigation into the Relation between Rights and Reasons"，17 *Oxford Journal of Legal Studies*，1997，p. 1.

〔3〕 参见夏勇：《人权概念起源——权利的历史哲学》，中国政法大学出版社 1992 年版，第 42~43 页。

权能"的条件。②人格利益的明确性，即要求经过司法实践和学理论证，该项人格利益的主体、客体、内容已具备明晰的边界，与其他已确权的人格利益能够清楚地界分。新型人格权利主张，其实际上是道德权利、习惯权利以及自然权利等非法定权利形态的混合体，其所具备的内在利益诉求，很可能已经被现有的人格权类型所包含，[1] 对于那些能够被既存人格权类型包纳的权利诉求，当然不能被认定为新型人格权类型。毕竟，旧有的人格权是任何新型权利的孕育土壤。新兴利益诉求与已有权利之间存在复杂的关系与利益交集在所难免。[2] ③人格利益的正当性，它要求该项人格利益的确认必须符合社会普遍价值观念及公序良俗。因为权利是基于"共同善"[3] 而证成的，如果为了维护一个人的人格利益而损害了他人乃至社会公共利益，那么该项利益就不应被认定为权利。因为一项利益之所以被认定为一项权利，根本上说并非它能够给权利人带来利益，而是由于保护该利益的行为不会给社会、给他人造成损害。因此，所谓的正当性，并不是指该利益本身的客观存在是正当的，而是对于社会整体而言该项利益是不具危险性的。

其次，外在理由，即影响利益受保护程度和重要性的理由，是利益成为权利的立法政策问题，可以概括为人格利益的普遍性和合政策性。尽管权利与利益相连，但利益之所以能够被法律确认，仍是取决于该利益的社会普遍认同与认可。[4]

一项人格利益想要发展为一项独立的人格权，必须符合社会公众的认知并且达成社会共识，或者说有足够的包容度。根据权利先验演绎，权利不适用于孤立的个体，而是共同体。如果仅仅是极少部分主体所需要的人格利益，则起码在短时间内不应认定为独立的人格权。作为主要基于人的精神利益的人格权在不同人身上会出现不同的表现形式，为极少数个体的

---

〔1〕　参见刁芳远："新型权利主张及其法定化的条件——以我国社会转型为背景"，载《北京行政学院学报》2015 年第 3 期，第 50 页。

〔2〕　参见姚建宗："新兴权利论纲"，载《法制与社会发展》2010 年第 2 期，第 10 页。

〔3〕　See Joseph Chan, "Raz on Liberal Rights and Common Goods", 15 *Oxford Journal of Legal Studies*, 1995, p. 15.

〔4〕　参见张恒山：《法理要论》，北京大学出版社 2002 年版，第 374~377 页。

利益设置一项权利就会导致权利的无节制扩张，从而消解人格权的法律地位，而这也是出于立法成本的考虑。此外，权利诉求本身就应该是一个从个别主体意识上升到群体自觉意识再上升为整个社会绝大多数主体意识的过程。只有从社会层面出发，在不同群体之间对该权利诉求进行最大程度的意见沟通、协调并取得基本社会共识，社会整体才能对该项权利给予理性的容忍。[1]概括说来，判断一项利益是否能够被社会公众普遍接受，符合典型性、样本性和重复性的特征是应有之义。

同时，政治倾向与法制政策是影响权利认定的重要外部因素。根据罗纳德·德沃金的权利理论，任何一项权利都体现了该社会的政治道德观念，体现了这个社会的政治诉求。任何利益诉求的社会效果都是政治意义在不同时间和侧面的表达。政治在选取哪些利益可以上升为权利之时，必然会结合自身的价值追求，以达到按其意愿调整社会整体利益的目的。[2]一个不重视人权的政府必然不会轻易在本国法律体系中对人格权予以确认。因此，要想成为一项独立的权利，人格利益必须具备所谓的"政治无害性"。而实际上，立法政策才是权利确认的决定性因素。正如耶林所言："决定矛盾着的社会斗争力量最终何者胜出的因素，往往不是道理的多少，而是力量的大小。"[3]

最后，人格权认定的边界。虽然哪些利益可以被人格权法确认是动态变化的，但哪些利益不为人格权法容许却是相对固定的。当前，人格权与身份权、知识产权等权利分野的学术探讨已经比较充分，人格权与宪法中相关权利的区别应当引起重视。作为世界上唯一一部将人格权独立成编的民法典，《乌克兰民法典》人格权编之所以备受诟病，主要在于其没有划清政治权利与民事权利的边界，将结社自由等权利归入人格权部分。因此，在人格权立法过程中，必须明白无误地将政治权利和社会权利彻底摒

---

〔1〕 参见姚建宗："新兴权利论纲"，载《法制与社会发展》2010 年第 2 期，第 11 页。

〔2〕 参见［美］罗纳德·德沃金：《认真对待权利》，信春鹰、吴玉章译，中国大百科全书出版社 1998 年版，第 16 页。

〔3〕 参见张力："论法人人格权制度扩张的限度问题"，载《法制与社会发展》2008 年第 6 期，第 97 页。

除。政治权利是指公民参与并影响政治生活从而得以在社会的政治生活领域实现人的内在需要的权利，主要包括政治结社权、游行示威权与发表政治见解权等。[1]社会权利是指国家对经济、社会的积极介入加以保障的所有人所享有的社会生活的权利，[2]主要包括劳动权、社会保障权、受教育权、文化权等。[3]毫无疑问，这两类权利都是宪法中的权利，但因与人的尊严、自由密切关联而常被民法学界提起，而且有的学者建议稿中也确实出现了所谓的劳动权、受教育权等人格权类型，在一定范围内造成了认知上的紊乱。事实上，两种权利均以国家为义务主体，民事主体不可能单独实现这样的权利，必须有国家公权力的认可与介入方可完成。从政治权利的角度看，其目的重在阻止国家的侵害，而不是对抗私法上的其他主体；从社会权利的角度看，仅仅是作为政治权力的存在基础，并非为了确定和界定一种纯粹的财产关系。因此，这两种权利都不能也不应该成为实质意义上的民事权利。[4]如果将这些权利纳入人格权利体系，势必会造成宪法权利体系与民法权利体系的对冲与缠连。

人格权内涵的模糊性与人格权类型的有限性必然导致传统意义上的人格权不能完全满足人们的需求。在人格权立法过程中，是否应将环境权、个人信息权等新型人格利益纳入人格权类型化体系，成为学界普遍关注的问题。事实上，新型人格利益是否能被认定为法定人格权的探讨过程，就是对人格权类型化标准的研究过程。原因很简单，虽然人格权的本质就是人格利益，但并非所有的人格利益都可以上升为权利，[5]通过法律思维运用法学理论与方法充分论证并经立法确认的人格利益，才能成为类型化的人格权。

---

〔1〕　参见李琦："公民政治权利研究"，载《政治学研究》1997年第3期，第36页。

〔2〕　参见张新宝："我国人格权立法：体系、边界和保护"，载《法商研究》2012年第1期，第5页。

〔3〕　参见上官丕亮："论宪法上的社会权"，载《江苏社会科学》2010年第2期，第136页。

〔4〕　参见赵万一："从民法与宪法关系的视角谈我国民法典制订的基本理念和制度架构"，载《中国法学》2006年第1期，第124页。

〔5〕　参见陈金钊、宋保振："新型人格权的塑造及其法律方法救济"，载《北京行政学院学报》2015年第3期，第33页。

本章小结

一般人格权与具体人格权是传统人格权研究领域所坚持的人格权立法内在体系构建的两个必备要素。研究发现，肇始于德国的一般人格权制度，不论从产生背景、概念解读、权利性质还是与我国法律体系的适应性等方面考察都存在瑕疵。作为德国侵权法"小的一般条款"及适用判例法的具体法律背景产物，我国人格权立法不管采取何种模式，都不应引入一般人格权制度。实际上，在德国本土学者看来，一般人格权制度就是人格权的一般条款，而世界上绝大部分国家的人格权保护也是参照一般条款完成的。结合我国已经颁布的《侵权责任法》民事权益的保护模式，一般条款的模式才是最适合我国的人格权立法选择。面对日益丰富的人格权类型，未来人格权类型的确认，必须从内在和外在两个理由出发，按照实质和形式两个标准，结合人格权认定的权利边界。

第五章

我国人格权立法构建的模式选择与内在体系架构

在完成国内外人格权立法构建经验总结及人格权立法构建基本要素确定明晰的基础上，人格权立法构建应选取何种模式，内在体系该如何架构等问题就有了较为清晰的思路。

第一节　我国人格权立法构建环境

百年之前，外国列强坚船利炮的外源性促动推动了我国由中华法系到近代法典化的嬗变。新的历史阶段，人格权制度的顶层设计与实际安排，当然要在服从并服务于"法治中国"这一长远目标下，结合多元现代性分析范式的思考，认清我国具体的立法环境，以便于相关制度的营造。

一、具体立法构建背景

第一，丰富的学术研究成果。当下中国，再没有哪一个民法上的问题比人格权更能引起民法学界如此广泛的关注和讨论。三十年来，我国民法学界在人格权研究领域取得了丰硕的成果，对人格权体系已经有了较为完整的认识。仅在人格权立法构建方面，目前除上述《草案》以外，还存在王利明教授、梁慧星教授、徐国栋教授分别主持编定的三个学者建议稿。杨立新教授在其主编的《中国人格权法立法报告》中构建的人格权立法体系的基础上，于2016年2月对其再次修订，并进行了较大的改动。虽然诸位学者的建议稿在人格权立法模式、具体内容和权利类型上存在些许差异，但其充分集合了我国不同时期的人格权研究成果，为我国人格权立法指明了方向。

第二，对法治现代化的清晰认识。作为法制后发国家，如何对待现代化始终是摆在立法者面前的重大议题。与法制建设初期相比，"言必称希腊"式的研究方法再也不能一家独大，越来越多的学者对西方法律制度模式的态度趋于理性，既深知后发国家对西方先进经验的求知若渴，又认识到每个国家传统文化与具体经验的千差万别，所谓的借鉴改良一旦堕落到削足适履、机械搬抄，无异于饮鸩止渴、自断后路。全球经济一体化必然带来全球法律一体化，但这种一体化是国际法视域内的，主要是立法价值追求的一体化，而不是法律制度的一致性。不论是德国、美国还是日本，都是在一体化的进程中保持着自己的独特属性，建构了各自现代社会的民族精神。[1]因此，既学习国外先进又尊重本国传统的法学研究方法已在我国学界达成共识。

第三，"全面依法治国"的政策推动。"全面依法治国"的政治推动，加速了人格权立法。30多年的民事立法经验显示，政治与法律的有益互动影响到具体法律制度的创设。政治制度的回归是当下立法的最终推动力。法律是统治阶级维护统治的工具。政党与国家控制社会的权力模式仍是每个国家的统治模式，但与过去强硬的政治制度干涉国家立法，控制国家权力的体制不同的是，当代的政治制度已经转型为宪法政治与具体法治相结合的制度。[2]在宪法不断修正完善的大背景下，政策对具体法律的制定与执行，日益焕发出强有力的策应反作用。国家对未成年人的关爱，催生了《未成年人保护法》的颁行；对弱势群体的关照，刺激了《消费者权益保护法》《残疾人保障法》《妇女权益保障法》等的出台。十八届四中全会关于民法典编制的论述，为民事立法研究奠定了基调，指明了方向。权利的构成需要其具备利益、主张、资格、权能和自由，具有权利可救济性。[3]而政治需求却是法益是否可被确认为权利的决定性要素。通过我国法治30年

---

〔1〕 参见高全喜："三十年法制变革之何种'中国经验'"，载《历史法学》2009年第0期，第85页。

〔2〕 参见高全喜："论宪法政治——关于法治主义理论的另一个视角"，载《北大法律评论》2005年第1期，第501页。

〔3〕 参见夏勇：《人权概念起源——权利的历史哲学》，中国政法大学出版社1992年版，第42~43页。

的立法经验可以发现，"法治中国"的建设基本上遵循了自上而下的规律。[1]因此，任何一个制度的诞生，一项权利的认定，都应基于政策与法理的双向结合。

第四，基本权利理念的差异。基本权利理念的差异决定我国不能通过宪法司法化途径建立人格权制度。横向对比看，德国、日本等国人格权制度的发展都是基于宪法中规定基本权利的路径实现，那么这条道路在我国是否存在复制的可行性？中国宪法文化中对基本权利理念与体系的理解表达，淋漓尽致地展示出中国人对基本权利的评价异于西方。超脱于传统公权和私权的对立之上，我国的基本权利立基于国家、社会和公民既存在对立关系，又强调和谐共生的法律理念之下，要求防御与合作并举。因此，基本权利的实现要求立法、司法、行政机关的共同保障，仅仅通过宪法司法化来保护基本权利，并不符合我国的传统。[2]

第五，制定民法典过程中的体系性问题。体系性是民法典的生命，[3]但法律的混合继受带来的素材的多元性使得民法典体系的建构变得复杂，而基于后发国家法律体系不发达的社会背景，所选择的"成熟一部，制定一部"的渐进式法典制定步骤，也为民法典体系的统一性创造了矛盾。民法典制定过程中对"中国特色"的创新追求，让整个民事法律制度的建立过程具备了时代感。但对德国、法国等国立法高度的盲目追赶，在推进我国民事立法迅速发展的同时，也引发了繁简不当、轻重失衡的弊病。以《侵权责任法》为例，绝大部分国家将侵权作为债的发生原因之一而规定于民法的债编之中，鲜有独立立法之先例。即使是将侵权责任作为请求权发生原因的立法体例，也不曾有像我国一般规定了如此庞大的侵权责任体系。不论是《德国民法典》《法国民法典》等老牌法典，还是随后颁布的

---

[1]　参见冯玉军："当代中国法治的多重内涵与战略前瞻"，载《人民论坛·学术前沿》2014年第22期，第49页。

[2]　该观点参考2008年韩大元教授在"法律与发展的中国经验"国际研讨会上，题为"中国宪法视野下的基本权利理念与体系"的发言。参见冯玉军："'法律与发展的中国经验'国际研讨会综述"，载《河南省政法管理干部学院学报》2008年第5期，第61页。

[3]　参见易军："中国民法继受中的体系性瑕疵与协调"，载《法商研究》2009年第5期，第69页。

《越南民法典》等当代法典，涉及侵权责任的条文寥寥数笔，这与我国丰满的侵权责任法相去甚远。同时，侵权责任法所涉及的内容很多都是已有一个或多个单行法律或法规予以规定的责任。[1]从我国当时力主制定《侵权责任法》的原因看来，仅仅因为侵权责任中包括赔礼道歉等非财产性质的责任就将其从债法中脱离，虽具有一定的合理性，但理由仍不甚充分。[2]法典的首要内在要求，就是法律体系的协调性与匀称性，若是打着强调制度与理论创新的幌子，就只顾大胆假设，而不小心求证，到头来也是本末倒置得不偿失。因此，人格权的立法无论如何都应将保持民法典的体系性作为一项制度创立的至上准则。

第六，案例指导制度的开创。目前，世界范围内绝大多数的人格权类型通过判例制度创立而成。2005年，最高人民法院发布的《人民法院第二个五年改革纲要》明确提出"建立和完善案例指导制度"，为案例指导制度的中国化树立了表率与导引。2010年，《最高人民法院关于案例指导工作的规定》问世，标志着"指导性案例"制度正式确立。显然，我国的案例指导制度存在借鉴国外判例制度的一面，但在本质上却是我国司法审判经验的长期沉淀与提炼升华。一个明显的特色是，我国指导性案例的生成路径非常独特，它是由最高人民法院遴选出的具有代表性的案例，而其他判例国家，则由最高人民法院或高级人民法院的终局裁决形成。这一点直接决定了指导性案例的"参照力"并不具有一般意义上的规范约束力。我国的案例指导制度虽然比司法解释更加具体，但必须严格限定在法律适用的范围内，不同于国外"判例就是法"的特征。[3]即使《最高人民法院关于案例指导工作的规定》第7条确立了案件裁决"应当参照"指导性案例的要求，但对于哪些指导性案例具有被参照的资格还存在非常大的争议。因此，对于开放性的人格权的内部体系的构建，必须考虑到我国现行

---

〔1〕 参见孙宪忠："我国民法立法的体系化与科学化问题"，载《清华法学》2012年第6期，第53页。

〔2〕 参见柳经纬："关于中国民法学体系构建问题的思考——百年中国民法学之考察之三"，载《中国政法大学学报》2010年第4期，第25页。

〔3〕 参见刘作翔："中国案例指导制度的最新进展及其问题"，载《东方法学》2015年第3期，第41页。

的指导性案例制度，正确处理好形式理性与实用理性之间的关系。

第七，立法时代的国际背景。从近年来越来越多的大陆法系国家制定民法典的国际背景出发，我们正处于一个立法的时代，甚至是更大规模的法典编纂时代。立法的时代就应该优先考虑采用立法的技术来解决问题。在法律发展、制度形成方面，立法与司法相比较而言，更具有体系性、精准性和条理性。因此，要形成一个富有逻辑性的权利体系，必须借助于立法，把握住通过立法建立一个完整的人格权权利体系的机会。

此外，实践性法律思维的流行、法律资源配置的不均衡及法律从业人员素质的参差不齐等都是未来我国人格权研究与立法必须依赖的条件或者面临的困难。

二、人格权立法构建要求

结合我国的传统法律文化与当代具体国情，人格权立法与后续法律适用过程中需要处理的问题包括：

第一，正视传统法文化对人格权体系构建的深层影响。一方面，需要认识到我国古代法律制度中所蕴含的人格利益保护要素，重视对习惯法的挖掘与运用。"祭奠权"等带有中国特色人格权类型的出现，恰恰凸显出我国人格利益保护的"中国化"需求和本土化主张。另一方面，理清我国传统伦理道德对法治建设的双重作用。直言不讳地承认内省的伦理道德思想对个体的权利的影响，认识到我国人格权的发展不能只通过宪法权利予以彰显外化，而应该"通过最基础的民法来加以规范，使其成为实定法上的权利，得到切实的保障"。[1]而且"在中国，民法典中的一系列的具体的人格权的规定，其目的不在于限制司法的任性，而更多地在于一种人格保护的理念在民法上的具体阐发和落实"。[2]同时，旗帜鲜明地开发弘扬传统法律文化中孕育的"人本主义"思想，高度重视和谐的儒家道义及朴

---

〔1〕　曾凡昌："西方人格权发展的历史线索及其启示"，载《现代法学》2011 年第 2 期，第 61 页。

〔2〕　薛军："人格权的两种基本理论模式与中国的人格权立法"，载《法商研究》2004 年第 4 期，第 73 页。

素的权利观与平等观的现实转化。最重要的是，树立科学的人格权立体体系研究观念，避免全盘否定历史传统的"自虐式套用"，以更加自信的姿态投身到法治现代化的浪潮中。

第二，统筹好人格权立法体系"小气候"与民法典体系"大生态"的辩证统一关系。作为民法典的重要一环，人格权制度无论委身于民法典的哪一部分，前后条款体系的协调一致都应放在至关重要的位置，尤其是人格权与侵权责任法的关系更是难以回避的技术阻隔。当然，尚应明确的是，我国侵权责任法采用的是保护"权益"的概括性的一般条款，德国侵权责任法一般条款则重在保护"权利"，范围相对更窄更具体，这样的立法差别完全可以决定"一般人格权"在我国的适用性。

第三，正确把握立法与政策之间的距离。在大陆法系的民法理论中，一直存在关于民法的非意识形态性的理论，认为民法与公法不同，不应受到政治层面的影响。[1]然而，就市场机制而言，任何社会都是人为的构筑物，都是特定利益集团为了自己的利益诉求，出于自己的价值观立场与意识形态建构的。民法制度所要发挥的作用就是为了与其他法律一起，参与本国社会的塑造。况且，政策与法律在我国的话语圈内具有实质上的同向性和互融性，一定意义上，政策是法律的基点，法律是政策的固化。客观上，在两者的良性互动下，人格权立法亦需要感受政策导向的温度，这远比单纯的规范分析方法更加生动也富有意义。毕竟，规范分析是以法律概念逻辑体系的完备为前提的，并不能很好地处理社会现实对民法提出的新问题。融合了政治决策、主流意识形态、道德价值观立场的协调性等多方面因素的"实质推理"能够为人格权立法提供更好的论证方式。但必须声明的是，重视政策对人格权立法的影响同鼓吹人格权立法的"泛政治化"不能相提并论，以民法专业视角考量政策的妥当性与可行性始终是我们主张的初衷所在，当法律堕落为政治话语的传声筒时，法律的价值就失去了彰显的意义，而政策更会膨胀为无可救药的怪兽。

第四，恰当处理已有法律的继承性与立法的包容性。法，特别是私法

---

〔1〕　参见薛军：《批判民法学的理论建构》，北京大学出版社 2012 年版，第 17 页。

的历史性，决定了民法制度形成的路径依赖。前文已述，自《民法通则》以来我国民事立法就形成了与大陆法系立法逻辑不同的"中国模式"。《草案》《民法总则》及《侵权责任法》都是对《民法通则》立法思想的延续。因此，人格权立法也应保持这种立法思想上的连续性和具体制度上的一贯性。同时，我国涉及人格权的法律渊源多种多样，涵盖了法律、法规、司法解释等各个层级，貌似松散混乱不成体统，然而稍作梳理便会发现，现有法律规定共同构成了我国民事权利中的人格权体系，并表现出显著的特点：人格权与某些特定的人格利益均可成为其保护的客体对象，生命权、健康权等物质性人格权更是牢固占据保护的中心地位；以人的精神利益为保护对象的姓名权、肖像权、名誉权等具体人格权类型也是我国法律关切的重点；《侵权责任法》以概括列举并用的方式较好地规定了"民事权益"的范围，以"等人身、财产权益"的兜底性话语为人格权保护的扩张预留了通道和空间。[1]法律是人们行为的指南，也为判断个体行为的结果提供预测期待，这种导向作用很大程度上塑造了民众的用法定势。因而，在没有充分理由改弦更张的情形下，尊重惯例顺势而为理应奉为首选。当然，这种对既有立法、司法实践加以传承的要求，不是固步自封、闭门造车的借口。深改期的中国，经济、科技、文化时刻处在量质变的关口，意识形态和价值取向日益多元化，我国所面临的人格权保护情势比以往任何时期都要复杂尖锐，大数据时代的个人信息泄露，网络环境中的人格权突变以及人格权的商业利用等问题都应该成为人格权立法与解释的关注点和着力点。法律是社会生活的写照，立法者应该站在更高角度上远见卓识未雨绸缪，实现当下与未来的交汇衔接。

第二节　人格权的独立成编

前文提到的关于人格权立法模式的四种观点，各有其忠实的拥趸，也从不同角度予以了较为充分的论证，每个主张都无法称之为完美，各有利

[1]　参见张新宝："迈向立法的人格权"，载《法商研究》2012年第1期，第4~5页。

弊长短。单从法理的角度理解，无论择取哪一种立法方式，只要筑建得当、配套合理，都不失为一种不错的选项。近年来，对于人格权立法模式选择的争议出现了降温缓和的态势，越来越多的学者认为，人格权的立法模式"基本上不是一个价值层面的问题，而是一个立法技术问题"。[1]即使在《民法典人格权编（草案）》已经提交三审稿，人格权将以独立成编的形式出现在我国之后的《民法典》中几乎已成定局的情况下，仍然有相当一部分学者不赞成人格权独立成编。结合前文对人格权立法构建中基本问题的分析以及我国当代人格权立法环境的阐释，笔者认为，无论是从法政策、法理论还是法技术角度，人格权独立成编是契合我国实际国情及社会需要的最佳选择。关于人格权的民事权利属性、组织体人格权、人格权权利类型的有限性、人格权的支配性以及人的伦理价值外化等问题，前文已有所回应。故本书拟从潘德克顿体系要求等四个方面展开，对人格权独立成编的合理化进行论证补充。

一、潘德克顿体系的要求

自清末立法改制继受大陆法系的模式，我国长期以来坚持潘德克顿体系的立法框架。纵览德国、瑞士等国民法典的体系，潘德克顿民法典模式呈现出"总则—分则"的序列结构，其区分意义在于，总则是对整个民法典所共通的事项加以提炼概括所得出的一般规定，是提取公因式的产物。民法是权利法，那么贯穿整部民法典的最基本的事项，就是权利。[2]因此，总则部分关涉的应是权利的共同规则。但权利内容的多样化决定了权利的内容很难被一般化及高度概括，这就呼唤分则去对各种具体权利的内容加以细化。特别要指出的是，总则的意义在于确定共同的规则，并不是为了进行确权性规定，以此为出发点，具有丰富权利内容的人格权，显然

---

〔1〕 张新宝："我国人格权立法：体系、边界和保护"，载《法商研究》2012年第1期，第7页。

〔2〕 参见［日］山本敬三：《民法讲义Ⅰ：总则》（第3版），解亘译，北京大学出版社2012年版，第16~17页，转引自房绍坤："关于民法典总则立法的几点思考"，载《法学论坛》2015年第2期，第11页。

不具备被纳入总则的属性，当然应该作为特别事项由分则规定。[1]

与此同时，在潘德克顿体系中，法律关系理论和法律行为理论是核心制度，要求分则所涉及的权利都应具有法律关系三要素（即主体、客体、内容），并具备引起法律关系变动及民事权利取得和变更的法律行为。反对人格权独立成编的学者认为，人格权是自然权、绝对权及非财产权，其取得和消灭仅依自然人的出生和死亡，并不存在变更等意思自治的情况。这其实回避了当今社会对人格权商品化的普遍承认与保护，随着社会经济的不断发展，人格权所具有的财产价值使其在法律关系方面的条件越来越完满。人格权的商品化理论，允许人格权主体在不违背公序良俗的范围内，对自己的人格利益上所附着的财产价值进行支配。因此，将人格权置于总则部分已经不能适应人格权的发展。

还有学者提出，如果人格权单设一编，则总则的法律事实等多项规定都无法被人格权编适用，这在一定程度上破坏了民法典的科学性。很明显，虽然总则是对分则内容的高度概括，但是这种概括是不可能完全的，仅仅是重要规则的列举。[2]正如诉讼时效仅适用于债权，代理不适用于婚姻一样，法律事实的部分失效不能成为反对人格权独立成编的理由。而人格权对代理、时效等制度的不适用性，恰恰说明了人格权与物权、债权、继承权及身份权等权利的不同之处，说明了人格权存在的特殊意义。[3]

实际上，以民法总则的视角审视我国的《民法通则》，其设置了不少超出民法总则框架的制度和规则，是"肥胖"的民法总则。[4]正如王轶教授于 2015 年 3 月底在"《中华人民共和国民法总则》体系研讨会"上提出的标准一样，能够纳入总则的民法规范，应该符合两项要求，即提取公因

---

〔1〕　参见房绍坤："关于民法典总则立法的几点思考"，载《法学论坛》2015 年第 2 期，第 9~11 页。

〔2〕　参见刘士国："关于人格权调整对象的思考""中国民法学研究会 2015 年年会暨 30 周年纪念大会主题发言汇集（民法典的顶层设计）"，载中国民商法律网 http://mp. weixin. qq. com/s? _ _ biz＝MjM5NjMyNDM5Nw＝＝&mid＝400221408&idx＝1&sn＝f482f30da500b05e30d3e23992efb598&scene＝2&srcid＝1027kXyYwg6xL6V2DmBjr8AO#wechat_ redirect，访问日期：2015 年 11 月 25 日。

〔3〕　参见刘凯湘："人格权立法中的论争与辨析"，载中国民商法律网 http://www. civillaw. com. cn/zt/t/? 30240，访问日期：2016 年 3 月 5 日。

〔4〕　参见崔建远："民法总则如何反映民事权利?"，载《求是学刊》2015 年第 4 期，第 76 页。

式而形成的具有裁判依据功能的民法规范以及立法技术上的剩余。显然，人格权并非是提取公因式的，可以适用于法典各分编的民法规范。而所谓的立法技术剩余，主要是指在《合同法》《侵权责任法》《物权法》等单行法刚刚制定不久，短时间内不会修订的现实情况下，很多社会亟须且本应由这些法律规定的制度或规则需要《民法总则》予以一定的补充与重视。[1] 因此，人格权的相关规定也明显不属于立法技术的剩余。故而，人格权的具体规定不应由总则完成。

二、人格权与主体制度的剥离

坚持应将人格权规定于主体部分的观点，源于对人格与人格权关系认识的偏差。该观点认为人格权基于人格产生，而人格属于民法中主体资格的范畴。因此，人格权理所应当地受民事主体制度管辖。实际上，基于人格权权利结构要素的考察可知，法学理论的发展精进，促使人格权逐渐从主体制度中脱离。人格实际上具有双重含义，一种是主体资格或权利能力，另一种则是作为权利客体的各种人格利益。民法典总则部分的主体规定，着眼于解决人的主体资格问题，关注的仅是什么人在具备何种条件时可以登上法律的舞台。人格是一种 Capacity，而不是 Ability。因此，其仅仅是取得实在权利的一种身份，而不是权利本身。换句话说，主体资格是取得人格权以及其他各种民事权利的一个前提条件，与人格权根本不是一个概念。同时，主体制度除自然人、法人外，还涉及其他组织的资格问题，但前文已证其他组织并不具有人格权。因此，更不应该将人格权放置在主体制度中。可见，当今关于人格权的立法，不是为了解决主体资格的认证问题，而是基于对人的伦理价值进行保护，其根本上是为了维护人的尊严与自由发展。[2] 因此，作为权利主体资格的人格可以规定在总则的民事主体部分，但以生命、健康、姓名、名誉等人格利益为客体的人格权利应该与物权、债权、继承权等民事权利并列，单独规定为一编。

---

〔1〕 参见崔建远："关于制定《民法总则》的建议"，载《财经法学》2015年第4期，第8页。
〔2〕 参见韩强："人格权确认与构造的法律依据"，载《中国法学》2015年第3期，第139页。

虽然生命权、健康权、姓名权等人格权与权利主体密切相关，但这些权利并不是权利主体资格的构成要素，即使人格权主体的姓名权、健康权遭到侵害，也全然不会影响受害人的主体资格。[1]主体资格的存在在很大程度上是为了解决法人等团体性人格的入法问题。正如人体器官可以捐赠一样，当代人格权保护的是外化的作为人格权客体的人的伦理价值，而不是人何以为人的问题。此外，法律上任何一种权利都反映着一种法律关系，[2]因此人格权利反映的是人与人之间的关系。如果将人格权认定为主体资格的一部分，实际上否认了人格权为人与人之间权利的基本特征，于权利概念的角度讲也矛盾重重。而人格权法与主体制度的分离，于法律体系来说，则更利于其与侵权责任法的衔接，[3]以此实现对人格权的全面保护。

三、人格权权能的丰富

我国异于传统大陆法系的侵权责任体系显然是目前人格权立法的最大障碍，也是学界探讨最为激烈的问题之一。虽然学界就人格权法与侵权责任法的关系已从权利的类型、权利的冲突以及权利的行使等方面进行了较为充分的论证。[4]但在认为应将人格权规定于侵权责任法之中的学者看来，人格权法不能独立的关键理由在于人格权并不丰富的内容不仅不能与条文众多的物权与债权制度并立，还会导致与侵权责任法规定的重复。且人格权的内容主要是消极的权能，只有在受到侵害时才能请求法律保护。因此，完全可以通过侵权责任法实现对人格权的保护。但是通过对类型化了的人格权及近年来涌现出的新型人格利益考察就会发现，这种观点无法

---

〔1〕　参见杨代雄："主体意义上的人格与客体意义上的人格——人格的双重内涵及我国民法典的保护模式选择"，载《环球法律评论》2008 年第 4 期，第 58 页。

〔2〕　参见李永军主编：《民事权利体系研究》，中国政法大学出版社 2008 年版，第 90 页。

〔3〕　参见王利明："再论人格权的独立成编"，载《法商研究》2012 年第 1 期，第 22 页。

〔4〕　参见王利明："独立成编的人格权法与侵权责任法的关系"，载《社会科学战线》2012 年第 2 期，第 192~199 页；姚辉："论人格权法与侵权责任法的关系"，载《华东政法大学学报》2011 年第 1 期，第 103~114 页；黄忠："人格权法独立成编的体系效应之辨识"，载《现代法学》2013 年第 1 期，第 53~55 页。

应对以下两个问题：

一方面，人格权的具体权能具有多样性，但侵权责任法的规定过于原则简陋。比如与侵权责任法中只笼统规定肖像权不同的是，《民法通则》早就规定了自然人对于自己的肖像享有再现、使用或许可他人使用的权利，因此肖像权还具有使用权及转让权等权能。[1]如此一来，现有侵权责任法根本无法满足人格权保护的实际需要，而且侵权责任法关于人格权保护的粗略规定，不符合"社会典型公开性"所要求的——内容和客体具有公示性的固定轮廓。应当说，剪除人格权法对人格权概念、种类和具体内容的规定，侵权责任法中的人格权保护制度也就失去了存在的基础。因此，二者应属于相辅相成的关系，而不是矛盾、冲突的关系。[2]反观《侵权责任法》也涉及对物权等权利的救济，却没人反对物权的独立成编。

另一方面，新型人格权类型的批次现世，推动人格权的积极权能越来越明显。除了我们反复提及的人格权商品化，个人信息权等权利类型也赋予了人格权丰富的积极权能。自然人对个人信息的确认、利用与更新等都是主动性的。以欧盟个人信息保护领域新兴的"被遗忘权"与美国的"橡皮擦"法案为例，两项制度都赐予自然人决定是否分享个人信息的权利，信息主体有权选择信息处理的主体、目的、范围、条件以及方式等。[3]而这项权利的行使，不以自然人是否受到网络服务侵权为前置预设。新的历史时期，《侵权责任法》根本无法有序应付对大数据时代背景下的个人信息保护需求。因此，对人格权侵害的预防功能是侵权责任法的不可承受之重。

同时，人格权的积极权能迫切要求采取事先预防的措施来对其进行保护。但是侵权责任的承担归责以侵害人具有主观过错为要件，且主要承担的是损害赔偿责任，而人格权遭受侵害时，权利人还能要求加害人停止侵害、排除妨碍等。这些请求权都不以加害人主观上的过错为先决要件。因

---

[1] 参见马俊驹、余延满：《民法原论》（第2版），法律出版社2005年版，第108页。

[2] 参见苗延波：《中国民法体系研究》，知识产权出版社2010年版，第117页。

[3] 参见彭支援："被遗忘权初探"，载《中北大学学报（社会科学版）》2014年第1期，第39页。

此，人格权请求权是不问妨害人过错之有无，甚至不以实际损害发生为前提的，这与侵权责任完全不同，故而侵权责任法不能成为阻碍人格权独立成编的理由。如果说侵权行为法可以替代人格权规范的话，物权请求权似乎也没有存在的必要。

事实上，法律作为社会生活的规范，法典所呈现的法律概念，必须达到规范的功能，才能符合实事求是的精神，[1]不能仅为了法典看起来美观而忽视或重视任何一项制度。无论从名称还是具体规定的方面考量，《侵权责任法》的重心都在于责任，而不是权利。正如前文所提到的，学界普遍承认当代民法典应以权利为中心进行构建，按照"权利—被侵害—救济"的逻辑顺序，将人格权法置于侵权责任法之前才更符合民法典体系的自有逻辑。[2]但必须强调的是，侵权责任法的主要功能之一就是保障权利体系的实现，而人格权法作为民事权利体系中的重要一环，自然无法摆脱与侵权责任法的关系。人格权的展开与发展，依然需要仰赖侵权责任法的实践。[3]

四、法治中国的客观诉求

目前除《乌克兰民法典》以外，没有任何一部民法典将人格权独立为一编。而乌克兰复杂的国内政治局势，确实无法为人格权独立成编的施行效果提供有益的参照。然而，比较几个对我国人格权研究具有重要影响的国家民法典，也未曾发现统一的民法典立法模式标准（如表5-1）。

表5-1

国家（按正式颁布时间排列）	各编内容
法国民法典（1804 年）	总则；人；财产及对于所有权的各种限制；取得财产的各种方法

〔1〕　参见谢哲胜："中国人格权法独立成编及其基本内容的立法建议"，载《人大法律评论》2009 年第 1 期，第 109 页。

〔2〕　参见姚辉："论人格法与侵权责任法的关系"，载《华东政法大学学报》2011 年第 1 期，第 111 页。

〔3〕　参见叶金强："论侵权法的基本定位"，载《现代法学》2015 年第 5 期，第 66 页。

续表

国家（按正式颁布时间排列）	各编内容
日本民法典（1898 年）	总则；物权；债权；亲属；继承
德国民法典（1900 年）	总则；债务关系法；物权法；家庭法；继承法
瑞士民法典（1907 年）	导编；人法；亲属法；继承法；物权法；债务法
埃塞俄比亚民法典（1960 年）	人；家庭与继承；物；债；合同分则
俄罗斯民法典（1994 年）	第一部分（1995 年生效）：总则，所有权和其他物权；债法总则 第二部分（1996 年生效）：债的种类 第三部分（2002 年生效）：继承法；国际私法 第四部分（2007 年生效）：智力活动成果和个别化手段的权利
越南民法典（1995 年）	一般规定；财产与所有权；民事义务与民事合同；继承；土地使用权的转移；智慧所有权与技术转让；涉外民事关系

　　民法典编纂是一个国家法律共同体中带有全局性意义的重要一环，其创制需要考虑主客观多种因素，但万变不离其宗，都由立法之时的基本国情决定。这也就解释了为什么大部分民法典按照潘德克顿体系设计，却在内部编排上千差万别。以俄罗斯为例，在民法典中规定知识产权制度便是其传承已久的固定体例，从《俄罗斯帝国民事法律汇编》开始，知识产权就被纳入了民法典的规制范围。[1]因此，在未来民法典中将人格权独立成编虽然较各国来说可谓之创新，但实际上属于顺势而为，符合法治中国的实际需求。

　　一方面，当下阻碍人格权立法的历史消极因素已消失殆尽。萨维尼时

---

　　〔1〕　参见施刚："俄罗斯民法典的编纂与知识产权立法法典化问题研究"，载《网络法律评论》2013 年第 2 期，第 219 页。

期自然法学思想对于人格权的全方位影响不复存在。虽然德国民法典、瑞士民法典均未通过立法确定人格权的地位，但这种情况不仅取决于民法典修典的难度，还取决于对一般人格权制度及侵权责任法一般条款所形成的"路径依赖"。[1]《埃塞俄比亚民法典》《魁北克民法典》《越南民法典》等法典对人格权的重视恰恰说明，人格权元素业已成为当代民事立法的重要关切。

另一方面，民法典制定是本土资源的东西，一定不能脱离我国的社会现实基础。毋庸置疑，我国的立法传统与法制环境都有别于其他国家。

第一，我国古代法律流露出对人的权利保护的价值取向，但这种关注是内省的，是披着伦理道德法的外衣而实现的。这种历史传统至今没有湮灭，依然对我国当前的社会伦理，释放着不可小觑的渗透力。因此，在几千年来内省的个人观念下，只有通过实定法的确认才能得到切实的保障。[2]

第二，我国缺乏类似于英国、德国、瑞士的判例或宪法法院制度，一般人格权制度在我国不存在适用的土壤，侵权责任法的保护模式极易导致我国人格权法的判例法化。[3]因为国外大部分国家都不存在专门的人格权立法，对人格权纠纷总体上依靠法官的个案衡量解决，具体的人格权类型赖于判例而逐步确认。如前所述，虽然"案例指导制度"在我国司法改革的大旗下已破土而出，但要看到，该制度仍困囿于法律规定的紧箍咒范围内不可随意逾越，更未赋予法官造法的权利。

第三，也许将"敏感的政治话题带到讨论中来，会影响民法典的制定工作"。[4]但必须承认的是，每个国家的政策导向都是推进制度形成的最

---

〔1〕　参见冉克平："一般人格权理论的反思与我国人格权立法"，载《法学》2009年第8期，第135页。

〔2〕　参见曾凡昌："西方人格权发展的历史线索及其启示"，载《现代法学》2011年第2期，第62页。

〔3〕　参见王利明："独立成编的人格权法与侵权责任法的关系"，载《社会科学战线》2012年第2期，第196页。

〔4〕　参见杨立新教授在中国民法学研究会2015年年会上的发言："人格权立法若干争议问题"，载中国民商法律网 http://mp.weixin.qq.com/s?＿＿biz＝MzA3OTEzMjMwNg＝＝&mid＝400507276&idx＝1&sn＝6bd3646b54e4931b983907e5bfa357b1&scene＝0#wechat＿redirect，访问日期：2015年12月20日。

直接外在动力。如果说，西方法制是"用脚开始走路"的现代化进程，我国法律制度则是从"头"开始构想的过程，属于一种政治力量推动下的从上到下的法制现代化。这种构筑于精英阶层的制度创建，可以使得各项改革措施轻松推行，以此减少现实复杂利益与社会多元力量的牵绊。在这种权力主导型法治的影响下，我国法律体系在很多方面出现了"赶超英美"的远大理想，并直接推动我国仅用 32 年的时间即完成了西方发达国家经历数百年才构建起来的法律体系。但相对于政治家的宏伟决策，法律思维与法治理念的深入人心，法律权威的真正树立才是最重要的。[1]因此，在当代中国，必须经由强有力的立法推动才能使得法律的全面贯彻实施由先锋知识分子的话语系统转化为社会公众的权利认知。[2]

第四，人格权的独立成编符合我国的民事立法传统。前文已述，法律人应该树立合理的历史观，认识到法所具有的历史性和继承性。因为"法，特别是私法的历史性，决定了民法制度形成的路径依赖"。[3]我国未来将人格权独立成编，并不是一种"为创新而创新"的盲目选择，而是一种传承本土立法经验的制度自信。已有的人格权立法经验告诉我们，自《民法通则》开始我国就将人格权认定为与物权、债权等权利处于平等位置的独立权利类型。这说明，我国民事立法从一开始就与大陆法系的逻辑不同。而这种对人格权的重视，远比《埃塞俄比亚民法典》《越南民法典》《乌克兰民法典》的重视要早很多年。《民法典（草案）》对人格权独立成编的规定，绝不是头脑发热的冲动立法，仅是对《民法通则》立法精神与体例的继承与发展。

第五，中国人对待法律和判决的态度是非常特别的。从法官的角度看，体系性的、明确性的法律规定才是最适宜我国司法裁判的法律形式。

---

〔1〕 参见冯玉军："中国法制改革与立法发展三十五年述评：成就、困境、特征"，载张春生、朱景文主编：《让每一部法律都成为精品——中国立法学研究会学术论文集》，法律出版社 2015 年版，第 220 页。

〔2〕 参见张明新："对我国法制发展战略的反思——以西方法律传统的形成为背景"，载《思想战线》2006 年第 3 期，第 85 页。

〔3〕 参见易继明："历史视域中的私法统一与民法典的未来"，载《中国社会科学》2014 年第 5 期，第 133 页。

虽然法律的滞后性使得司法能动主义在近年倍受追捧，但于我国尚未全面法治化，缺乏程序正义的具体社会环境中，片面追求司法能动则是"立即会碰壁的，且很容易返回到前现代化的困境"。[1]正如波斯纳法官所提到的："中国……职业化的司法部门……更不适合于采纳法律实用主义方法……职业司法人员意味着法官缺乏实际经验，以致作出符合实用主义的决策能力有限。"[2]因此，在我国现有的司法体制下，形式主义远比实用主义更宝贵。仍需强调的是，虽然实用主义在目前看来不太适合我国司法，但法典的实用性必须被我们所关注。此处的实用性讲求的不是司法能动，而是法典的适用性。因为法律的生命力在于实施，真正有效地适用才是民法的生命价值所在。对于人格权具体、详细的规定，可以为法官提供集中的裁判上的指引，减少因规定分散带来的法条搜索成本。故而，立法必须考虑法官适用法律的便捷程度。而这一要求明显是将人格权置于总则或侵权责任法部分所不能实现的。在社会公众的角度上，要求审判必须有显性的条文，否则极易产生滥讼。以北京市海淀区人民法院中关村法庭李颖庭长就《最高人民法院关于审理利用信息网络侵害人身权益民事纠纷案件适用法律若干问题的规定》出台后 2015 年法院审理的相关案件激增的举例可以说明，在某种程度上，案件的多发就是因为当事人对于自己人格权能够保护的范围或司法态度及立法态度不明晰所导致的。[3]公众呼求的是法律的确定性，以此来充分预测和判断自己的行为后果和可得救济的范围。从这一角度出发，体系化、具体化、赋权性的人格权独立成编的立法模式更为适合我国实际。

第六，随着市场经济的发展与立法过程复杂化、科学化的要求，立法成本成为每一部法律制定时必须考量的问题。与立法过程中因调研、咨询、论证等问题产生的巨大的人力物力成本不同，有学者认为司法解释成

---

〔1〕　梁庆寅、柯华庆："论形式推理与实质推理在法治化过程中的定位——兼评张保生《法律推理的理论与方法》"，载《中山大学学报（社会科学版）》2001 年第 4 期，第 99 页。

〔2〕　［美］理查德·A. 波斯纳："法律经济学与法律实用主义"，陈铭宇译，载《北大法律评论》2013 年第 1 期，第 7 页。

〔3〕　参见李颖于第 416 期"民商法前沿论坛"上的发言，载中国民商法律网 http://www.civillaw.com.cn/zt/t/？30240，访问日期：2016 年 3 月 5 日。

本较为低廉，因此其更适合成为我国人格利益保护的主要途径。但实际上，这种选择不仅助推了我国司法解释立法化的错误趋势，还"成为法官断案水平无法提升的一个病灶"，[1]使得法官群体形成一种面对复杂案件不是依据现行法律运用法律推理予以裁决，而是求诸司法解释的被动审判"路径依赖"。更为重要的是，抛却上述缺陷，仅从成本角度考虑，人格权丰富的权利类型与权能决定了要完成对人格权的全面保护，必须不断出台新的司法解释。这种由零散的司法活动聚集产生的创制与运行成本，与直接立法的成本相比实在没有说服力。反之，在我国目前立法与司法实践已经通过《宪法》《民法总则》《侵权责任法》《消费者权益保护法》以及多项司法解释发展出较为丰富的人格利益的基础上，将这些利益通过立法上升为权利才是真正地降低立法成本[2]。同时，将现实需要交由司法处理的"石头大了就绕着走"的思路，会贻误立法与法治改革的大好时机，使得在人权保障的道路上积重难返，最终付出更多的立法社会成本。[3]

结语

必须承认，即使人格权立法选择独立成编，也仍然存在很多需要继续探讨的问题。如人格权的内容较物权法、债权责任法来说较为单薄，若将人格权独立成编，会造成法律体系中的不完美等。但法律作为社会生活的规范，法典所呈现的法律概念，必须达到规范的功能，才能符合实事求是的精神。[4]不能仅为了法典看起来美观而忽视或重视任何一项制度。

哈耶克曾言，那种关于法律先于立法的论辩对于现代人来说在很大程

---

〔1〕 陈林林、许杨勇："司法解释立法化问题三论"，载《浙江社会科学》2010年第6期，第37页。

〔2〕 参见李莉："法律思维与法律方法下的人格权立法模式——兼论否定一般人格权立法"，载《当代法学》2013年第6期，第79页。

〔3〕 参见冯玉军："中国法制改革与立法发展三十五年述评：成就、困境、特征"，载张春生、朱景文主编：《让每一部法律都成为精品——中国立法学研究会学术论文集》，法律出版社2015年版，第223页。

〔4〕 参见谢哲胜："中国人格权法独立成编及其基本内容的立法建议"，载《人大法律评论》2009年第1期，第109页。

度上具有一种吊诡的性质。[1]我国也概莫能外，在立场不同的情况下，即使面对同样的现象和论据，也能得出完全不同的结论。[2]显然，在人格权这种先于立法可行性分析过程中，各派学者的主观价值判断主导了其观念的形成和发展。[3]因此，未来人格权是否独立成编，也将取决于立法者对这些主观价值判断的选择。

第三节　人格权立法内在体系架构

纵观大陆法系国家立法，无不以精巧构建的权利体系为自豪。然而法律是稳定的，社会却是前进的，处理好利益的生长性与法律的稳定性的碰撞，始终是摆在立法者面前的一道难题，对于外延广泛的人格权来说更是棘手。结合国外人格权立法的先进经验及我国理论界的研究成果，无论人格权将采用何种形式规定于未来的民法典中，人格权制度的内在体系由"一般规定+类型化"构成已经成为共识。

一、一般条款的具体规定

前文已述，与具体的法律规则相比，一般条款的内涵和外延都具有极高的抽象性，可以为法官提供个案价值判断的基础。从功能价值考虑，一般条款不仅可以被看作一个导管，能够及时把社会生活经验引入正式的法源；还可以实现宪法价值与民法权利的互通。[4]因此，一般条款的设置完全可以取代一般人格权理论的预设功能，而且能够克服一般人格权的诸多固有缺陷。可以说，在完善我国民事立法时，规定人格权的一般条款，是

---

〔1〕　参见［英］弗里德利希·冯·哈耶克：《法律、立法与自由》（第1卷），邓正来、张守东、李静冰译，中国大百科全书出版社2000年版，第113页。

〔2〕　如在认可人格的两种含义的基础上，有的学者建议人格权独立成编，有的学者则建议适用侵权责任法的规定。

〔3〕　参见姚辉：《人格权法论》，中国人民大学出版社2011年版，第80页。

〔4〕　参见刘生亮："侵权行为法一般条款功能论"，载《浙江社会科学》2005年第4期，第66页。

一条简便可行的思路。[1]实际上，目前很多支持使用一般人格权概念的学者在论证过程中就将其定位为人格权的一般条款，仅是出于不打破习惯性称谓的目的而对一般人格权概念进行的沿用。[2]

（一）一般条款规定的人格权内涵

法国、瑞士、日本等国都以一般条款的形式弥补人格权立法的不足，但细究来看，法国、日本等国家的一般条款是侵权法性质的，真正意义上的人格权保护一般条款只剩下《瑞士民法典》。1983 年修法以后，《瑞士民法典》第 28 条通过 11 个分款的设置，规定了人格保护的原则、起诉、审判籍、预防措施和反报道等内容。[3]我国立法可以借鉴《瑞士民法典》的这种做法。虽无需规定得事无巨细，但应涉及人格权利益保护的基本原则、价值追求与利益选择等方面，[4]且出于开放保护的目的，一般条款中最重要的规定就是人格权的内涵。

目前我国学界对人格权内涵的认识主要有以下几种观点：①人格尊严、人格平等和人身自由；[5]②人格尊严、人格自由和人格独立；[6]③人格尊严、人格自由、人格独立和人格平等；[7]④安全、自由和尊严；[8]⑤人格完整和人格自主。[9]

在人格权民事权利属性的论述中，我们发现，不论从人格权的本质还是从各国的立法实践出发，人格权的内涵无不受到本国宪法价值的影响，毕竟人格权是人权保障的重要环节。我国通说认为，《宪法》第 37 条和第

---

〔1〕 参见马俊驹：《人格和人格权理论讲稿》，法律出版社 2009 年版，第 200 页。

〔2〕 如钟瑞栋、杨志军："论一般人格权"，载《山西大学学报（哲学社会科学版）》2005 年第 5 期，第 55~58 页；熊谓龙："权利，抑或法益？——一般人格权本质的再讨论"，载《比较法研究》2005 年第 2 期，第 51~57 页。

〔3〕 参见殷生根、王燕译：《瑞士民法典》，中国政法大学出版社 1999 年版，第 9~12 页。

〔4〕 参见李景义：《人格权基本问题论纲》，知识产权出版社 2014 年版，第 159 页。

〔5〕 参见王利明：《人格权法研究》，中国人民大学出版社 2005 年版，第 162 页。

〔6〕 参见杨立新：《人格权法》，法律出版社 2011 年版，第 303~307 页。

〔7〕 参见曹险峰：《人格、人格权与中国民法典》，科学出版社 2009 年版，第 74~79 页。

〔8〕 参见温世扬："略论人格权的类型体系"，载《现代法学》2012 年第 4 期，第 56~57 页。

〔9〕 参见李新天、孙聪聪："人格伦理价值的民法保护——以体系化视角界定人格权的内涵"，载《法商研究》2014 年第 4 期，第 106 页。

38 条对人格自由、人格尊严的规定是人格权制度的立法根据和遵循的原则，我国民法关于人格权的确认和保护也是宪法上述规定的具体化。[1]因此，人格尊严与自由成为我国人格权法的内涵似无争议。但有学者出："在现代立宪主义以人的尊严和自由发展为客观价值秩序的情况下，有关人格尊严和自由的保护早已渗透到法律秩序的各个方面……单纯依靠人格权尚不足以保护人格尊严和自由发展……因此，不应将人格自由与人格尊严认定为人格权的内涵，而应是所有法价值的体现。"[2]笔者对此不敢苟同，这种仅凭人格权立法不能完全保护人格尊严和自由发展，就去否定两者作为人格权法内在价值的观点显然证据不足。

一方面，从人格权的本质观察。人格权作为保护人的伦理价值的权利，保护人格尊严是逻辑推理的自然结论。人格尊严是作为一个人所应有的最起码的社会地位，正如黑格尔所言，只有依靠它才能"成为一个人，并尊重他人为人"。虽然人格尊严是个非常宽泛的概念，但德国立法者根据康德在《道德形而上学原理》中对人的尊严阐释指出，人格尊严实际上有三个面向：①尊严意味着每个人都应平等被对待；②尊严意味着尊重个人在肉体上的同一与完整；③尊严意味着尊重个人在精神上的同一与完整。[3]可见，人格尊严是人的最核心的利益，其他人格利益都是从人格尊严这个大前提中推演出来的结果。只有将人格尊严作为人格权的核心内涵，各种具体人格权才能有立根的基础，人格权权利体系的开放性才能保证。

另一方面，从人格尊严对人格权法的重要性观察。人格权法相对于总则主体地位及侵权责任相关规定的最大不同，就在于人格权法调整的是由人格尊严形成的各种关系。一来，如果笼统地认为人格权法调整的是人格关系，会造成主体人格与人格权的混淆。而把人格尊严作为人格权法的内

---

〔1〕　参见杨立新主编：《中国人格权法立法报告》，知识产权出版社 2005 年版，第 218 页。

〔2〕　李新天、孙聪聪："人格伦理价值的民法保护——以体系化视角界定人格权的内涵"，载《法商研究》2014 年第 4 期，第 106 页。

〔3〕　See Edward. J. Eberle, *Dignity and Liberty: Constitutional Visions in Germany and the United States*, Praeger, 2002, pp. 6~10, 50~51, 转引自方新军："权利客体的概念及层次"，载《法学研究》2010 年第 2 期，第 49 页。

在价值基础，人格权的调整对象也就具备了独立的基础。二来，确定人格尊严为人格权的内涵，是正确使用人格权法的重要条件。司法实践中，经常把交通事故、医疗事故等认定为人身权损害，这在很大程度上导致侵权责任法中人身损害相关规定的空置。而如果坚持将人格尊严作为人格权的价值基础，这种问题就可以有效避免。[1]

因此，人格尊严不仅当然属于人格权的内涵，而且应该是首要的人格权权利体系的内在价值，是整个人格权制度保护的核心价值，是最高的人格本质。而将同为宪法规定的自由纳入人格权内涵的范畴也当属无疑。因为，人格尊严的实现要求人的自由，人只有获得自由发展的可能性，才能够实现自己的价值，获得所需要的尊严。[2]解决了这个问题后，就要思考其他的伦理价值是否能被纳入人格权的内涵体系。

顾名思义，人格平等即法律面前人人平等，宪法上的平等权主要是公民用来要求国家平等地对待自己的权利。假如将其作为民法上人格权的内涵与价值导向，就会演变成私人之间也要求他人一律平等地对待自己。然而根据人可拥有思想自由与行为自由的原则，任何人都会存在个人好恶，进而根本无法要求私人间一概平等地对待自己。[3]况且，根据上文提到的人格尊严的三个面向，平等已然被人格尊严包含在内。因此，平等更应该交由主体制度保护，而不是人格权法。至于人格独立，其重在要求服从本人的意志而不受他人的制约，其内在意旨完全可以被人格自由吸纳，其概念与内涵并未超出人格自由的范围，没有必要单独强调。

综上，为了实现宪法与人格权法的价值对接，保证对开放的人格权的

---

〔1〕 参见刘士国："关于人格权编调整对象的思考"，载中国民商事法律网 http://mp. weixin. qq. com/s? _ biz＝MjM5NjMyNDM5Nw＝＝&mid＝400221408&idx＝1&sn＝f482f30da500b05e30d3e23992efb598&scene＝2&srcid＝1027kXyYwg6xL6V2DmBjr8AO#wechat_ redirect，访问日期：2015 年 10 月 30 日。

〔2〕 参见周云涛：《论宪法人格权与民法人格权——以德国法为中心的考察》，中国人民大学出版社 2010 年版，第 66 页。

〔3〕 参见黄忠："人格权法独立成编的体系效应之辨识"，载《现代法学》2013 年第 1 期，第 48 页。

系统保护，认定由人格尊严与人格自由构成人格权的内涵乃题中之义。未来人格权立法的一般条款，应强调自然人和法人的人格尊严及人格自由受法律保护，任何人不得侵犯干扰。而基于这样的规定形式，完全可以取代过去的学者建议稿中的人格权的定义部分，因为二者的内容实际上是一致的。当然，诸如人格独立等价值并非不重要，只是可以被人格尊严与人格自由涵盖，也就不存在复述重申的必要。

（二）一般条款的保护对象

在确定了一般人格权概念可以被人格权一般条款取代的前提下，要探讨的问题就是一般条款保护的对象，这也影响了一般条款与具体的人格权之间的关系。

通说认为，一般条款的保护对象应为人格法益。对于"法益"的理解，存在两种不同的观点。一种是广义的法益，泛指一切受法律保护的利益，权利自然也包括在法益之内，通说称之为权益；一种是狭义的法益，仅指权利之外的具有可保护性的民事利益，该种法益与权利是平行的关系，二者并不涵盖。[1] 从侵权法的角度看，区分权利与法益的意义在于，对二者的损害赔偿救济设置不同的控制要件。对于法益而言，法官需要个案价值裁量来认定行为人是否存在主观过错，并决定是否给予损害赔偿。[2] 我国部分学者采狭义的法益观点，即认为所谓的一般条款功能仅是为了补充具体人格权的不足，二者是平行的关系。但个人认为，采广义的法益概念，将一般条款所保护的对象界定为权益更为适宜。因为如果将一般条款与具体人格权认定为平行的关系，则一般条款的作用就被限定为对具体人格权类型的补充，即只在出现新型人格利益时才得适用。但实际上，具体人格权也会随着时代的变迁而产生保护范围与效力上的不足，这就需要一般条款对具体人格权的内容进行补充。基于这种功能，一般条款必须能够涵摄具体人格权，否则已有的具体人格权漏洞就需要直接根据宪法的规定

---

〔1〕　参见孙山："寻找被遗忘的法益"，载《法律科学（西北政法大学学报）》2011 年第 1 期，第 60 页。

〔2〕　参见薛军："非典型人格利益的民法保护模式研究"，载《暨南学报（哲学社会科学版）》2012 年第 3 期，第 21 页。

进行补充，从而引起司法与宪法关系的争论。[1]其实，人格权本身就是一个整体，对姓名、肖像等人格利益的确权，并非鼓动其脱离人格权整体，只是出于法律技术的考虑，对其提供更高层次的法律保护。具体人格权的类型化，初衷不是与一般条款进行区分，而是要在论证充分的基础上，实现法律的确定性价值，减少利益权衡的恣意，从而制约法官的自由裁量的随性发挥。此外，从逻辑学的角度看，一旦类型化的人格权所不能涵盖或不能保护的人格利益出现就需要一般条款予以保护的逻辑模型，只能是内包含的关系（如图 5-1），平行关系（如图 5-2）无法实现一般条款的补充保护作用。就此，人格权保护的一般条款所涵盖的应该是广义的人格法益，既有被类型化的人格权的人格利益，也有未被法律确权的新型人格利益。

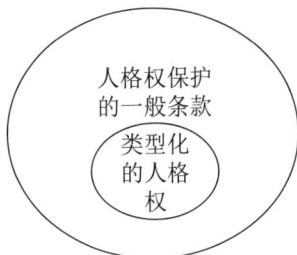
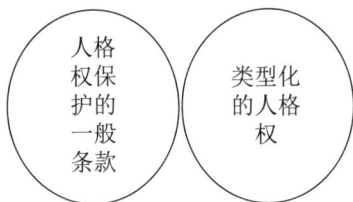

图 5-1　　　　　　　　　　　图 5-2

（三）组织体对一般条款的适用

在支持适用一般人格权理论的学者看来，组织体是否可以适用一般人格权是个值得探讨的问题。从目前的"民法典人格权编草案"来看，只有自然人才享有基于人身自由、人格尊严产生的其他人格权益。在之前的学者建议稿中，王利明教授主持的《中华人民共和国民法典（草案）学者建议稿》[2]与杨立新教授主编的《中国民法典人格权法编建议

---

〔1〕　参见沈建峰：《一般人格权研究》，法律出版社 2012 年版，第 168 页。

〔2〕《中华人民共和国民法典（草案）学者建议稿》第 292 条规定，自然人的人格尊严、人格平等和人格自由受法律保护。参见王利明等：《中国民法典学者建议稿及立法理由：人格权编·婚姻家庭编·继承编》，法律出版社 2005 年版，第 18 页。

稿》〔1〕关于一般人格权的规定截然不同，前者将一般人格权的主体限于自然人，而后者则支持法人享有一般人格权。

虽然早在 1975 年德国就通过"戏剧侵害名誉时的艺术自由案"认定，作为法人的原告得享有宪法所保护的人格领域。〔2〕但这并没有结束国内外学者对组织体人格权一般条款适用的分歧。反对者看来，人格权一般条款的基础是人格尊严与人格自由，而组织体并不具有人格尊严。同时，人格权一般条款既保护人的精神利益，也保护人的财产利益，而组织体人格权应以保护财产利益为界，这与人格权一般条款的保护范围不合。更有学者提出，组织体为了特定的目的而存在，并不具有人格无限发展的可能性，根本不需要人格权一般条款作为兜底条款。因此，组织体适用一般条款不仅没有民法上的价值，还存在混淆自然人人格权与法人人格权的危险。

但正如前文在人格权主体部分所论证的，人格尊严在当代来说应该从伦理与社会两个角度审视，组织体当然具有社会层面的尊严。而一些国家和地区也开始肯定组织体具有非财产损害赔偿请求权，〔3〕突显出对组织体人格权保护的重视程度。同时，一般条款的功能主要是解释及弥补具体人格权的不足，而组织体人格权也需要一般条款的补充。正如人格权的设定初始并未考虑法人，但随着时代的发展，各国普遍承认了组织体享有人格权一样，即使所谓的"一般人格权"创设最初是为了保护自然人的精神利益，那么随着时代的发展，并不能自然地将法人排除在人格权一般条款的保护范围之内。而且在一些德国学者看来，较早适用一般人格权概念的基

---

〔1〕《中国民法典人格权法编建议稿》第 1 条：自然人、法人和其他组织的人格独立、人格自由和人格尊严受法律保护。参见杨立新主编：《中国民法典人格权法编建议稿》，知识产权出版社 2005 年版，第 242 页。值得注意的是，杨立新教授在其于 2016 年 2 月 12 日发布的《中华人民共和国人格权法建议稿》中改变了其支持法人享有一般人格权的看法，认为一般人格权仅由自然人享有。

〔2〕参见沈建峰：《一般人格权研究》，法律出版社 2012 年版，第 118 页。

〔3〕参见冉克平："人格与人格权基本问题研究"，载《厦门大学法律评论》2006 年第 2 期，第 97 页。

尔克与科勒就是为了反对不正当的竞争，[1]本身就具有保护组织体利益的内在倾向。何况在废除了一般人格权概念的情况下，组织体适用一般条款的技术障碍也被扫清，顺理成章，组织体人格权益应该受到一般条款的保护。作为除自然人之外最重要的民事主体，人格权理论与社会经济的发展必然催促法律对组织体人格权的内容作出回应与答案，不能剥夺和否定组织体人格权的发展性。

二、人格权类型化的立法模式选择

种类繁多的类型化人格权应该以怎样的模式安排在人格权法体系之中也是值得探讨的问题。结合国内外的立法经验，笔者拟将人格权类型化的模式分层讨论，即外部模式、结构模式与内容模式三个层面。外部模式指类型化的人格权总体应以怎样的形态存在于人格权法之中；结构模式指不同类型的人格权之间应以怎样的模式建构；内容模式指类型化的人格权条款内部应包括哪些内容。这种分类不甚科学，因此仅用于表达笔者个人对人格权类型化模式构建的基本认识。

（一）人格权类型化的外部模式

从比较法的角度分析，目前世界范围内存在三种人格权类型化的外部立法模式。

（1）不列举人格权类型的模式。这种模式以瑞士为代表，因为在瑞士参议院看来"这样的列举永远不可能是完全的，仅仅具有示例功能并且会妨碍人格权的进一步发展"。[2]基于这个理由，《瑞士民法典》中除规定了姓名权以外，对其他人格利益的保护都适用其第 28 条"人格受到不法侵害时，为了寻求保护，可以向法官起诉任何加害人"的一般规定。虽然在瑞士学者的探讨中也会根据具体案例划分该条的保护范畴，但这种划分

---

〔1〕 See Otto von Gierke, Deutsches Privatrecht, Band 1, Allgemeiner Teil, Verlag von Duncker und Humblot, Leipzig, 1895, p. 714, 转引自沈建峰：《一般人格权研究》，法律出版社 2012 年版，第 123 页。

〔2〕 See Marie-Theres Frick, Personlichkeitsrechte, Verlag der Osterreichischen Staatsdruckerei, 1991, p. 254.

更多的是理论意义的，并不是实证法中的制度。[1]而姓名权的规定，也仅是将其作为"获得或丧失与一个家庭关联的结果"，[2]并不是人格权理论的类型化结果。

（2）概括的人格权类型化模式。所谓概括，意为除法律规定的人格权类型外，可按照法律的其他规定，直接发展出人格权类型和内容。如根据《奥地利普通民法典》第16条的规定，"允许从民法典的其他规范和其他法律中推衍出具体人格权"。[3]在这种模式中，人格权的类型是开放性的，法律所保护的人格利益仅是一个概括的范围，具有"示范性"而不是确定性。[4]且人格权的具体保护范围也必须通过法官的利益权衡才可确定。之所以这样规定原因在于《奥地利普通民法典》深受自然法学的影响，认为对任何有疑问的案件，都可以在审慎权衡的基础上根据自然法的原则进行裁决。[5]人格权的内容是否具体，在这样的规定下就变得并不重要。与德国"一般人格权"需由法官根据具体案情的价值判断认定人格权类型不同，这种概括的人格权类型化模式是由法律规定的，可以直接创造新型人格权。

（3）具体的人格权类型化模式。与前两个模式不同的是，具体的人格权类型化模式对人格权的类型和内容都采取了法定主义的立场。通过前文对域外人格权立法的分析可以发现，由于目前绝大多数国家对人格权的保护通过侵权责任法完成，立法上对人格权类型的规定非常有限。大部分散见于特别法之中。以德国法为例，有学者认为《德国民法典》仅承认了生

---

〔1〕　参见沈建峰：《一般人格权研究》，法律出版社2012年版，第21页。

〔2〕　See Otto Opet, Das Namenrecht des BurgerlichenGesetzbuchs, In：AcP, Band 87, 1897, p. 317.

〔3〕　See Koziol-Welser, Burgerliches Recht, Band 1, 13. Auflage, Manzsche Verlags-und Ubiversitatsbuchhandlung, 2006, p. 83.

〔4〕　如Marie-Theres Frick认为"《列支登士顿人与公司法》第39条所列举的受保护的人格利益仅仅具有示范性，它们是不完整的"。See Marie-Theres Frick, Personlichkeitsrechte, Verlag der Osterreichischen Staatsdruckerei, 1991, p. 257.

〔5〕　参见沈建峰："具体人格权立法模式及其选择——以德国、瑞士、奥地利、列支登士敦为考察重点"，载《比较法研究》2011年第5期，第41页。

命、身体、健康与身体自由四种人格权类型。[1]但这种分类方法实际上是有争议的，在大部分学者看来，德国法的生命、身体、健康和身体自由仅仅是法益，不能称为人格权。以立法的观点审视，德国法中可以被称之为人格权的类型仅有姓名权、肖像权、著作人格权和数据保护权等。除此之外由框架权保护的人格权法益，并不能等同于具体的人格权类型。与此同时，在具体的人格权类型化模式中相关人格权的权能也是确定的。如根据《德国关于肖像艺术和摄影作品著作权的法律》第22条的规定，肖像权仅是以"未经被拍照人许可不得传播和公开展览他人肖像"为内容的权利，[2]而对于未经许可拍摄他人照片等其他与肖像权有关的人格利益，只能交由框架权来保护。

通过对以上三种模式的分析，结合我国的人格权理论研究经验，笔者认为我国的人格权类型化立法体系选择第三种模式最为恰当。因为不列举人格权类型的模式实际上就是通过法律的一般条款来完成对人格权的保护，这种做法的局限性我们已经在本书第四章予以否定。而从法律逻辑的角度考虑，概括式的人格权类型化模式存在边界不清、内容不确定的问题，每个权利具体包括哪些权能等问题都未能予以明确界定。在规定了人格权一般条款的基础上，完全不需要再使用概括式的类型化模式。同时，这种模式的弊端在于将未经法律认可的人格利益认定为权利，混淆了"权利"与"利益"的分界，赋予了法官创制新型人格权类型的权利，容易导致权利泛化，与我国现有的司法体制不符。

（二）人格权类型化的结构模式

依据是否应对其中的各项人格权加以明确分类的标准，人格权立法结构模式可被划分为分类式和独立列举式。分类式是指人格权法对不同类型的人格权依其基本属性进行明示性的类型划分，并以这些分类的权利单元组成完整的人格权类型体系。独立列举式是指将各项人格权规范独立而平

---

[1] See Hans Brox, Wolf-Dietruch Walker, AllgemeinerTeil des BGB, 32. Auflage, Carl Heymannsverlag, 2008, p. 247.

[2] 参见沈建峰：《一般人格权研究》，法律出版社2012年版，第24页。

行地列举在人格权法中，彼此之间没有其他结合形式。这种类型化模式实际上取决于人格权在民法典中的位置。规定于总则部分的，往往采取的是独立列举式，而独立成编的则会选择分类式。

从目前的国外立法来看，普遍采用的是独立列举式。因为世界范围内以成文法规定人格权的国家比较有限，且绝大部分规定于本国法典的总则部分，如《越南民法典》《埃塞俄比亚民法典》等。但是这种规律也有例外，如加拿大的《魁北克民法典》就在第一编第二题部分将各种具体人格权分别归入"人身完整权""名誉及私生活的尊重"各章。

而我国无论学者建议稿还是法制工作委员会的审议稿，普遍采用了分类式。如徐国栋教授主编的《绿色民法典草案》在第一编第三题部分按照"保障自然人的自然存在的人格权"与"保障自然人的社会存在的人格权"标准，对类型化的人格权进行了分类列举。王利明教授与杨立新教授也分别在其建议稿中按照分类列举的方式规定了四章 12 项权利、四章 14 项权利及七章 14 项权利。而草案三次审议稿，将具体人格权分别规定在五章之中。

作为两种不同的体系模式，独立列举的权利体系安排可以体现每项权利更为独立与个性的内容价值。而分类式的列举方法，不仅可以在表明各项权利基本特征的基础上强调各项权利之间的相似性与差异性，也可以为法官的判决提供一个比较清晰的思路，方便将来对新型人格利益的认定。在我国目前已经论证成熟的人格权类型较之以往更为丰富的基础上，独立成编的人格权立法当然应该采用分类列举的模式，这种模式也符合民法典编、章、节的立法体例要求。

学界对于人格权类型化的分类标准，概括来说，具有代表性的观点主要有以下四种：①物质性人格权与精神性人格权。分别以权利内容为物质性人格利益还是精神性人格利益为划分标准。前者一般包括生命权、身体权、健康权；后者一般包括三种大的类型即标表性人格权、尊严性人格权和自由性人格权，并分别涵盖了姓名权、肖像权，名誉权、荣誉权、隐私权、信用权以及身体自由权、内心自由权。[1]②保障自然人自然存在以及

---

〔1〕　参见张俊浩主编：《民法学原理》，中国政法大学出版社 2000 年版，第 142~158 页。

自然人社会存在的两种人格权。前者为维持自然人作为独立的生命个体所必需，涵盖了生命权、身体权等；后者为维持自然人作为社会关系的主体所必需，包括姓名权、名誉权等。[1]③有形人格权和无形人格权。以权利建立的载体为区分标准，除生命权、身体权、健康权为有形人格权以外，其他权利类型均为无形人格权。[2]④在第①种分类的基础上，马俊驹教授将人格权进一步分为：相当于物质性人格权的人身完整、相当于标表性人格权的人格标识、相当于精神性人格权的人格尊严与人格自由。[3]

此外，日本学界还存在按照人格权主动性与被动性的标准，分为被动的人格权与主动的人格权的观点。但由于这种观点的划分依据比较片面，不能反映人格权的深层次价值追求，所以没有得到我国学界的过多关注。[4]

作为内涵与外延都很模糊的一项权利，学界对类型化的人格权的分类探讨，体现了学者对于人格权的重视程度与学理追求。如果仅从学理的角度审视，上诉五种分类都有存在的意义，无所谓优劣。但从立法构建的角度考虑，笔者认为应出于尽可能反映不同权利间的相似性与差异性，并能使人格权法在篇章体例上尽量美观的考虑进行选择。因此，笔者认为除第四种分类外，其他几种分类都或多或少存在一些问题。首先，对他人生命、身体及健康的损害除了物质性损害外，还会给保持身体完整造成心理上的损害，国家立法规定被侵权人可以要求精神损害赔偿即出于这种考虑。因此，物质性人格权与精神性人格权的划分存在很大的重合范围。其次，自由权、家庭权等人格权不仅可以保障人格权主体的自然存在，更是为了保障其社会存在，因此，第二种分类有欠妥当。第三，前三种分类方式如果运用于人格权立法，会因为其所包含的权利种类太少，而使人格权法呈现头轻脚重的状态。

---

〔1〕 参见徐国栋：《民法总论》，高等教育出版社 2007 年版，第 302 页。

〔2〕 参见张民安、杨彪：《侵权责任法》，高等教育出版社 2011 年版，第 219 页。

〔3〕 参见马俊驹：《人格和人格权理论讲稿》，法律出版社 2009 年版，第 249~250 页。

〔4〕 参见 [日] 五十岚清：《人格权法》，[日] 铃木贤、葛敏译，北京大学出版社 2009 年版，第 15 页。

结合我国学界目前的研究成果，笔者认为应按照马俊驹教授的分类，将人格权分为人身完整、人格标识、人格尊严和人格自由四类来进行规定。这样的分类建立在人格权客体类型化的基础上，不仅可以把抽象的人格权通过多层次的类型化形成一个比较完美的体系，更重要的是可以满足人格权的发展需求，通过保持宪法人格权与民法人格权形式上的一致性，来减少二者之间可能存在的差异。

（三）人格权类型化的内容模式

依据是否在规定人格权内容的同时，对人格权的行使、限制、救济及保障等环节的问题作独立规定而形成完整的权利系统为标准，可以将人格权类型化的内容模式分为系统模式和单一模式两类。所谓系统模式是指人格权法不仅规定各项实质权利的内容也规定保障这些权利实现的具体制度规范。而单一模式就是指仅对人格权进行赋权规定。

由于反对人格权独立成编的观点之一就是对人格权的保护完全可以通过我国目前的《侵权责任法》完成，再于人格权编中规定对人格权保护会存在重复甚至矛盾的嫌疑。为此，有学者提出人格权法只应规定权利的种类，而不能涉及权利保护等问题。诚然，这种观点可以避免法律规定的重复。但是，前文已经提到，人格权精神利益与财产利益融合，事前防范与事后救济的并举，积极权能与消极权能的共存都表明《侵权责任法》已经无法满足日益多样的人格权保护需求。因此，理想的人格权法应对各种人格权的具体适用、限制等内容予以明确规定。如在信用权部分，不仅要包括人格权主体享有信用权，还应对征信机构的权利义务、其他机构对信用信息的使用等问题进行规定。只有这样才符合法律的明确性要求。因此，即使人格权立法要尽量简明，也应具体规定民事主体享有哪些人格权，这些人格权的内容是什么，突出保护的是什么，应当限定的是什么。[1]此外，还应注意的是，对于具体人格权受到侵害后如何救济的问题应该交由侵权责任法解决，而不应在具体条文中加以详细规定。毕竟，人格权法是

————————

〔1〕　参见杨立新："对民法典规定人格权法重大争论的理性思考"，载《中国法律评论》2016年第1期，第106页。

权利法，不是救济法。在一般规定部分涵盖人格权请求权的条件下，应严格划清人格权法与侵权责任法的界限。

虽然人格权的开放性决定了"这样的列举永远不可能是完全的"，但正如本书第四部分所阐释的，一个国家的法律适用之所以不能适当地达到规范目的，常常就是因为在设计制度时，拟负荷上去的功能没有处理好，对应进一步类型化的权利不类型化。这种在概念或类型建构上的谬误，即为过度舍弃规范队形的特征，这和逻辑上所称的过度一般化的谬误相当。[1] 人格权的类型化，不仅可以有效避免人格权制度流于僵化，以致以偏概全；还能帮助法官在断案时触类旁通，深入剖析人格价值对于具体案件的内涵。

本章小结

人格权是否独立成编一直是我国民法典制定过程中探讨最为激烈的问题之一。与过去各种观点针锋相对的局面所不同的是，近年来对于人格权的立法模式争论出现缓和，越来越多的学者认为无论人格权如何立法，都能在一定程度上满足我国的人格权保护需求。但无论是潘德克顿体系的要求、人格权权能的丰富还是法治中国的实际社会需要，都表明人格权的独立成编不失为一种较合理的立法模式。在这一基础上，"一般规定+人格权类型化"的示例法模式，成了人格权未来立法内在体系的应然选择。

---

〔1〕 参见黄茂荣：《法学方法与现代民法》（第5版），法律出版社2007年版，第70页。

结　语

　　人在生物、精神与文化层面的不同样态决定了关于"人"的哲学一直众说纷纭。而这种哲学层面的争论也延续到了法学领域。自《民法通则》首次规定人格权以来，基于对人的不同认识，关于人格权的探讨在我国民法学界从未停止。民法是权利法，权利是最核心的民事法律构建要素。因此，在学界对人格权理论概念厘定以及人格权证成等基本问题已经获得初步共识的基础上，应从"权利"的角度出发，对人格权的立法展开探索。

　　人格权的法定权利属性与民事权利属性决定了我国对人格权保护必须通过民法赋权完成。而第二次世界大战后早期制定民法典的发达国家与新近制定民法典的发展中国家，逐步将人格权纳入本国民法典的一致选择证明了人格权民事立法的可行性，并为我国人格权立法模式与内在体系的构建提供了可资借鉴的思路。与西方民法典以财产为中心构筑民法典体系不同，我国自古就将人视作法治的中心，虽然在儒家内省的道德伦理影响下，主观权利意识一直居于潜流，但这并不妨碍个体在我国社会的逐渐显现。实际上，过去与当代中国异于国外的立法环境都表明，人格权立法构建更要主动地、紧迫地关注中国特定时空内的文化底蕴与风土民情，从而达成既大胆吸收人类优秀文明成果又积极维护民族特色基因的完美统一。毕竟，我国的人格权立法应是我国本土资源的聚宝盆，而不应是外国超越我国所处立法时空的法理论试验场。

　　随着人的伦理价值的外化，法人等团体社会功能的变迁，以及人格权权能的不断丰富，包括主体在内的人格权权利构成要素发生了深刻的变化，并对我国人格权立法构建提出了新的要求。结合对人格权权利类型的重新认识，以及潘德克顿体系的构建要求，独立成编的模式似乎是目前各界观点中最适宜我国人格权立法的选择。在明确了用一般条款取代一般人格权的基础上，对于不断"生长"的人格权，最恰当的内在体系安排仍是"一般规定+类型化"。

　　"中国模式"的立法构建已见雏形，"中国特色"的法治思想实现还在路上。人格权的立法构建是一个高层次的法学研究问题。以一人之力对其进行纵横求索，似有僭越之嫌。受制于个人浅薄的学术素养与不足的社会经验，本书中所作出的各种尝试性努力或有错误及论证不充分之处，还需进一步深入研究。

参考文献

一、中文期刊论文类

1. 曹治国："宪法权利与民事权利关系辨"，载《河北法学》2008 年第 5 期。

2. 曹险峰："人格、人格权与中国民法典"，吉林大学 2005 年博士学位论文。

3. 陈景良："法与人——中西法文化人格差异的解读"，载张中秋编：《2005 中国与以色列法律文化国际学术研讨会文集》，中国政法大学出版社 2005 年版。

4. 陈金钊、宋保振："新型人格权的塑造及其法律方法救济"，载《北京行政学院学报》2015 年第 3 期。

5. 池桂钦："论虚拟主体的法律人格"，载《哈尔滨师范大学社会科学学报》2013 年第 5 期。

6. 崔建远："绝对权请求权抑或侵权责任方式"，载《法学》2002 年第 11 期。

7. 刁芳远："新型权利主张及其法定化的条件——以我国社会转型为背景"，载《北京行政学院学报》2015 年第 3 期。

8. 方金华："一般人格权理论分析及我国的立法选择"，载《法律科学（西北政法大学学报）》2015 年第 4 期。

9. 方新军："权利客体的概念及层次"，载《法学研究》2010 年第 2 期。

10. 房绍坤："关于民法典总则立法的几点思考"，载《法学论坛》2015 年第 2 期。

11. 封丽霞："偶然还是必然：中国近现代选择与继受大陆法系法典化模式原因分析"，载《金陵法律评论》2003 年第 1 期。

12. 冯玉军："当代中国法治的多重内涵与战略前瞻"，载《人民论坛·学术前沿》2014 年第 22 期。

13. 冯玉军："'法律与发展的中国经验'国际研讨会综述"，载《河南省政法管理干部学院学报》2008 年第 5 期。

14. 高鸿钧："法律文化与法律移植：中西古今之间"，载《比较法研究》2008 年第 5 期。

15. 高全喜："论宪法政治——关于法治主义理论的另一个视角"，载《北大法律评论》2005 年第 1 期。

16. 高全喜："三十年法制变革之何种'中国经验'"，载《历史法学》2009 年第 0 期。

17. 龚赛红："关于侵权责任形式的解读——兼论绝对权请求权的立法模式"，载《法学杂志》2010 年第 4 期。

18. 关今华："'人格权单独设编'的论争与'人身保护法单独成编'的立法构想"，载《福建师范大学学报（哲学社会科学版）》2016 年第 1 期。

19. 郭明瑞："论侵权请求权"，载《烟台大学学报（哲学社会科学版）》2013 年第 3 期。

20. 郭明瑞："人格、身份与人格权、人身权之关系——兼论人身权的发展"，载《法学论坛》2014 年第 1 期。

21. 韩强："人格权确认与构造的法律依据"，载《中国法学》2015 年第 3 期。

22. 何勤华："关于法学中国化的追问与思考：何谓法学的中国化"，载《政法论丛》2006 年第 2 期。

23. 黄黎玲："法人人格权确立的法律背景分析"，载《湖南农业大学学报（社会科学版）》2010 年第 5 期。

24. 黄文熙："浅论自然人人格权及法人人格权的本质"，载《中国政法大学学报》2012 年第 5 期。

25. 黄忠："人格权法独立成编的体系效应之辨识"，载《现代法学》2013 年第 1 期。

26. 胡平仁、梁晨："人的伦理价值与人的人格利益——人格权内涵的法哲学解读"，载《法律科学（西北政法大学学报）》2012 年第 4 期。

27. 姜新东："人格权的哲学基础探源——理性与身体在人格中的角色变迁及法律意义"，载《东岳论丛》2011 年第 8 期。

28. 焦洪昌："'国家尊重和保障人权'的宪法分析"，载《中国法学》2004 年第 3 期。

29. 蓝蓝："人格与财产二元权利体系面临的困境与突破——以'人格商品化'为视角展开"，载《法律科学（西北政法大学学报）》2006 年第 3 期。

30. 李国庆："绝对权请求权的法理探讨"，载《人民论坛》2013 年第 17 期。

31. 李建华、王琳琳、麻锐："民法典人格权客体立法设计的理论选择"，载《社会科学战线》2013 年第 11 期。

32. 李琦："公民政治权利研究"，载《政治学研究》1997 年第 3 期。

33. 李新天、孙聪聪："人格伦理价值的民法保护——以体系化视角界定人格权的内涵"，载《法商研究》2014 年第 4 期。

34. 李永军："论我国人格权的立法模式"，载《当代法学》2005 年第 6 期。

35. 梁慧星："松散式、汇编式的民法典不适合中国国情"，载《政法论坛》2003 年第 1 期。

36. 刘春霖："商品化权论"，载《西北大学学报（哲学社会科学版）》1999 年第 4 期。

37. 刘德良："民法学上权利客体与权利对象的区分及其意义"，载《暨南学报（哲学社会科学版）》2014 年第 9 期。

38. 刘凯湘："人格权的宪法意义与民法表述"，载《社会科学战线》2012 年第 2 期。

39. 刘召成："德国法上民事合伙部分权利能力理论及其借鉴"，载《政治与法律》2012 年第 9 期。

40. 刘召成："人格权主观权利地位的确立与立法选择"，载《法学》2013 年第 6 期。

41. 刘生亮："侵权行为法一般条款功能论"，载《浙江社会科学》2005 年第 4 期。

42. 刘小平："法治中国需要一个包容性法治框架——多元现代性与法治中国"，载《法制与社会发展》2015 年第 5 期。

43. 刘作翔："中国案例指导制度的最新进展及其问题"，载《东方法学》2015 年第 3 期。

44. 柳经纬："关于中国民法学体系构建问题的思考——百年中国民法学之考察之三"，载《中国政法大学学报》2010 年第 4 期。

45. 柳经纬："权利能力的若干基本理论问题"，载《比较法研究》2008 年第 1 期。

46. 麻昌华、李明、刘引玲："论民法中的客体利益"，载《法商研究》1997 年第 2 期。

47. 马俊驹："从身份人格到伦理人格——论个人法律人格基础的历史演变"，载《湖南社会科学》2005 年第 6 期。

48. 马骏驹："从人格利益到人格要素——人格权法律关系客体之界定"，载《河北法学》2006 年第 10 期。

49. 马俊驹："人与人格分离技术的形成、发展与变迁——兼论德国民法中的权利能力"，载《现代法学》2006 年第 4 期。

50. 马骏驹、刘卉："论法律人格内涵的变迁和人格权的发展——从民法中的人出发"，载《法学评论》2002 年第 1 期。

51. 马骏驹、余延满："合伙民事主体地位的再探讨"，载《法学评论》1990 年第 3 期。

52. 梅夏鹰："民事权利能力、人格与人格权"，载《法律科学（西北政法大学学报）》1999 年第 1 期。

53. 庞正、杨建："法律原则核心问题论辩"，载《南京师大学报（社会科学版）》2010 年第 1 期。

54. 彭支援：“被遗忘权初探”，载《中北大学学报（社会科学版）》2014 年第 1 期。

55. 冉克平：“人格与人格权基本问题研究”，载《厦门大学法律评论》2006 年第 2 期。

56. 冉克平：“一般人格权理论的反思与我国人格权立法”，载《法学》2009 年第 8 期。

57. 饶义军：“论艾森斯塔特阐释多元现代性的逻辑”，载《中南大学学报（社会科学版）》2008 年第 4 期。

58. 上官丕亮：“论宪法上的社会权”，载《江苏社会科学》2010 年第 2 期。

59. 尚继征：“私法上之‘身份’溯源——罗马法中身份制度的现代解读”，载《私法》2012 年第 2 期。

60. 申海恩：“人格权保护的理论体系与立法模式”，载《社会科学研究》2007 年第 5 期。

61. 沈建峰：“德国法上的法人一般人格权制度及其反思”，载《政治与法律》2012 年第 1 期。

62. 沈建峰：“论具体人格权建构的一般方法”，载《国家检察官学院学报》2013 年第 4 期。

63. 沈建峰：“具体人格权立法模式及其选择——以德国、瑞士、奥地利、列支登士敦为考察重点”，载《比较法研究》2011 年第 5 期。

64. 沈建峰：“一般人格权财产性内容的承认、论证及其限度——基于对德国理论和实践的考察”，载《比较法研究》2013 年第 2 期。

65. 施刚：“俄罗斯民法典的编纂与知识产权立法法典化问题研究”，载《网络法律评论》2013 年第 2 期。

66. 石佳友：“法典化的智慧——波塔利斯、法哲学与中国民法法典化”，载《中国人民大学学报》2015 年第 6 期。

67. 孙山：“寻找被遗忘的法益”，载《法律科学（西北政法大学学报）》2011 年第 1 期。

68. 孙宪忠：“我国民法立法的体系化与科学化问题”，载《清华法学》2012 年第 6 期。

69. 王利明：“独立成编的人格权法与侵权责任法的关系”，载《社会科学战线》2012 年第 2 期。

70. 王利明：“法律体系形成后的民法典制定”，载《广东社会科学》2012 年第 1 期。

71. 王利明：“论个人信息权在人格权法中的地位”，载《苏州大学学报（哲学社会科学版）》2012 年第 6 期。

72. 王利明：“论网络环境下人格权的保护”，载《中国地质大学学报（社会科学版）》2012 年第 4 期。

73. 王丽萍："私法语境中的人"，载《文史哲》2011 年第 1 期。

74. 王叶刚："人格权中经济价值'可让与性'之反思——以人格尊严的保护为视角"，载《广东社会科学》2014 年第 2 期。

75. 王叶刚："人格权中经济价值法律保护模式探讨"，载《比较法研究》2014 年第 1 期。

76. 温世扬："人格权'支配'属性辨析"，载《法学》2013 年第 5 期。

77. 温世扬："略论人格权的类型体系"，载《现代法学》2012 年第 4 期。

78. 武春玲："网络个人数据信息保护的法律探析"，载《情报探索》2005 年第 6 期。

79. 谢怀栻："论民事权利体系"，载《法学研究》1996 年第 2 期。

80. 谢晖："论新型权利生成的习惯基础"，载《法商研究》2015 年第 1 期。

81. 谢哲胜："中国人格权法独立成编及其基本内容的立法建议"，载《人大法律评论》2009 年第 1 期。

82. 熊谓龙："权利，抑或法益？——一般人格权本质的再讨论"，载《比较法研究》2005 年第 2 期。

83. 徐国栋："寻找丢失的人格——从罗马、德国、拉丁法族国家、前苏联、俄罗斯到中国"，载《法律科学（西北政法大学学报）》2004 年第 6 期。

84. 徐彰："关于人格权中财产利益可让与性问题的分析"，载《安徽大学学报（哲学社会科学版）》2015 年第 5 期。

85. 许可、梅夏英："一般人格权：观念转型与制度重构"，载《法制与社会发展》2014 年第 4 期。

86. 薛军："法人人格权理论的展开"，载《上海财经大学学报》2011 年第 6 期。

87. 薛军："非典型人格利益的民法保护模式研究"，载《暨南学报（哲学社会科学版）》2012 年第 3 期。

88. 薛军："揭开'一般人格权'的面纱——兼论比较法研究中的'体系意识'"，载《比较法研究》2008 年第 5 期。

89. 薛军："人格权的两种基本理论模式与中国的人格权立法"，载《法商研究》2004 年第 4 期。

90. 严存生："权利观念的再澄清"，载《学习与探索》2014 年第 6 期。

91. 姚辉、周云涛："人格权：何以可能"，载《法学杂志》2007 年第 5 期。

92. 姚建宗："新兴权利论纲"，载《法制与社会发展》2010 年第 2 期。

93. 姚彦吉："论集体肖像中的个人肖像权"，载《辽宁行政学院学报》2005 年第 6 期。

94. 杨代雄："主体意义上的人格与客体意义上的人格——人格的双重内涵及我国民法

典的保护模式选择"，载《环球法律评论》2008 年第 4 期。

95. 杨立新、韩煦："被遗忘权的中国本土化及法律适用"，载《法律适用》2015 年第 2 期。

96. 杨立新、刘召成："抽象人格权与人格权体系之构建"，载《法学研究》2011 年第 1 期。

97. 杨立新、刘召成："论作为抽象人格权的一般人格权"，载《广东社会科学》2010 年第 6 期。

98. 杨立新、袁雪石："论人格权请求权"，载《法学研究》2003 年第 6 期。

99. 杨立新、孙博："国外人格权的历史发展"，载《河北法学》1995 年第 4 期。

100. 杨彪："不可让与性与人格权的政治经济学：一个新的解释框架"，载《法律科学（西北政法大学学报）》2015 年第 1 期。

101. 易继明："人格权立法之历史评析"，载《法学研究》2013 年第 1 期。

102. 易军："论人格权法定、一般人格权与侵权责任构成"，载《法学》2011 年第 8 期。

103. 易军："中国民法继受中的体系性瑕疵与协调"，载《法商研究》2009 年第 5 期。

104. 尹田："论人格权的本质——兼评我国民法草案关于人格权的规定"，载《法学研究》2003 年第 4 期。

105. 尹田："论人格权独立成编的理论漏洞"，载《法学杂志》2007 年第 5 期。

106. 尹田："论人格权概括保护的立法模式——'一般人格权'概念的废除"，载《河南省政法管理干部学院学报》2011 年第 1 期。

107. 尹田："论中国民法典总则的内容结构"，载《比较法研究》2007 年第 2 期。

108. 尹志强："法人人格权的理论解读"，载《山东审判》2015 年第 3 期。

109. 苑书涛："请求权基本理论研究"，西南政法大学 2005 年博士学位论文。

110. 曾凡昌："西方人格权发展的历史线索及其启示"，载《现代法学》2011 年第 2 期。

111. 张红："19 世纪德国人格权理论之辩"，载《环球法律评论》2010 年第 1 期。

112. 张红："一项新的宪法上基本权利——人格权"，载《法商研究》2012 年第 1 期。

113. 张红："肖像权保护中的利益平衡"，载《中国法学》2014 年第 1 期。

114. 张晋藩："中国古代司法文化中的人文与理性"，载《政法论坛》2013 年第 6 期。

115. 张莉："人格权法中的'特殊主体'及其权益的特殊保护"，载《清华法学》2013 年第 2 期。

116. 张民安："一般人格权理论在法国民法中的地位"，载《法治研究》2016 年第

1 期。

117. 张明新："对我国法制发展战略的反思——以西方法律传统的形成为背景"，载《思想战线》2006 年第 3 期。

118. 张平华："人格权的利益结构与人格权法定"，载《中国法学》2013 年第 2 期。

119. 张千帆："论宪法的选择适用"，载《中外法学》2012 年第 5 期。

120. 张新宝："迈向立法的人格权"，载《法商研究》2012 年第 1 期。

121. 张新宝："侵权责任法立法的利益衡量"，载《中国法学》2009 年第 4 期。

122. 张新宝："我国人格权立法：体系、边界和保护"，载《法商研究》2012 年第 1 期。

123. 张新宝："中国个人数据保护立法的现状与展望"，载《中国法律》2007 年第 2 期。

124. 张中秋："传统中国法的道德原理及其价值"，载《南京大学学报（哲学·人文科学·社会科学）》2008 年第 1 期。

125. 张中秋："西方个人本位法变迁述论"，载《江苏警官学院学报》2005 年第 3 期。

126. 赵万一："从民法与宪法关系的视角谈我国民法典制订的基本理念和制度架构"，载《中国法学》2006 年第 1 期。

127. 赵万一："中国民法典制定的应然与实然"，载《中国政法大学学报》2013 年第 1 期。

128. 赵万忠："人格与权利能力的平等性辨析"，载《河南财经政法大学学报》2013 年第 3 期。

129. 郑晓剑："人格权客体理论的反思——驳'人格利益说'"，载《政治与法律》2011 年第 3 期。

130. 钟瑞栋、杨志军："论一般人格权"，载《山西大学学报（哲学社会科学版）》2005 年第 5 期。

131. 钟瑞栋："'法人人格权'之否认——兼评我国《民法》草案关于'法人人格权'的相关规定"，载《厦门大学法律评论》2004 年第 2 期。

132. 朱振、都本有："人格权的伦理分析"，载《法制与社会发展》2005 年第 3 期。

二、中文著作类

1. 曹险峰：《人格、人格权与中国民法典》，科学出版社 2009 年版。

2. 陈小君等：《民法典结构设计比较研究》，法律出版社 2011 年版。

3. 陈新民:《德国公法学基础理论》(上册),山东人民出版社 2001 年版。

4. 法学教材编写部《外国法制史》编写组:《外国法制史资料选编》(上册),北京大学出版社 1982 年版。

5. 眭鸿明:《清末民初民商事习惯调查之研究》,法律出版社 2005 年版。

6. 郭道晖:《法理学精义》,湖南人民出版社 2005 年版。

7. 郝铁川:《中华法系研究》,复旦大学出版社 1997 年版。

8. 何勤华、魏琼主编:《西方民法史》,北京大学出版社 2006 年版。

9. 黄立:《民法总则》,中国政法大学出版社 2002 年版。

10. 黄茂荣:《法学方法与现代民法》(第 5 版),法律出版社 2007 年版。

11. 胡长清:《中国民法总论》,中国政法大学出版社 1997 年版。

12. 贾淼:《人格权益法研究(总论)》,中国政法大学出版社 2014 年版。

13. 江平主编:《法人制度论》,中国政法大学出版社 1994 年版。

14. 江平主编:《民法学》,中国政法大学出版社 2007 年版。

15. 孔庆明、胡留元、孙季平编著:《中国民法史》,吉林人民出版社 1996 年版。

16. 李景义:《人格权基本问题论纲》,知识产权出版社 2014 年版。

17. 李宜琛:《民法总则》,正中书局 1977 年版。

18. 李永军主编:《民事权利体系研究》,中国政法大学出版社 2008 年版。

19. 梁慧星:《民法总论》(第 2 版),法律出版社 2004 年版。

20. 梁慧星:《民法解释学》,中国政法大学出版社 1995 年版。

21. 梁治平:《寻求自然秩序中的和谐:中国传统法律文化研究》,商务印书馆 2013 年版。

22. 刘召成:《准人格研究》,法律出版社 2012 年版。

23. 龙卫球:《民法总论》,中国法制出版社 2001 年版。

24. 吕利:《律简身份法考论:秦汉初期国家秩序中的身份》,法律出版社 2011 年版。

25. 马俊驹:《人格和人格权理论讲稿》,法律出版社 2009 年版。

26. 马俊驹、余延满:《民法原论》(上),法律出版社 1998 年版。

27. 马特、袁雪石:《人格权法教程》,中国人民大学出版社 2007 年版。

28. 孟勤国:《物权二元结构论——中国物权制度的理论重构》(第 2 版),人民法院出版社 2004 年版。

29. 米镝、李宗明主编:《民法教程》,中国人民公安大学出版社 2002 年版。

30. 苗延波:《中国民法体系研究》,知识产权出版社 2010 年版。

31. 齐爱民主编:《个人资料保护法原理及其跨国流通法律问题研究》,武汉大学出版社

2004 年版。

32. 瞿同祖：《中国法律与中国社会》，商务印书馆 2010 年版。

33. 沈建峰：《一般人格权研究》，法律出版社 2012 年版。

34. 史尚宽：《民法总论》，中国政法大学出版社 2000 年版。

35. 田成有：《乡土社会中的民间法》，法律出版社 2005 年版。

36. 佟柔主编：《民法原理》（修订本），法律出版社 1987 年版。

37. 王健编：《西法东渐——外国人与中国法的近代变革》，中国政法大学出版社 2001 年版。

38. 王立民：《古代东方法研究》，北京大学出版社 2006 年版。

39. 王利民：《民法的精神构造：民法哲学的思考》，法律出版社 2010 年版。

40. 王利明主编：《民法典·人格权法重大疑难问题研究》，中国法制出版社 2007 年版。

41. 王利明：《人格权法研究》（第 2 版），中国人民大学出版社 2012 年版。

42. 王利明、葛维宝主编：《中美法学前沿对话——人格权法及侵权法专题研究》，中国法制出版社 2006 年版。

43. 王利明、郭明瑞、方流芳：《民法新论》（上），中国政法大学出版社 1988 年版。

44. 王轶：《民法原理与民法学方法》，法律出版社 2009 年版。

45. 王泽鉴：《人格权法：法释义学、比较法、案例研究》，北京大学出版社 2013 年版。

46. 武树臣：《中国法律文化大写意》，北京大学出版社 2011 年版。

47. 夏勇：《人权概念起源——权利的历史哲学》，中国政法大学出版社 1992 年版。

48. 谢怀栻：《外国民商法精要》（增补版），法律出版社 2006 年版。

49. 徐国栋：《民法总论》，高等教育出版社 2007 年版。

50. 徐国栋：《民法的人文精神》，法律出版社 2009 年版。

51. 薛梅卿点校：《宋刑统》，法律出版社 1999 年版。

52. 薛军：《批判民法学的理论建构》，北京大学出版社 2012 年版。

53. 姚辉：《人格权法论》，中国人民大学出版社 2011 年版。

54. 姚建宗等：《新兴权利研究》，中国人民大学出版社 2011 年版。

55. 杨代雄：《古典私权一般理论及其对民法体系构造的影响》，北京大学出版社 2009 年版。

56. 杨立新主编：《民商法理论争议问题——侵权行为类型与发展中的人格权》，中国人民大学出版社 2008 年版。

57. 杨立新主编：《中国人格权法立法报告》，知识产权出版社 2005 年版。

58. 杨立新：《人格权法》，法律出版社 2011 年版。

59. 杨立新：《人身权法论》（修订版），人民法院出版社 2002 年版。

60. 杨立新：《闲话民法》，人民法院出版社 2005 年版。

61. 一凡藏书馆文献编委会编：《古代乡约及乡治法律文献十种》（第 1 册），黑龙江人民出版社 2005 年版。

62. 殷生根、王燕译：《瑞士民法典》，中国政法大学出版社 1999 年版。

63. 尹田：《法国物权法》，法律出版社 1998 年版。

64. 于飞：《权利与利益区分保护的侵权法体系之研究》，法律出版社 2012 年版。

65. 俞荣根：《道统与法统》，法律出版社 1999 年版。

66. 俞荣根主编：《寻求法的传统》，群众出版社 2009 年版。

67. 曾世雄：《损害赔偿法原理》，中国政法大学出版社 2001 年版。

68. 张恒山：《法理要论》，北京大学出版社 2002 年版。

69. 张红：《人格权总论》，北京大学出版社 2012 年版。

70. 张晋藩：《清代民法综论》，中国政法大学出版社 1998 年版。

71. 张晋藩：《中国法律的传统与近代转型》（第 3 版），法律出版社 2009 年版。

72. 张晋藩：《中华法制文明史》（古代卷），法律出版社 2013 年版。

73. 张俊浩主编：《民法学原理》，中国政法大学出版社 1997 年版。

74. 张民安主编：《公开权侵权责任研究：肖像、隐私及其他人格特征侵权》，中山大学出版社 2010 年版。

75. 张文显：《二十世纪西方法哲学思潮研究》，法律出版社 1996 年版。

76. 郑永宽：《人格权的价值与体系研究》，知识产权出版社 2008 年版。

77. 郑永流主编：《法哲学与法社会学论丛 2003》（第 6 辑），中国政法大学出版社 2003 年版。

78. 郑永流主编：《法哲学与法社会学论丛》（4），中国政法大学出版社 2001 年版。

79. 周枏：《罗马法原论》（上册），商务印书馆 1994 年版。

三、中文译著类

1. 罗智敏译：《学说汇纂》（第 1 卷），［意］纪蔚民校，中国政法大学出版社 2008 年版。

2. 上海社会科学院法学研究所译：《德意志联邦共和国民法典》，法律出版社 1984 年版。

3. 徐国栋主编：《埃塞俄比亚民法典》，薛军译，中国法制出版社、金桥文化出版（香港）有限公司 2002 年版。

4. ［澳］维拉曼特：《法律导引》，张智仁、周伟文译，上海人民出版社 2003 年版。

5. ［俄］E. A. 苏哈诺夫主编：《俄罗斯民法》（第 2 册），王志华、李国强译，中国政法大学出版社 2011 年版。

6. ［德］迪特尔·梅迪库斯：《德国民法总论》，邵建东译，法律出版社 2000 年版。

7. ［德］福尔克尔·博伊廷："德国人格权法律保护问题及其最新发展"，欧阳芬译，载南京大学–哥廷根大学中德法学研究所编：《中德法学论坛 2002》（第 1 辑），南京大学出版社 2003 年版。

8. ［德］卡尔·拉伦茨：《德国民法通论》，王晓晔等译，法律出版社 2003 年版。

9. ［德］康德：《实践理性批判》，邓晓芒译，杨祖陶校，人民出版社 2003 年版。

10. ［德］克雷斯蒂安·冯·巴尔：《欧洲比较侵权行为法》（上卷），张新宝译，法律出版社 2004 年版。

11. 《马克思恩格斯选集》（第 1 卷），人民出版社 1972 年版。

12. ［德］韦伯：《韦伯作品集Ⅸ：法律社会学》，康乐、简惠美译，广西师范大学出版社 2005 年版。

13. ［德］马克斯·韦伯：《新教伦理与资本主义精神》，彭强、黄晓京译，陕西师范大学出版社 2002 年版。

14. ［德］曼弗雷德·沃尔夫：《物权法》，吴越、李大雪译，法律出版社 2002 年版。

15. ［德］K·茨威格特、H·克茨：《比较法总论》，潘汉典等译，法律出版社 2003 年版。

16. ［法］埃米尔·涂尔干：《社会分工论》，渠东译，生活·读书·新知三联书店 2000 年版。

17. ［法］莱翁·狄骥：《宪法论：法律规则和国家问题》（第 1 卷），钱克新译，商务印书馆 1962 年版。

18. ［法］让·米歇尔·布律格耶尔："人格权与民法典——人格权的概念和范围"，肖芳译，王轶点评，载《法学杂志》2011 年第 1 期。

19. ［法］托克维尔：《论美国的民主》（上卷），董果良译，商务印书馆 1991 年版。

20. ［法］雅克·盖斯旦、吉勒·古博著、缪黑埃·法布赫–马南协著：《法国民法总论》，陈鹏等译，谢汉琪审校，法律出版社 2004 年版。

21. ［美］E. 博登海默：《法理学：法律哲学与法律方法》，邓正来译，中国政法大学出版社 1999 年版。

22. ［美］艾伦·沃森：《民法法系的演变及形成》，李静冰、姚新华译，中国政法大学出版社 1992 年版。

23. 〔美〕费正清:《美国与中国》,孙瑞芹、陈泽宪译,商务印书馆 1971 年版。

24. 〔美〕卡尔·A. 魏特夫:《东方专制主义:对于极权力量的比较研究》,徐式谷等译,中国社会科学出版社 1989 年版。

25. 〔美〕路易斯·亨利·摩尔根:《古代社会》(新译本·上册),杨东莼等译,商务印书馆 1977 年版。

26. 〔美〕罗伯特·萨默斯:《大师学述:富勒》,马驰译,法律出版社 2010 年版。

27. 〔美〕罗纳德·德沃金:《认真对待权利》,信春鹰、吴玉章译,中国大百科全书出版社 1998 年版。

28. 〔美〕约翰·亨利·梅利曼:《大陆法系——西欧拉丁美洲法律制度介绍》,顾培东、禄正平译,知识出版社 1984 年版。

29. 〔美〕约翰·齐普曼·格雷:"法律主体",龙卫球译,载《清华法学》2002 年第 1 期。

30. 〔日〕加藤雅信:"日本人格权论的展开与最近的立法提案",杨东译,载《华东政法大学学报》2011 年第 1 期。

31. 〔日〕山本敬三:《民法讲义Ⅰ:总则》(第 3 版),解亘译,北京大学出版社 2012 年版。

32. 〔日〕五十岚清:《人格权法》,〔日〕铃木贤、葛敏译,北京大学出版社 2009 年版。

33. 〔日〕星野英一:《私法中的人》,王闯译,载梁慧星主编:《为权利而斗争——梁慧星先生主编之现代世界法学名著集》,中国法制出版社、金桥文化出版社(香港)有限公司 2000 年版。

34. 〔瑞〕贝蒂娜·许莉蔓-高朴、狄安娜·奥斯瓦尔德:"瑞士民法上的人格权保护",金可可译,载《东方法学》2013 年第 3 期。

35. 〔英〕弗里德利希·冯·哈耶克:《法律、立法与自由》(第 1 卷),邓正来、张守东、李静冰译,中国大百科全书出版社 2000 年版。

36. 〔英〕梅因:《古代法》,沈景一译,商务印书馆 1959 年版。

37. 〔英〕洛克:《政府论》(下篇),叶启芳、瞿菊农译,商务印书馆 1964 年版。

四、报纸类

1. 韩芳、赵小军:"网络人格权保护:轻点鼠标之重",载《人民法院报》2013 年 12 月 15 日。

2. 贾羽："网络人格权究竟如何保护?",载《北京日报》2001 年 3 月 5 日。

3. 马特："民法典人格权编争议问题探讨",载《人民法院报》2003 年 9 月 12 日。

4. 石碧波："无权利能力社团在德国",载《中国社会报》2004 年 8 月 4 日。

5. 王毓："人格权立法应顺势而为",载《光明日报》2012 年 7 月 31 日。

6. 谢仁友："'身分'还是'身份'",载《光明日报》2000 年 5 月 11 日。

7. 杨舒："从民法走向'民'法",载《法制日报》2010 年 4 月 28 日。

8. 周翠："德国:保护网络时代人格权 网络服务商当'法官'",载《中国社会科学报》2012 年 2 月 15 日。

五、外文文献类

1. An Yun-xiang, *The individualization of Chinese society*, Berg Publishers, 2010.

2. Andrew J. Nathan, *Chinese Democracy*, University of California Press, 1985.

3. Ball R, Individualism, "collectivism, and economic development", 4 *Annals of the American Academy of Political and Social Science*, 2001.

4. Basil S. Markesinis, *Foreign law and Comparative Methodology*: *A Subject and a Thesis*, Hart Publishing House, 1997.

5. Basil S. Marksinis, *Protecting Privacy*, Oxford University Press, 1999.

6. Bauman Z, *The Individualized Society*, Blackwell Publishers, 2003.

7. Bernal P. A. , "A right to delete", 2 *European Journal of Law and Technology*, 2011.

8. Christopher Mc Crudden, "Human Dignity and Judicial Interpretation of Human Rights", 19 *European Journal of International Law*, 2008.

9. Daniel J. Solove, *The Future of Reputation*: *Gossip*, *Rumor*, *and Privacy on the Internet*, Yale University Press, 2008.

10. Durkheim E. , *The division of laborin society*, The Macmillian Press, 1984.

11. Frederic Nietzsche, *On the Uses and Disadvantages of History for Life*, Untimely Meditations, Cambridge University Press, 1983.

12. Gary T. Marx, *Undercover*: *Police Surveillance in America*, University of California Press, 1988.

13. Giddens A. , *The Third Way*: *the Renew a l of Social Democracy*, Linking Publishing Company, 1999.

14. Gilbert F, "The Right of Erasure or Right to be Forgotten: What the Recent Laws, Cases, and Guidelines Mean for Global Companies", 8 *Internet Law*, 2015.

15. Harel. A. , "What Demands Are Rights? An Investigation into the Relation between Rights and Reasons", 17 *Oxford Journal of Legal Studies*, 1997.

16. Hens Peter Schwintowski, "An Economic Theory of Law", 12 *The Journal of Inter disciplinary Economics*, 2000.

17. Huw Beverley-Smith, *The Commercial Appropriation of Personality*, Cambridge University Press, 2002.

18. Huw Beverley Smith, Ansgar Ohly, Agnes Lucas Schloetter, *Privacy*, *Property and Personality*, Cambridge University Press, 2005.

19. Iredell Jenkins, *Social Order and the Limits of Law*: *a Theoretical Essay*, Princeton University Press, 1980.

20. Joseph Chan, "RAZ On Liberal Rights and Common Goods", 15 *Oxford Journal of Legal Studies*, 1995.

21. Jeffrey Rosen, "Free speech, privacy, and the web that never forgets", 9 *Journal on Telecommunications &High Technology Law*, 2011.

22. John Hearsey, Mc Millan Salmon, *Renaissance and Revolt*: *Essays in the Intellectual and Social History of Early Modern France*, Cambridge University Press, 2003.

23. J · W · Gough, *John Locke's Political Philosophy* (*Second Edition*), Oxford University Press, 1973.

24. Karl Larenz, Lehrbuch des Schuldrechts, BersondererTeil, C. H. Beck'ScheVerlagsbuchhandlung, Munchen und Berlin, 1956.

25. Kronman, "Patemalism and the Law of Contracts", 92 *Yale Law Journal*, 1983.

26. Leo Strauss, *Natural Right and History*, The University of Chicago Press, 1953.

27. Linda L. Schlueter: *Punitive Damages*, Vol. 1. , Matthew Bender & Company, 2005.

28. Mantelero A, "The EU Proposal for a General Data Protection Regulation and the Roots of the 'Right to be Forgotten' ", 29 *Computer Law & Security Review*, 2013.

29. Marcel Mauss, *The Category of the Person*, Cambridge University Press, 1985.

30. Margaret Jane Radin, "Property and Personhood", 34 *Stanford Law Review*, 1982.

31. Max Weber, *The Religion of China*, New Yhee Free Press, 1951.

32. Meg Leta Ambrose, "It's about Time: Privacy, Information Life Circles, and the Right to Be Forgotten", 2 *Stanford Technology Law Review*, 2012.

33. Mommsen, Alan Watson, *The Digest of Justinian*, University of Pennsylvania Press, 1985.

34. Nimmer, "The Right of Publicity", 19 *Law & Contemporary Problems*, 1954.

35. Popkin SL. , *Therational peasant: the political economy of rural societyin Vietnam*, University of California Press, 1979.

36. Radhika Rao, "Property, Privacy, and the Human Body", 2 *Boston University Law Review*, 2000.

37. Raymond Wacks, *Personal Information*, Oxford University Press, 1989.

38. Richard Wilkinson, Kate Pickett, *The Spirit Level: Why Greater Equality Makes Societies Stronger*, Bloomsbury Press, 2009.

39. Robert G. Mc Closkey, *The American Supreme Court*, University of Chicago Press, 2000.

40. Seville Catherine, *Literary Copyright Reform in Early Victorian England: The Framing of the* 1842 *Copyright Act*, Cambridge University Press, 1999.

41. Tom Gerty, "Redefining Privacy", 12 *Harvard Civil Rights - Civil Liberties Law Review*, 1977.

42. Triandis H. C, *Cross-cultural studies of individualism and collectivism*, University of Nebraska Press, 1990.

43. Walker R K, "The Right to Be Forgotten", 64 *Hastings Law Journal*, 2012.

44. Watson A. , *Roman Law and Comparative Law*, University of Georgia Press, 1991.

45. Weber M, *Economy and society*, University of California Press, 1978.

46. Vern R. Walker, "Discovering the Logic of Legal Reasoning", 35 *Hofstra Law Review*, 2007.

后　记

当写下论文的最后一个字停笔时，时光似乎刹那间弯转轮回。本书初成文于 2016 年初，彼时人格权立法是否能够独立成编未有定论。我抱着对人格权终将立法的信心与兴趣，从多个角度出发尝试对相关理论问题进行梳理与研究。三年时光，白驹过隙，今日再观我国之民事立法，从《民法总则》到《民法典人格权编（草案）》三审稿，人格权相关内容逐渐丰满，独立成编指日可待。

诚然，二千五百余年的"诸法合体"没有让我国古代法萌生出形式意义上的人格权，但必须承认，中国特色的法律现代化并不能依靠西方法律制度的单纯移植，而应该根植于本民族的传统法律文化之中。因此，无论是从"人伦中心与道德理想主义"的双重结构，还是从"理性主义"的法律伦理精神内核等多方面审视，我国都存在产生并适用人格权的土壤。

自《大清民律草案》开始，人格权在我国悄然经历了百年的发展历程。虽然目前关于人格权的立法工作已经接近尾声，但相关学术探讨并不会随着立法的完成而停歇。这样判断的理据有二：一是人格权是生来自带争议的权利；二是时代进步、科技发展等会带来民事主体范围扩大、新型权利增加等问题。故而，如何基于权利的基本理论来理解、适用、解释人格权，将会成为学术讨论的重心和难点。数次草案的不断完善也启示我们，有关人格权的研究任重而道远。

受当时资料与能力的限制，本书未对人格权进行全面的探讨，现在看来，部分内容论述不够深入，表述也略显稚嫩，难免贻笑大方。但考虑到所涉及的问题仍然存在诸多争议，且对于后续的人格权学习有一定的参考意义，此次修改并未对书稿进行大幅度调整，只是增补了部分内容。

感谢各位老师的鞭策指导，予我知识，启迪心灵。

感谢各位亲友的倾情相助，与你们的交流，总能使我茅塞顿开。

感谢史良法学院的大力支持，才能使得本书顺利出版。

感谢丁春晖编辑为本书付出的辛苦与努力。

最后，谨以此书给我故去的母亲。十五载春秋已逝，您仍是我的日月星辰。

高　可

初稿 2016 年 3 月 30 日于洪家楼 5 号

定稿 2019 年 8 月 25 日于滆湖路 21 号